KB037748

10대라면 반드시 알아야 할
한국 근현대사

10대라면 반드시 알아야 할
한국 근현대사

초판 1쇄 발행 2024년 2월 27일
초판 2쇄 발행 2024년 7월 10일

지은이 유정호

펴낸이 박세현
펴낸곳 팬덤북스

기획 편집 곽병완
디자인 김민주
마케팅 전창열
SNS 홍보 신현아

주소 (우)14557 경기도 부천시 조마루로 385번길 92 부천테크노밸리유1센터 1110호

전화 070-8821-4312 | **팩스** 02-6008-4318
이메일 fandombooks@naver.com
블로그 http://blog.naver.com/fandombooks

출판등록 2009년 7월 9일(제386-251002009000081호)

ISBN 979-11-6169-282-1 03910

10대라면
반드시
알아야 할

한국
근현대사

팬덤북스

우리의 역사를 이야기하다 보면 최근의 변화가 근현대사에 매우 관심이 높아졌음을 느끼게 됩니다. 개인적으로 이런 현상을 매우 긍정적으로 바라보고 있습니다. 학생과 교사로서 지내왔던 시간을 떠올려보면 늘 근현대사는 비중 있게 다루어지지 않았습니다. 중고등학교 시절 역사 수업시간은 광복을 맞이하면 한 학년이 끝나 있었습니다. 선생님들마다 조금의 차이는 있었겠지만, 진도를 많이 나가도 한국전쟁에서 수업을 끝나거나 이후의 역사가 크게 생략되었습니다. 그 이유를 당시는 알지 못했지만, 교사로 아이들을 가르치면서 깨닫게 되었습니다.

먼저, 한정된 시간에 더 많은 내용을 학생에게 전달하려다 보니 모든 역사를 다루지 못하는 경우가 많았습니다. 학생들이 전 시간에 배운 역사를 제대로 알지 못하는 상황에서 진도를 나가는 것이 올바른지 고민하다 보면 어느덧 일 년이 끝나 있었습니다.

둘째, 교육과정상 수업시간에 다루어야 하는 역사적 사실이 너무 많다는 데 있습니다. 고등학교와 대학교에 진학하는 과정에서 꼭 알아야 하는 역사 내용이 방대합니다. 특히 2000년대 전만 해도 근현대사보다는 조선시대까지의 내용이 시험에 더 비중 있게 출제되면서 근현대사는 소홀할 수밖에 없습니다.

마지막으로 근현대사에 대한 역사 정립이 확실하게 이루어지지 않은 점입니다. 다른 역사적 시대도 여러 논란이 있지만, 근현대사는 현재와 가장 가깝고 밀접하게 연관되어 있어서 논란이 많습니다. 그래서 될 수 있으면 논란이 많은 근현대사 부분을 피하게 되는 것도 사실입니다.

하지만 지금은 달라졌습니다. 한국사능력검정시험과 대학수학 능력시험에서 근현대사를 묻는 문항의 비중이 높아졌습니다. 이것은 역사에 관한 관심이 높아지면서, 오늘과 미래를 위해 역사를 제대로 아는 것이 매우 중요하다는 것을 인식하는 사람이 많아진 결과라고 생각합니다. 저도 현재와 먼 과거의 이야기보다는 오늘날에 밀접하게 영향을 주는 역사를 바로 아는 것이 매우 중요하다고 생각합니다.

사실 저는 암울한 역사가 많은 근현대사보다는 찬란했던 고대사를 더 좋아했었습니다. 그러나 지금은 근현대사를 더욱 좋아하고 현재 더 필요하다고 믿고 있습니다. 그리고 근현대사를 다루는 강의를 더 많이 하고 있습니다. 학생들에게 강의할 때 제가 자주 하는 말이 있습니다.

"19세기부터 오늘날까지 우리의 역사를 공부하다 보면 화가 나는 것이 사실이다. 하지만 어느 시대, 어느 나라이든 흥망성쇠는 있다. 전성기를 누리면 쇠락하고, 현실의 문제를 더는 해결하지 못하면, 다른 주체가 나타나 더 나은 세상을 만든다. 비록 20세기 초 우리가 주체가 되어 잘못을 바로잡지 못하면서 일제에 나라를 빼앗겼다. 하지만 우리는 포기하지 않고 나라를 되찾아 국민이 원하는 세상을 만들고자 했다.

독립운동가들이 반목하면서 하나가 되지 못하는 모습에 실망해서는 안 된다. 독립운동을 펼칠 땅이 없는 상황이어서 하나가 될 기회가 주어지지 못했다. 그럼에도 독립운동가들은 끊임없이 하나가 되어 나라를 되찾고자 했다. 일제에 수없이 많은 자원을 약탈당하고, 6·25 전쟁으로 폐허가 되었을 때 우리는 세계에서 두 번째로 가난한 나라였다. 한 외신 기자는 대한민국은 100년이 지나도 희망이라는 단어를 찾아볼 수 없을 것이다, 라고 말했다.

그러나 우리는 현재 경제 대국 10위에 들었으며, 높은 시민의식과 민주주의로 선진국에 진입했다. 이것은 매우 놀라운 일이다. 오늘날 선진국이라 불리는 나라들은 다른 나라를 식민지로 만들어 수탈하여 성장한 나라이다. 하지만 유일하게 대한민국만이 다른 나라를 괴롭히지 않고, 스스로의 힘만으로 성장한 나라다. 그래서 많은 개발도상국이 미국이나 영국이 아닌 대한민국을 모델로 삼고 있다. 얼마나 자랑스러운 나라인가. 비록 지금 단합하지 못하고 분열되는 모습에 화가 날 수도 있겠지만, 이것은 더 발전하고 성장하기 위한 과정이다.

하나의 의견만이 존재하는 것이 더 무서운 나라다. 서로 다른 생각을 교류하며, 토론과 협의를 통해 하나의 의견으로 도출하는 나라. 간혹 그 결과가 잘못되었다면, 국민이 스스로 바로 잡을 의식과 힘이 있는 나라가 대한민국이다. 우리는 4·19혁명, 5·18민주화운동, 6월 민주항쟁 등으로 잘못을 바로잡은 나라다."

다시 부언하면, 대한민국은 오랜 역사와 문화를 가진 나라입니다. 비록 나라를 빼앗긴 적은 있지만, 우리의 힘으로 민주주의와 경제성장을 이룬 나라입니다. 이는 세상 많은 국가에서 찾아볼 수 없는 사례입니다. 그렇기에 한국이라는 단어는 매우 자랑스러워해야만 합니다. 그리고 이토록 훌륭한 나라를 유지하는 것을 넘어 더 나은 모습으로 만들 의무가 우리에게 있습니다. 그러기 위해서는 아프고 힘들더라도, 과거 우리의 모습을 되돌아볼 필요가 있습니다. 잘못은 반복하지 않고, 잘한 점은 계승하기 위해서 말입니다.

그래서 흥선대원군의 집권부터 현재에 이르기까지 주요 역사를 이 책에 담아보았습니다. 너무도 방대한 역사이다 보니 모두를 자세하게 기록할 수는 없었습니다. 하지만 중고등학생은 물론, MZ세대들이 최대한 쉽게 이해할 수 있도록 간단명료하게 설명했습니다. 동시에 생동감 있는 역사를 접할 수 있도록 과거의 어록과 문서 그리고 법령도 넣었습니다. 그래서 읽는 동안 딱딱하게 느껴지지 않을 것입니다. 또한 잘 알지 못했던 새로운 내용도 있을 것입니다. 무엇보다 근현대사를 한눈에 일목요연하게 정리하는 데 큰 도움이 되리라 믿습니다.

물론 걱정되는 부분도 있습니다. 광복 이후의 역사는 이견이 많아서 매우 민감합니다. 최대한 객관적이고 잘잘못 모두를 서술하고자 노력했습니다. 하지만 독자님이 어떤 삶을 살아왔고, 어떤 가치관을 따르고 있으며, 어떤 경험을 했느냐에 따라 어느 역사적 사건에 반감이 생길 수도 있습니다. 만약 그렇다면 넓은 아량으로 이런 의견도 있을 수 있다며 넘어가 주시길 바랍니다. 이 책을 통해 전달하고자 하는 것은 한국인으로서 대한민국의 과거와 현재를 사랑하고, 앞으로 더 나은 모습을 기대하게 만드는 것이니까요.

2024년 이른 겨울

유정호

차례

1장 • 흥선대원군(1863)~경술국치(1910)

2장 • 일제강점기(1910~1945)

3장 • 조선건국준비위원회 조직(1945)~10·26 사건(1979) 🏯

4장 • 12·12 쿠데타(1979)~6·29 선언(1987)

5장 • 88 서울올림픽(1988)~다문화가족지원법(2022)

흥선대원군 집권(1863)~
경술국치(1910)

1 흥선대원군의 개혁과 실패

1800년 정조의 갑작스러운 죽음 이후 조선의 국운이 기울어집니다. 안동김씨와 풍양조씨의 세도 가문이 돈을 받고 관직을 팔았으며, 뇌물을 주고 관료가 된 이들은 백성과 국가가 아닌 자신의 이익만 추구했습니다. 그로 인해 백성은 수탈로 인한 고통에 신음해야 했어요. 왕과 왕실도 예외는 아니어서 세도 가문의 눈치만 살필 뿐 잘못을 바로잡을 힘이 없었습니다. 희망이 없어진 백성들은 임술농민봉기처럼 나라의 잘못을 바로잡기 위해 일어서기도 했어요. 그런 가운데 철종이 후사 없이 죽자, 흥선대원군의 둘째 아들이 12살의 어린 나이에 왕으로 즉위해요. 이 왕이 바로 고종이에요.

조대비에게 수렴청정의 역할을 넘겨받은 흥선대원군은 약해진 왕권과 전통질서를 바로잡기 위해 여러 개혁을 펼쳐요. 우선 텅텅 비어버린 국가재정을 채우기 위해 세금을 내지 않으려 거짓으로 숨겨놓은 토지를 찾아내려고 노력합니다. 또한 양반에게도 군포를 징수하는 호포제를 시행합니다.

그 일환으로 흥선대원군은 양반이 서원에서 공부한다는 이유로 군역을 면제받지 못하도록 전국의 수많은 서원도 철폐하죠. 그 결

흥선대원군

과 조선 정부의 재정상황이 많이 좋아지게 돼요. 백성들도 흥선대원군의 개혁을 좋아하고 응원하게 됩니다. 상대적 빈곤이라는 말 들어봤나요? 양반들도 상민처럼 똑같이 세금을 납부하는 모습에 일반 백성들이 좋아했을 모습이 상상되네요.

이뿐만이 아니었어요. 흥선대원군은 파행적으로 운영되는 국가 운영도 바로 잡으려 노력했어요. 안동김씨 등 세도가를 조정에서 몰아내고, 그동안 권력에서 배제되어 있던 남인과 서북 출신의 사람에게도 등용할 기회를 주었습니다. 국가를 위해 일할 기회를 얻게 된 양반과 지식인들은 적극적으로 흥선대원군을 지지하며 국정 운영에 참여했어요.

그 덕분에 각계각층의 다양한 목소리가 국정에 반영될 수 있었어요. 흥선대원군은 여기서 멈추지 않고, 임진왜란 이후 국가 주요 정책이 비변사를 통해 결정되고 시행하는 비정상적인 관행을 바꾸기 위해서 비변사를 폐지하고 의정부의 기능을 강화했습니다. 또한 종친부의 권한을 강화하여 외척 세력이 다시는 권력을 장악하지 못하도록 견제합니다.

국방 강화에도 흥선대원군은 노력을 아끼지 않았어요. 조선 연안에 이양선西洋 배이 출몰하는 상황에서 중국 청나라가 영국과의 아편전쟁에서 패배하고, 일본이 미국에 강제로 개항하는 모습은 조선에 큰 위협으로 다가왔거든요. 흥선대원군의 예상대로 러시아가 남하하면서 국경선이 맞닿게 되고, 프랑스가 강화도를 침략하는 병인양요가 발발해요.

흥선대원군은 기존의 군사제도로는 서양 세력을 막기 어렵다 판단하고, 삼군부를 다시 설치하여 군사력을 강화합니다. 그 결과 미국의 강화도 침략에 맞서 조선군은 용감히 맞서 싸울 힘을 갖게 돼요. 이 외에도 백성의 고충을 덜어주려는 노력도 기울였어요. 백성을 가장 괴롭히던 환곡제를 폐지하고 백성 스스로가 진휼을 목적으로 사창제를 운용하도록 하는 등 실질적인 도움을 줍니다.

하지만 흥선대원군의 개혁은 경복궁 중건으로 빛이 바래게 돼요. 국가재정이 부족한 상황에서 막대한 비용이 들어가는 경복궁 중건은 백성·관료·정부를 너무 힘들게 했어요. 경복궁 중건에 필요한 재원을 마련하기 위해 일종의 기부금인 원납전을 걷어요. 그러나 백성에게 강제로 돈을 내도록 할당하면서 반발을 일으켜요. 상평통보보다 명목 가치가 100배인 당백전을 발행하여 물가를 폭등시키고요.

농번기에도 백성을 경복궁 중건을 위해 강제 노역시키면서 모든 계층의 불만을 사게 되었죠. 더 나아가 흥선대원군이 추진한 개혁의 목적이 어디 있는가에 대한 의문을 품게 돼요. 결국 백성의 지지를 잃은 흥선대원군은 1873년 최익현이 고종이 직접 국정을 이끌도록 요구하는 계유상소를 계기로 하야 하게 됩니다.

2 프랑스의 침략
병인양요

고종이 즉위하기 전에도 조선 연안에 이양선이 출몰하기는 했지만, 큰 위협으로 다가오지 않았어요. 이양선이 중국과 일본에서처럼 무력시위를 벌이거나 전쟁을 벌이지는 않았으니까요. 그래서 조선은 이양선 출몰이 나라의 운명을 바꿀 정도로 위협적이라고는 생각하지 않았어요. 그러나 1864년 2월 두만강을 경계로 국경을 맞댄 러시아가 경흥부에 와서 통상을 요구하면서 상황이 바뀌어요.

프랑스 군인 쥐베르가 기록한 병인양요 ©강화군

조선의 국정을 운영하던 흥선대원군은 러시아의 통상 요구를 해결하기 위해 깊은 고심에 빠져요. 당시 조선의 국력으로는 러시아를 상대하기 어렵다는 것을 너무 잘 알았으니까요. 그래서 국내에서 활동하던 프랑스 신부를 이용하여 러시아의 남하를 막아보려고 합니다. 프랑스 정부에 러시아의 남하를 막아달라는 조선의 의사를 전달하라고요. 그러나 흥선대원군의 뜻과는 다르게 프랑스 신부는 강한 거부 의사를 보였어요. 사실 성직자인 신부가 프랑스 정부를 움직일 힘과 지위가 없기도 했고요.

　이런 모습에 조선의 관료들도 흥선대원군에 강하게 반발하는 모습으로 보여요. 위기에 몰린 흥선대원군은 상황을 반전시키고자 프랑스 신부 9명과 수천 명의 천주교도를 처형합니다. 천주교가 조선의 문화를 부정하며 사회질서를 위협한다는 명분을 내세워서요. 이를 병인박해라고 불러요.

　이 과정에서 중국으로 도망친 리델 신부에게 병인박해 이야기를 들은 프랑스는 좋아했어요. 자국민이 조선에서 죽은 것을 좋아했다는 게 이상하게 들리겠지만, 프랑스는 병인박해를 구실로 조선을 협박하여 큰 이익을 거둘 좋은 기회라고 판단한 거예요. 1866년 9월 극동함대 사령관 로즈 제독이 이끄는 3척의 군함이 조선을 침공하기 위해 출발해요.

　이때 프랑스는 청나라 공친왕에게 조선에 군대를 파견하는 이유로 "조선은 청에 예속되어 있으나 야만적 행위를 저질렀다. 조선의 국왕이 프랑스인을 처형한 것은 스스로 폐위를 스스로 선언한 것이다."라며 한양을 점령하고 조선인 9,000명을 죽이겠다고 말해요.

　로즈의 프랑스 함대는 남양만 일대에 도착한 후 강화해협을 지나 한강을 거슬러 올라와요. 얼마나 깊숙이 들어왔냐면 서울 양화진 근처인 염창 여울목까지 진입해요. 프랑스 함대의 출현에 놀란 조선 정부는 더 이상의 진격을 막기 위해 군대를 보냈지만 소용없었어요. 프랑스 함대의 포격에 속수무책으로 조선의 배들이 가라앉을 뿐이었어요. 그렇게 한양에서 10리약 4km 떨어진 곳에서 수심을 측정하며 조선을 위협하다가 19일 철수해요. 조선과의 전면전을 하기에는 적은 병력이었던 만큼, 프랑스군은 조선에 자신들의 존재를 인식시킨 것에 만족해했어요. 조선에 충분히 겁을 주었으니 원하는 결과를 얻을 수 있겠다고 말이에요.

얼마 뒤인 10월 로즈 제독은 군함 7척에 600명의 병사를 태우고 강화도를 공격해요. 갑곶에 닻을 내린 프랑스군은 거칠 것 없이 강화도를 헤집고 다녔어요. 강화읍을 점령하고는 서울로 곧바로 쳐들어가겠다고 위협도 가해요. 하지만 조선 정부도 넋 놓고 가만히 기다리고만 있지는 않았어요. 9월에 프랑스군이 물러간 후 군대를 정비하며 재침입에 대비하고 있었거든요. 한성근과 양헌수 부대는 문수산성과 정족산성에서 프랑스군을 상대로 기습공격에 나서 승리를 거둬요. 만만하게 봤던 조선군의 반격에 놀란 프랑스군은 급격히 사기가 떨어졌어요.

여기에 그들이 가지고 왔던 무기와 보급품도 바닥을 보였고요. 결국 로즈 제독은 전투가 장기화하면 원하는 성과를 거두지 못한 채 프랑스의 이미지가 하락할 것이 우려됐어요. 그래서 한 달 뒤인 11월 10일 강화도에서 철수해요. 그렇다고 아무 소득이 없이 물러난 것은 아니었어요. 당시 프랑스 화폐로 20만 프랑에 해당하는 18상자의 은과 외규장각 도서 297책을 가져갔어요. 조선에 아픔과 고통을 남겨둔 채로 말이죠.

3 ── 미국의 침략 신미양요

미국은 1854년 일본을 강제로 개항했고 아주 많은 이익을 거두었어요. 이후 미국은 적극적으로 아시아에 진출하고자 했고, 그들이 먹잇감으로 포착한 아시아의 여러 국가에는 조선도 포함되어 있었어요. 하지만 흑인 노예해방 문제로 벌어진 남북전쟁 1861~1865 으로 아시아에 진출하려는 미국의 정책이 잠시 보류돼요. 남북전쟁이 끝난 미국은 곧바로 아시아의 여러 나라의 이권을 빼앗으려는 움직임을 보여요. 그런 활동 중의 하나가 제너럴셔먼호 사건이에요.

1866년 8월 미국 상선 제너럴셔먼호가 교역을 요구하며 대동강을 거슬러 평양으로 올라왔어요. 상선은 장사를 목적으로 만들어진 배지만, 제너럴셔먼호에는 2개의 대포가 설치되어 언제든 전투를 벌일 준비가 되어 있는 배였어요. 또한 선원 모두가 총으로 완전무장하고 있었죠. 제너럴셔먼호의 등장에 위협을 느낀 평안감사 박규수는 통상과 교역은 조선의 국법으로 금지되어 있으며, 허락 없이 대동강을 거슬러 오는 것은 영토 침략이자 주권 침해라며 돌아가라고 말했어요.

그러면서도 멀리서 온 손님에게 대접하는 조선의 관례에 따라

세 번이나 음식을 제공했어요. 그런데 제너럴셔먼호는 평양 만경대까지 올라와서 군관 이현익을 납치하는 등 폭력을 행사했어요. 박규수는 무력을 동원하지 않고 원만하게 해결하려 했음에도, 제너럴셔먼호의 함포 사격으로 여러 사상자가 나오자 더는 참지 않았어요. 즉시 셔먼호를 불태우고 선원 모두를 죽여 버려요.

미국은 제너럴셔먼호 사건이 조선을 개항시킬 좋은 기회라고 생각했어요. 그들은 뻔뻔하게도 사과하지 않고, 조선 정부에 배상금 지불과 통상 조약체결을 요구했어요. 당시 집권자였던 흥선대원군은 조선의 잘못이 하나도 없던 만큼 미국의 요구를 당당하게 거절했어요. 여기에는 병인양요 때 프랑스 함대의 침략을 저지한 성공의 경험도 영향을 주었지요. 하지만 19세기는 강한 나라가 약한 나라를 무력을 통해 강제로 식민지로 만들던 시대였어요. 방귀뀐 놈이 성낸다는 말처럼 미국은 뻔뻔하게 5척의 군함에 1,200여 명의 병력을 싣고 조선을 침략했어요. 이때가 1871년입니다.

존 로저스가 이끄는 미군이 아산만을 거처 인천 작약도에 정박하자, 조선은 서둘러 교섭을 진행하고자 관리를 파견했어요. 하지만 미군은 조선 관리가 전권대사가 아니라는 이유로 교섭을 거부하고는 강화해협과 한강 수로를 탐색하겠다고 통보해요. 더는 참을 수 없던 조선은 허락 없이 조선의 영토를 들어오는 미군을 향해 화포를 쐈어요. 분명 주권을 지키려는 조선군의 정당한 행위였지만, 미군은 공격당했다며 강화도의 여러 진지를 초토화해요. 정당방위라고 말하면서요. 그리고는 650여 명을 동원하여 초지진을 함락해요. 미군의 화력에 밀려 철수했던 조선군은 야밤에 급습하여 미군을 쫓아내려 했으나 실패하고 맙니다.

미군은 초지진을 함락한 기세를 몰아 광성보를 공격했어요. 이곳을 지키는 어재연 장군과 수백 명의 병사는 굳은 결의로 미군에 맞서 싸웠어요. 그러나 한 시간 이상 미군 군함에서 날아오는 포탄으로 광성보의 주요 방어시설이 초토화되어 버려요. 그럼에도 광성보를 지키는 조선 병사들은 한 명도 도망가지 않고 미군에 맞서 용감히 싸웠어요. 총알이 떨어지면 칼을 들고 싸웠고, 칼이 없으면 돌멩이를 집어 던졌어요. 그마저도 여의찮으면 흙을 집어 미군 병사의 얼굴에 뿌리고는 몸을 던져 미군의 침입을 막아내고자 했어요.

그 결과 조선군 350여 명은 광성보에서 전멸하고 말아요. 미군은 3명이 죽고 10여 명이 다치는 승리를 거두었음에도 "승리는 승리였으나, 누구 한 사람 그다지 자랑할 것도 못 되며, 누구 한 사람도 기억하고 싶지 않은 전승이었다."라고 말해요. 광성보에 가면 당시 나라를 지키려 한 무명용사를 기리는 비가 세워져 있어요. 선조들의 호국정신을 기억하기를 바라는 마음으로요.

최초의 조약 강화도조약

1873년 조선에 큰 변화가 일어나요. 조선의 국정을 좌지우지하던 흥선대원군이 하야하고, 성인이 된 고종이 직접 정치에 나서거든 요. 고종은 흥선대원군을 따르는 사람을 조정에서 쫓아내고, 국정 쇄신을 위해 새로운 사람을 발탁하고 중용해요. 그중에는 조선도 개항하여 급변하는 국제사회의 질서에 동참해야 한다는 개화파들 도 있었어요.

고종은 개화파의 주장을 받아들여 통상수교 거부 정책 대신 개 항하기로 결정해요. 이제 어느 나라와 어떻게 통상수교를 맺을 것 인지가 중요한 국정과제가 돼요. 같은 시기 일본은 조선과 국교를 회복하고자 했어요. 그 이유는 간단해요. 조선을 발판으로 삼아 일 본의 자존감을 높이는 동시에 경제적 침탈로 많은 이익을 얻으려 고요.

1874년 일본이 타이완을 점령했다는 소식이 들려오자 박규수 를 비롯한 개항론자들은 일본과의 국교를 회복해야 한다고 주장했 어요. 마침 그해 11월 일본 외무대승 모리야마 세게루가 부산에 들 어와 국교를 회복하자는 외교문서를 올려요. 그런데 일본이 보낸

문서에 '대일본 황상'이라는 용어가 적혀 있어서 조선은 문서접수를 거부해버립니다. 왜냐하면 조선에게 있어 황제국은 중국뿐이었거든요. 오랑캐라 얕보던 일본이 황상이라는 단어를 마음대로 쓴 것을 괘씸하게 여긴 것이죠. 모리야마 세게루는 조선의 냉담한 반응을 보고, 미국이 일본에 했던 것처럼 무력을 동원하여 국교 수립을 맺어야 한다고 보고서를 올려요.

일본 정부는 모리야마 세게루의 의견을 받아들여요. 정상적인 방법으로는 수교를 맺기 어렵고, 혹여 수교를 맺는다고 해도 우위를 점하기 어렵다고 생각한 일본은 1875년 5월 군함 운요호, 제이정묘호를 조선에 보내요. 일본 군함은 부산에서 대포를 쏘며 시위한 뒤, 함경도 영흥만까지 올라가는 행동으로 조선을 위협했어요. 그럼에도 조선 정부의 태도가 변하지 않자, 일본은 그해 9월 다시 운요호를 조선으로 보내요. 이번에는 조선의 수도 한양 가까이에 있는 강화도로요.

운요호가 강화도 초지진에 상륙하려 하자, 초지진을 지키는 조선군은 대포를 발사하며 일본군의 상륙을 저지해요. 그러자 일본군은 초지진에 많은 포탄을 쏟아붓고는 인천 영종진으로 건너가요. 그리고는 그곳에 있던 관아와 민가를 불 지르고, 아무 죄 없는 백성을 무차별 살상합니다. 전리품으로 36개의 대포와 총포를 챙긴 일본 운요호는 유유히 일본 나가사키로 돌아가요. 그로부터 5개월이 지난 1876년 1월 일본 정부는 식수를 구하려는 운요호를 조선군이 공격한 일을 문제 삼으며, 육군 중장 구로다 기요타카를 특명 전권대신으로 조선에 보내요. 4,000여 명의 일본군과 함께 말이죠.

이 과정에서 일본 정부는 구로다에게 교섭이 뜻대로 풀리지 않으면, 군사적 보복이 따를 것이라는 위협을 주라고 지시해요. 그에 맞추어 일본은 법률고문이던 프랑스인 부아소나드에게 전쟁 명분

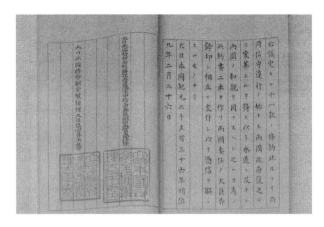

강화도조약

을 찾게 하면서, 군대를 서부지역으로 이동시켜요. 조선 정부도 이런 식으로 개항하고 싶지 않았어요. 하지만 일본의 군사적 압력과 청나라의 개항 권고를 마냥 무시할 수만은 없었어요. 결국 신헌을 접견대신으로 파견하여 강화도에서 협상을 맺게 해요. 그렇게 맺어진 조약이 강화도조약조일수호조규 이에요.

　조선은 '옛날의 우호를 다시 세운다.'라는 문구를 협정문에 넣어 교린관계를 유지했다고 생각했어요. 또한 조약에 '일본국 황제 폐하'를 사용하지 않고, '대일본군'과 '대조선국'으로 표기하여 대내외적으로 문제될 소지를 없앴다고 판단했죠. 그 결과 강화도조약은 조선이 근대 국제법에 따라 외국과 맺은 첫 수교인 동시에 국제 사회로 진입하는 계기가 돼요. 하지만 일본이 조선을 침략할 수 있는 근거를 제공하는 불평등한 내용으로 인해 여러 어려움을 겪게 돼요.

5 — 최초의 서양 국가와 맺은 조미수호통상조약

조선은 1866년 제너럴셔먼호 사건과 1871년 강화도를 침략한 신미양요를 겪으면서도 미국에 대해 잘 알지 못했어요. 신미양요 당시 영의정 김병학은 "미국은 단지 부락部落, 작은 마을 만 있는 나라로, 화성돈華盛頓, 조지 워싱턴이 성과 군대 기지를 개척했다."라고 고종에게 보고할 정도였죠. 심지어 미국의 이름도 제대로 알지 못해서 며리계, 미리견, 화기국, 아미리가 등 여러 이름으로 불렀어요. 반면 미국은 교역을 통한 경제적 이익과 함께 조선을 대륙진출의 교두보로 삼고 싶어 했어요.

강화도조약 이후 동아시아 국제정세가 급변해요. 청나라는 미국을 끌어들여 남하하려는 러시아를 견제하고자 했어요. 조선도 강화도조약으로 국제사회의 일원으로 들어간 만큼 서구 국가와의 수교가 필요했어요. 이런 상황에서 수신사 일원으로 일본에 갔던 김홍집이 가져온《조선책략》은 조선에 큰 파장을 일으켜요.《조선책략》은 청나라 황준헌이 쓴 책으로 러시아의 남하를 막기 위해서 '조선은 친 중국, 결 일본, 연 미국'해야 한다는 내용을 담고 있었어요. 다시 풀이하면 조선이 중국, 일본, 미국하고는 사이좋게 지내야

미국의 로버트 슈펠트 제독

만 러시아의 침략을 막아낼 수 있다는 이야기죠. 아직 신미양요 등 미국의 횡포를 기억하는 많은 이들은 《조선책략》의 내용을 비난하며, 미국과의 수교를 강력하게 반대했어요.

그런 가운데 미국 로버트 슈펠트 제독이 조선에 함대를 끌고 와서는 수교를 맺자고 요구했어요. 조선 정부도 수교를 맺을 필요성은 알지만, 백성의 강한 반대와 미국에 대한 두려움으로 수교를 거부한다는 메시지를 보내요. 로버트 슈펠트 제독은 조선의 거부에 화가 났지만, 어쩔 수 없이 뱃머리를 돌려 청나라로 갔어요.

왜냐하면 과거 신미양요 때 조선이 한 발자국도 뒤로 물러나지 않고 미국에 맞섰던 일을 기억하고 있었으니까요. 또 한 가지의 이유는 동아시아에 대한 정보가 과거에 비해 많아진 데 있어요. 조선은 청나라의 말을 무시하지 못한다는 사실과 함께 청나라가 조선을 속국으로 옭아매려 한다는 것을 말이에요.

로버트 슈펠트는 청나라 이홍장을 찾아가 조선과 수교를 맺을 수 있도록 주선해달라고 부탁했어요. 이에 이홍장은 자기 말이라면 조선은 무조건 따를 것이라며 아무 걱정하지 말라고 확신해요.

그러면서 한 가지 조건을 내밀어요. 수교 문서에 조선을 중국의 속방으로 기록해달라고 말이에요. 속방이란 독립국 지위를 인정하나, 정치적·군사적·경제적으로 다른 나라의 지배와 간섭받는 나라를 말해요. 다시 말해 청나라의 부속 국가 조선과 관련된 일은 자신들에게 먼저 이야기하고 결정하라는 거예요. 조선에 대한 이권을 나눠가질 생각이 없는 미국은 단칼에 이홍장의 요구를 거절합니다.

1882년 미국은 다시 군함을 끌고 조선을 찾아와요. 그런데 미국 혼자서만 온 것이 아니라 청나라 군함도 옆에서 나란히 들어오고 있었어요. 조선 정부는 오랜 고심 끝에 미국과 수교하기로 결정한 상황이어서 미국과 청의 군함을 제물포에 정박시켰어요. 그리고 김홍집을 전권대사로 임명하여 미국과의 수교 협상을 진행해요. 이때 청나라 군함에 있던 마건충이 조선과 미국의 수교 협상은 청나라 군함에서 이루어져야 한다고 주장해요. 청나라가 함께 왔기 때문에 조선이 아무 저항 없이 수교 협상에 나섰다고 말하면서요.

하지만 미국이 마건충의 이야기를 들어줄 리가 없었겠죠. 미국이 거절한다는 의사를 표현하자, 마건충은 한발 물러나 협상 자리에 청나라 관료가 꼭 참석해야 한다고 말해요. 하지만 이마저도 미국은 들어주지 않습니다. 청의 간섭에서 자유로워진 조선 정부는 인천 화도진에서 수교 협상하자고 제안했고, 미국은 받아들여요. 그 결과 1882년 서양 국가로는 최초로 미국과 수교를 맺게 돼요. 조미수호통상조약은 강화도조약보다는 나아지기는 했지만, 여전히 조선에 불리한 내용이 많다는 점은 변하지 않았어요.

구식 군인이 봉기한 임오군란

조선의 수도 한양을 지키는 중앙군의 대부분은 도시 하층민에서 선발된 사람들로 구성되어 있었어요. 이들은 군인 급료로만 생계를 유지하기 어려워서 왕십리와 이태원 등 서울 근교에서 농사를 짓거나 일용직으로 살아갔어요. 고종이 즉위할 무렵에는 국가재정이 부족하여 군인들의 급료가 제대로 나오지 않을 때도 많았어요. 그런데 가장 이들을 불안하게 만든 것은 강화도조약 이후에 추진된 군제개편이에요.

조선 정부가 국방력 강화를 외치며 구식 군대를 줄이고 일본식 군사제도를 도입했거든요. 그 결과 5군영이 2군영으로 통폐합하고, 일본인 교관을 둔 신식 군대인 별기군이 창설돼요. 이것은 군인들이 일자리를 잃는다는 것을 의미해요. 군대에 남아 있어도 좋은 대우를 받기 힘든 군인들은 별기군이 좋은 대우를 받는 것에 상처받을 수밖에 없었어요.

그런 가운데 1882년 6월 구식 군인들의 불만이 터지는 사건이 발생해요. 전라도에서 세곡이 올라오자, 정부는 군인에게 지급하지 못한 13달 치 급료 중 한 달분을 나누어줘요. 군인들은 한 달 치

급료라도 가족에게 따뜻한 밥 한술 해줄 수 있다는 생각에 기쁜 마음으로 선혜청으로 달려갔어요. 그러나 정작 그들이 받아든 쌀 주머니에는 겨와 모래가 섞여 있었고, 그마저도 한 달 치 급료에 못 미치는 양이었어요. 너무도 화가 난 구식 군인들은 책임자를 구타하며 폭동을 일으켰어요. 정상적인 상황이라면 급료를 횡령한 관리를 처벌하고, 재발 방지를 하는 것이 맞겠지요. 그런데 조선 정부는 폭동을 주도한 군인에게 책임을 물으며 벌을 내렸어요.

정부의 대응에 화가 난 구식 군인들은 선혜청과 책임자인 민겸호의 집에 불을 질렀어요. 또한 별기군 부대로 몰려가 일본인 교관 호리모토를 죽이고, 일본 공사관을 공격했어요. 다음날에는 명성왕후가 이 모든 일에 책임이 있다며 창덕궁으로 몰려갔어요. 이 과정에서 명성왕후는 궁궐을 빠져나와 충주로 피신했지만, 부정부패를 일삼으며 못된 짓을 많이 하던 명성왕후 일파와 관리들이 목숨을 잃어요.

폭동은 일으켰지만, 이후 어떻게 행동할지 판단하지 못하던 구식 군인들은 흥선대원군을 찾아갔어요. 이 소식을 들은 고종은 구식 군인들을 통제하기 위해 흥선대원군을 다시 궁으로 불러요. 다시 영향력을 행사하게 된 흥선대원군은 고종이 추진하던 개화정책을 모두 폐지해버려요. 그리고 강화도조약 이전의 조선으로 되돌아가려는 노력을 기울여요. 그 시각 명성왕후와 민씨 세력은 임오군란으로 잃어버린 권력을 되찾기 위해 청나라에 도움을 요청해요.

청나라는 임오군란으로 권력에서 밀려난 명성왕후와 민씨 세력이 도와달라는 요청에 신이 났어요. 세계열강에 조선이 청나라의 속국이라는 사실을 확실히 보여줄 수 있는 기회였으니까요. 더불어 조선에 진출하여 정치적·경제적으로 큰 이익을 남길 수 있다는 기대감도 가졌어요. 청나라는 조선에 곧바로 군대를 파견하여 흥

신식군인
별기군

선대원군을 중국으로 끌고 간 뒤, 명성왕후를 다시 궁으로 불러들여요. 이후 다시 권력을 잡은 민씨 일파는 청나라의 요구를 거부하지 못해요. 청나라는 조선이 자신들의 속국이라는 내용과 함께 청나라 상인의 통상특권을 보장하는 조청상민수륙무역장정을 체결해요. 이뿐만 아니라 위안스카이가 지휘하는 군대를 조선에 상주시키고, 마젠창과 묄렌도르프를 고문으로 파견하여 조선의 내정과 외교 문제에 깊이 관여해요.

반면 임오군란을 진압하는 과정에서 아무 일도 하지 못한 일본은 청나라에 비해 조선에 영향력을 행사하지 못해요. 그렇다고 조선에 아무 영향을 못 준 것은 아니에요. 일본은 임오군란으로 공사관이 불타고 10여 명의 일본인이 죽었다며, 50만 원 배상과 일본군의 조선 주둔, 공식 사과를 위한 수신사 파견, 임오군란 주모자 처벌을 받아내요. 그로 인해 조선은 경제적 어려움을 겪으며 자주적으로 개혁하지 못하게 됩니다.

급진개화파의 갑신정변

임오군란 이후 조선 정부는 청나라의 내정간섭을 심하게 받아요. 명성왕후를 비롯한 많은 관료가 청의 개입으로 지위를 되찾았으니, 청의 횡포를 보고도 못 본 척했어요. 이 과정에서 개화파도 둘로 나누어지게 돼요. 청나라의 내정간섭이 있다고는 하지만, 이를 계기로 청나라처럼 서구 문물을 받아들여 부국강병을 이루어야 한다고 주장한 김홍집과 어윤중 등을 온건개화파라고 해요. 반면 청나라의 내정간섭을 규탄하며 일본처럼 빠른 변화를 주장한 김옥균과 홍영식 등을 급진개화파라고 합니다.

당시 집권세력이던 민씨 척족은 일본을 모델로 삼아 개혁하자는 급진개화파가 마음에 들지 않았어요. 이들로 인해 청나라의 눈 밖에 날까 걱정되었던 거죠. 그런 가운데 민씨 척족과 급진개화파가 조선의 부족한 재정문제로 두고 갈등을 일으켜요. 청나라가 보낸 재정 고문 묄렌도르프가 조선의 재정 부족을 해결하기 위해 화폐를 발행하자고 주장하자, 급진개화파는 일본에게서 차관을 도입해야 한다며 맞붙었어요.

고종은 먼저 급진개화파 김옥균에게 차관 도입할 수 있는 기회

갑신정변을 주도한 김옥균

를 주었지만 실패하고 말아요. 이유는 간단해요. 일본이 조선의 발전을 위해 도와줄 마음이 없었거든요. 이후 급진개화파는 수세에 몰려요. 일본에서 군사훈련을 받고 사관생도가 된 급진개화파들이 군대에서 쫓겨나는 등 위기를 맞게 돼요. 결국 급진개화파는 정치적 위기를 돌파하는 동시에 그들이 원하는 세상을 만들기 위해 정변을 계획하게 돼요.

1884년 8월 청나라가 베트남을 두고 프랑스와 전쟁을 벌이기 위해 조선에 주둔하던 청군 3천 명 중 절반을 철수시켜요. 이를 기회로 여긴 급진개화파는 10월 17일 음력 저녁 7시 우정총국 건물 낙성식을 축하하는 자리를 이용하여 인근 민가에 불을 지르는 등 소동을 일으켜요. 그리고는 곧바로 고종에게 달려가 청군이 습격했다며 일본군의 도움을 받아야 한다고 말해요. 고종은 이들의 말을 믿지 않았지만, 일본군과 급진개화파가 이끄는 군대에 떠밀려 경운궁으로 거처를 옮길 수밖에 없었어요.

이튿날 급진개화파는 민씨 척족을 대표하는 민태호, 민영목 등 6명을 죽이고 신정부를 구성해요. 이런 모습에 배신감과 불안감을 느낀 고종과 명성왕후는 청나라와 몰래 연락을 취하고는 창덕궁으로 거처를 옮기겠다고 말해요. 김옥균은 방어하기 어려운 창덕궁으로 거처를 옮기는 것에 반대했지만, 일본 공사 다케조에 신이치로는 아무 문제없다고 자신해요. 그로 인해 더는 반대할 명분이 없어진 급진개화파는 어쩔 수 없이 창덕궁으로 장소를 옮겨요.

정변을 일으킨 3일 뒤인 10월 19일 급진개화파는 새 정부의 정령을 발표해요. 이들이 제시한 80여 개 조의 정령에는 '청의 사대외교를 폐하고, 입헌군주제를 세운다. 재정 기관을 일원화하여 국가재정을 충실히 한다. 혜상공국을 폐지하여 자유로운 상업 발전을 꾀한다. 인민평등권과 능력에 따른 인재를 등용한다.'등이 담겨 있어요. 오늘날의 관점에서 보면 당연하면서도 꼭 필요한 내용들이에요. 하지만 당시로서는 받아들이기 어려운 내용이 많았어요. 예를 들어 고종만 해도 전제왕권에서 입헌군주제로 정치체제를 바꾸는 것에 동의하지 않았겠죠.

개혁정강을 발표한 지 몇 시간도 지나지 않아 청군이 창덕궁을 향해 몰려왔어요. 그러자 급진개화파를 도와주겠다던 일본군은 약속과 달리 제일 먼저 도망쳐버려요. 급진개화파의 병력도 청군의 공격을 막아내지 못하면서 갑신정변은 3일만에 실패로 끝나고 말아요. 이 과정에서 갑신정변을 주도했던 홍영식은 죽고, 김옥균·서재필 등은 일본으로 망명해요. 국민이 반감을 가지고 있는 일본을 끌어들여 왕을 인질로 삼고, 백성이 원하는 토지개혁을 제시하지 않은 결과였어요. 갑신정변 이후 조선은 일본에 사죄와 배상금을 지불하는 한성조약을 맺어요. 청나라와 일본은 조선에 군대를 파병할 권리가 서로에게 있다는 것을 인정하는 톈진조약을 맺고요.

8 일본의 경제침탈 방곡령

조선은 500년 동안 농업을 국가운영의 근간으로 삼았어요. 여기에는 중국 명나라부터 청나라까지 외국과의 교역을 정부가 통제하는 쇄국정책을 펼친 것이 가장 큰 이유였어요. 그래서 조선은 고려와는 달리 상공업을 통제하고 농업기술 향상에 많은 노력을 기울였어요. 하지만 산이 많은 지형과 짧은 여름으로 풍족함보다는 오늘하루 어떻게 먹고 살지를 걱정할 때가 더 많았어요. 이런 이유로 위정척사파들은 개항을 반대했어요. 1년에 한 번 생산되는 곡물과 수시로 생산되는 공산품을 맞바꾸게 되면 조선 경제가 파탄날 수밖에 없다고요.

하지만 1876년 일본과 맺은 조일무역규칙에 의해 미곡 무역이 이루어져요. 그래도 1880년대는 전반적으로 미곡 무역으로 인한 피해가 크지는 않았어요. 이때 일본은 연이은 풍작으로 곡물을 수입하기보다는 수출을 더 많이 했거든요. 반면 조선은 1882년부터 1889년부터 흉작이 계속 이어지면서 곡물을 수입해야 했어요. 이당시 조선의 식량 사정이 얼마나 좋지 않은지 조미수호통상조약을 맺을 때 곡물 수출금지 항목을 추가로 삽입해요. 이듬해인 1883

년에는 일본과 조일통상장정을 맺으면서 '조선국이 자연재해나 변란 등으로 국내의 곡물이 부족해질 염려가 있어서, 조선 정부가 잠정적으로 양곡 수출을 금지하려고 할 때는 1개월 앞서 지방관으로부터 일본 영사관에 알린다.'라는 내용을 넣어요. 이를 방곡령이라고 부릅니다.

조선이 연이은 흉년으로 생계에 꼭 필요한 곡물이 부족했다고 말씀드렸죠. 지방관들은 농민들이 기본적인 생계를 유지하도록 방곡령을 자주 시행했어요. 1884년부터 1901년까지 17년 동안 전국적으로 27번이나 방곡령이 시행돼요. 그런데 1889년부터 방곡령으로 조선에 피해가 발생해요. 이 당시 일본이 흉년으로 곡물이 부족해지면서 조선에서 많은 곡물을 수입해요. 조선이 일본에 쌀을 수출한 금액이 1888년 21,810엔에서 1890년에는 2,037,868엔으로 대폭 늘어나요. 100배에 가까운 많은 쌀이 일본으로 유출되니 조선의 식량 사정은 정말 말이 아니었어요. 너무도 많은 사람이 굶주림으로 어려운 삶을 살아야 했죠.

방곡령으로 인한 피해가 가장 극심했던 때는 1889년과 1890년이에요. 1889년 황해도와 함경도 방곡령과 1890년 황해도 방곡령이 조선과 일본의 외교분쟁으로 발전할 정도로요. 그중 하나인 함경도 방곡령을 살펴볼까요. 함경도 관찰사 조병식은 조일통상장정에 따라 1개월 전에 외교 사무를 담당하는 외아문에 방곡령을 실시하겠다고 통보했어요.

그런데 일본은 방곡령을 시행하는 과정에 문제가 있다며 조병식의 처벌과 방곡령 철회를 요구해요. 여기서 그치지 않고 방곡령으로 인해 일본 상인이 피해를 보았다며 손해배상도 요구합니다. 조선 정부는 이 문제를 해결하기 위해 일본과 4년 동안 협상하지만, 결국 일본이 원하는 대로 배상금 11만 원을 지급해요. 함경도 관찰사였던 조병식은 감봉처분과 함께 1890년 강원도 관찰사로

한일 사이의
첫 경제전쟁
방곡령

이동 조치되고요.

분명 방곡령은 조선의 곡물 유출을 막아 백성을 보호하고자 만들어진 것이에요. 하지만 약한 국력과 백성을 끝까지 돌보겠다는 위정자의 강한 의지가 뒷받침되지 못했어요. 그로 인해 백성들은 흉년으로 먹을 것이 부족한 상황에서도 일본에 곡물을 줘야 했죠. 이뿐만이 아니에요. 쌀값이 오르자 다른 곡물과 생필품 가격도 같이 오르면서 대다수 백성은 이중고를 겪어야 했어요.

반면 방곡령이 제대로 시행되지 않아 이익을 얻은 것은 일본과 조선의 지주였어요. 일본은 산업화로 인한 곡물 생산의 감소를 조선에서 값싸게 가져온 곡물로 해결할 수 있었어요. 조선 지주들은 쌀값 상승으로 인한 이익으로 더 많은 토지를 구매하며 대지주로 성장해요. 결국 국민의 대다수를 차지하는 농민이 일한 만큼 정당한 대가를 받지 못하면서, 조선은 재정이 악화하고 사회적 불만이 높아지게 됩니다.

9 ── 최초의 서양식 병원 광혜원

조선시대는 부모님이 주신 신체를 최대한 훼손하지 않는 것을 효의 근본이라고 여겼어요. 그런데 서구 의학은 치료의 과정으로 칼로 살을 베고 꿰매는 수술을 하죠. 그로 인해 생긴 흉터를 조선 사람들은 신체 훼손으로 인한 불효라 생각하며 서구 의학에 큰 반감을 보였어요. 또한 서양인에 대한 괴담도 많이 떠돌았어요. 예를 들어 서양 의사를 안방으로 들이면 귀신이 화가 나서 집안 식구 모두를 아프게 한다는 내용의 괴담이 민간에 많이 퍼져 있었어요. 서구 의학에 대한 부정적 인식이 사라지며, 조선이 서구 의학에 관심을 두게 된 것은 갑신정변 이후에요.

우리는 1884년 갑신정변 때 처음으로 서양 병원이 설립된 것으로 알고 있어요. 물론 틀린 말은 아니에요. 한국 사람을 치료하기 위한 최초의 서양 병원은 갑신정변 이후 설립되거든요. 그런데 한반도에 최초로 설립된 서양식 병원은 1877년 일본 정부가 조선에 거주하는 일본인을 위해 부산에 설립한 제생의원이에요. 이후 1883년 인천에 일본 영사관 부속 병원, 서울에 일본관 의원이 설립돼요. 이들 병원은 주로 일본인을 치료를 목적으로 했지만, 아주 가

광혜원

끔은 조선에 일본이 우수함을 보이기 위해 조선인을 치료해주기도 했어요.

그렇다면 우리나라가 설립한 최초의 서양식 병원은 무엇일까요. 바로 1885년 조선 정부가 설립한 광혜원이에요. 광혜원 설립에는 미국 선교사 알렌1858~1932의 역할이 매우 컸어요. 정변 당시 알렌은 급진개화파의 칼에 여러 차례 찔려 다 죽어가던 민영익을 살려내요. 고종은 이 모습을 보며 서구 의학에 대해 긍정적 인식을 가져요. 또한 조선에서 다치거나 병에 걸려도 제대로 치료받을 수 없던 외국 공사관들이 알렌을 찾아 치료받는 모습도 고종의 인식을 바꾸는 데 한몫합니다.

고종은 우선 자신을 비롯한 왕실의 모든 사람의 진료를 알렌에게 맡겼어요. 이것은 조선 역사상 왕과 왕족의 건강을 외국인에게 맡기는 첫 번째 일이었어요. 이 과정에서 고종과 친분을 쌓은 알렌은 미국의 영향력을 확대하기 위해 1885년 1월 서양식 병원 설립안을 제안해요. 고종으로서도 한시라도 빨리 서구 의학을 받아들이기 위해 병원 설립에 적극적으로 여러 지원을 아끼지 않고 제공해요.

김윤식을 병원 설립의 책임자로 임명하고, 홍영식의 집을 병원으로 사용하도록 내줘요. 그리고 병원이 개원하자 광혜원이라는 이름을 내려줘요. 하지만 광혜원이라는 이름이 마음에 들지 않았는지, 고종은 2주 뒤《논어》에서 '널리 베풀어 백성을 구제한다.'라는 문구를 빌려와 광혜원을 제중원으로 바꿔 부르게 합니다. 그리고 환자 치료와 더불어 의사를 배출하기 위해 16명의 학생에게 의학을 가르쳤어요.

조선 정부의 지원을 받은 최초의 서양식 병원 제중원은 운영하는 과정에서 여러 문제가 발생했어요. 우선 한옥 구조의 주택은 병원으로 활용하기 너무도 불편했어요. 또한 600평 정도의 면적으로는 치료받기 위해 몰려드는 환자를 모두 수용하기도 어려웠죠. 결국 이듬해 을지로 지역에 있던 혜민서 자리로 병원을 이전해요.

그러나 가장 큰 문제점은 제중원이 조선 정부의 온전한 소유물이 아니라는 점이었어요. 제중원은 조선 정부가 건물·운영비·관리 인력을 제공하고, 미국 북장로회가 의사와 간호사 등 의료진을 파견하는 합작 병원이었어요. 그렇다 보니 조선 정부의 제중원 운영에 있어 조선 정부와 미국 북장로회 사이에 여러 마찰이 발생했어요. 결국 제중원의 새로운 책임자였던 에비슨은 동학농민운동과 청일전쟁 등으로 경황이 없던 조선에게서 운영권을 넘겨받아요. 이후 미국 실업가 세브란스1838~1913가 1만 달러를 기부하며 제중원을 남대문 밖 도동으로 옮기면서 제중원 대신 세브란스로 병원 이름을 바꿉니다.

10 ─── 아래에서의 혁명
동학농민운동

19세기 조선에 살던 많은 사람은 매관매직과 삼정의 문란처럼 불합리한 사회제도로 힘들게 살아가야 했어요. 그런 사람들에게 스스로 세상의 주인이 되어 사람답게 살아가야 한다며 희망을 준 종교가 동학이었어요. 개항 이후 외국 공산품의 유입으로 국내 수공업이 어려워지고, 일본에 곡물이 수출되면서 농민의 삶이 어려워질수록 동학을 믿는 사람은 더욱 늘어났어요.

동학은 국가가 인정하지 않은 종교였지만, 1890년대가 되면 조선 정부의 정치개혁을 요구할 정도로 교세가 커지게 돼요. 예를 들어 1893년 열린 보은집회에는 2만 명 정도의 동학교도가 모여 일본을 배척하자는 주장과 함께 부정·비리를 저지르는 관리를 처벌해달라고 요구해요.

그런 가운데 전라도 고부 군수 조병갑이 도를 넘는 수탈을 자행했어요. 조병갑의 횡포를 더는 참을 수 없던 전봉준은 사람을 모아 고부민란을 일으켜요. 이 과정에서 전봉준과 농민군은 조병갑의 횡포를 시정하고 외국 상인의 침투를 금지하라는 요구를 제시해요. 그러나 중앙에서 고부민란을 조사하러 내려온 안핵사 이용태는 오히려 민란 관련자들을 역적죄로 몰아 혹독하게 탄압하며 고부를 들쑤시고 다녔어요. 고창군 무장현으로 피신했던 전봉준은 이용태의 횡포를 가만히 볼 수만은 없었어요.

결국 전봉준은 1894년 3월 21일 손화중, 김개남과 함께 제폭구민 **관리 수탈을 막아 백성을 구함** 과 보국안민 **나라를 보호하고 백성을 편안히 함** 을 내세우며 동학농민운동을 일으켜요. 3천~4천 명에서 출발한 동학농민군은 날이 갈수록 참여 인원이 늘어나면서 자신감이 넘쳤어요. 그 결과 동학농민군은 고부 황토현에서 관군을 상대로 승리하고, 곧이어 장성 황룡촌에서도 큰 승리를 거둬요. 더욱 기세가 높아진 동학농민군은 4월 27일 전주성을 점령하자, 충청·경상·경기·강원·황해도에서도 동학농민군의 봉기가 연이어 일어났어요.

당황한 조선 정부는 민영준 **훗날 민영휘로 개명한 반민족행위자** 의 의견을 받아들여 청나라에 원군을 요청해요. 청나라 군대가 아산만에 상륙하자, 톈진조약을 내세워 일본도 이튿날 인천에 군대를 주둔시켜요. 청나라와 일본의 충돌을 우려한 조선 정부는 서둘러 동학농민군과 화목하게 지내자는 약속을 모색했어요. 동학농민군도 나라가 위태로워지는 것을 막기 위해 탐관오리 처벌 등이 담긴 개혁안과 농민군의 신변을 보장받는 전주화약을 맺고 전주성에서 철수해요.

이런 가운데 일본은 조선에 내정개혁을 요구하며 6월 21일 경복궁을 점령해요. 23일에는 선전포고 없이 청일전쟁을 일으켜요. 일본이 고종을 협박하고 전쟁을 일으키자, 동학농민군은 다시 죽창을 들고 봉기해요. 이번에는 제1차 봉기 때 참여하지 않았던 동학의 북접도 함께 움직였어요. 하지만 제1차 봉기 때와 달리 동학농민군은 승리보다는 패배를 더 많이 해요. 일본군과 관군 그리고 동학농민군을 좋지 않게 본 지주들로 이루어진 연합군에 비해 무기와 식량 등 모든 것이 열세인 상황을 뒤집지 못한 거였어요.

한양으로
압송되는
전봉준

　특히 11월에 수천 명의 희생자를 낸 공주 우금치 전투는 동학농민운동이 실패하게 되는 결정적인 요인이 돼요. 이후 김개남이 이끄는 동학농민군이 청주에서 패배하는 등 전주, 금구·원평, 태인 등 전국에서 연전연패해요. 결국 동학농민운동을 일으켰던 전봉준·김개남·손화중 등 지도층이 모두 관군에게 붙잡혀 처형당하고 말아요. 지도층의 처형에도 끝까지 싸우던 마지막 동학농민군 25명이 1895년 1월 24일 대둔산에서 벌어진 전투에서 모두 죽으면서 동학농민운동은 막을 내려요.

　일본과 조선 정부 그리고 양반·지주층은 각자의 이익을 위해 동학농민군을 무차별 학살했어요. 그로 인해 새로운 세상을 만들려는 농민들의 꿈과 노력은 물거품이 되어 사라지고 말아요. 하지만 외세에게서 나라를 지키고, 사람답게 사는 세상을 만들고자 했던 동학농민군의 정신은 의병으로 이어져요. 그리고 일제강점기에는 나라를 되찾는 독립운동으로 계승됩니다.

11 —— 조선을 지배하기 위한 청일전쟁

동학농민운동이 발발하자, 조선 정부가 청나라에 원군을 요청한 사실을 기억하죠. 위안스카이를 통해 파병 요청을 접수한 청나라 이홍장은 일본에 군대 파병 사실을 알리고는 2,800명의 병력을 충남 아산으로 보내요. 일본 내각총리대신 이토 히로부미는 청나라가 군대를 조선에 보낸다는 소식을 듣고 기쁨에 웃었어요. 왜냐하면 중의원에서 내각 탄핵 상주안이 가결되어 정치적 위기에 빠져 있는 상황을 돌파할 절호의 기회라 여겼거든요.

이토 히로부미는 즉각 중의원을 해산하고 오시마 소장의 혼성여단을 조선에 파병해요. 겉으로는 조선의 독립을 공고히 하고 내정 개혁을 돕는다는 명분을 내세웠지만, 실제로는 조선의 실질적 지배권을 갖기 위해서였어요. 그래야 자신도 권력도 안정화될 수 있으니까요.

인천에 일본군 8,000여 명이 상륙하자, 조선 정부와 청나라는 당황했어요. 조선 정부는 동학농민군과 전주화약을 맺었으니 돌아갈 것을 요구했어요. 청나라 위안스카이도 전쟁을 피하고자 3차례 일본과 접촉하여 공동 철수에 합의해요. 하지만 이토 히로부미

청일전쟁에
전투를 벌이는
일본군 보병

는 이 결정이 마음에 들지 않았어요. 다시 청나라에 조선을 공동으로 개혁하자고 제의해요. 일본보다 조선에 영향력이 더 컸던 청나라는 일본의 제안을 단칼에 거부하고는 미국과 러시아를 끌어들여 일본군 철수를 요구했죠. 그러나 일본은 영국과 영일 신조약을 맺은 뒤, 1894년 7월 23일 경복궁을 불법 점령하고는 흥선대원군을 앞세운 친일정권을 수립해요.

곧이어 25일 일본 해군은 아산 앞바다 풍도에 주둔한 청나라 함대를 기습공격하여 승리를 거둬요. 29일에도 천안 성환에서 청나라 군대를 이기죠. 육지와 바다에서 승리를 거둔 일본은 비로소 8월 1일 청나라에 선전포고하며 전면전을 벌여요. 청나라도 승리하기 위해 대규모 군대를 파병하지만, 일본군의 상대가 되지 못해요. 9월 15일에서 17일까지 벌어진 평양전투에서 1만 4천 명의 청나라 군대가 패배하고, 황해전투에서도 청나라가 자랑하는 북양함대가 일본 해군에 대패해요.

일본은 여기에 만족하지 않고 기세를 몰아 중국 본토로 군대를 이동시켰어요. 제1군은 압록강을 넘어 남만주로, 제2군은 랴오둥반도에 상륙하여 뤼순과 다롄을 점령했어요. 청나라는 전쟁이 조선에서 끝나지 않고 중국 본토로 이어지자 당황했어요. 자칫 청나라 수도 베이징까지 함락될까 두려워졌어요. 청나라는 서둘러 전권대신을 일본에 파견해 전쟁을 중단하는 협상을 진행하고자 했지만, 일본은 교섭을 거부해버려요. 좀 더 청나라를 강하게 몰아붙이면 더 큰 이익을 얻을 수 있다는 판단이 들었거든요.

일본의 전략은 잘 들어맞아서, 이홍장이 직접 일본 시모노세키로 건너와 휴전을 위한 강화회의를 진행했어요. 물론 강화회의는 이토 히로부미가 주장하는 내용을 이홍장이 대부분 받아들이는 것이었어요. 그렇게 청과 일본 사이에서 체결된 시모노세키 조약은 조선에 대한 청나라의 종주권이 부정되는 것으로 시작해요. 다시 말해 일본이 조선에 대한 지배권을 갖는다는 사실을 청나라가 인정하는 거죠. 여기에 그치지 않고 청나라는 랴오둥반도와 대만 그리고 펑후 열도를 일본에 할양하기로 해요. 이 외에도 일본 돈으로 3억 엔을 배상금으로 지불하고요.

하지만 일본의 기쁨은 오래가지 못했어요. 일본의 독주를 못마땅하게 생각한 러시아가 프랑스와 독일을 끌어들여 랴오둥반도를 청나라에 반환하라며 간섭했거든요. 이를 삼국간섭이라고 해요. 이들 나라보다 힘이 약했던 일본은 결국 랴오둥반도 영유권을 포기해요. 대신 러시아와 맞서기 위해 군비확장에 힘써요. 반면 삼국간섭에 참여했던 러시아는 랴오둥반도 남부를, 영국은 웨이하이웨이와 그 주변 지역을, 독일은 자오저우만 주변 지역을 조차**합의에 따라 다른 나라 영토를 일정 기간 통치하는 일** 하며 이권을 챙겨요.

12 3번에 걸친 갑오개혁

동학농민운동으로 청과 일본이 군대를 조선에 파병하자, 조선 정부와 농민군은 큰 위기의식을 느껴요. 전주화약 이후 조선 정부는 농민군이 요구하는 토지·세금 제도 등 여러 개혁을 위해 1894년 6월 11일 교정청을 설치해요. 일본은 자주적으로 개혁하는 조선의 모습이 마음에 들지 않았어요. 청일전쟁 과정에서 우위를 점한 일본은 조선에 압력을 행사하여 교정청을 없애고 군국기무처를 설치하여 개혁을 추진하도록 해요. 그렇게 하여 김홍집 내각은 3개월 동안 개혁안 208건을 심의하고 의결하는 제1차 갑오개혁을 추진해요.

개혁안에는 1880년대 이후 조선 정부가 생각하던 개혁과 농민군이 요구 사항이 많이 반영되어 있었어요. 예를 들어 정치개혁으로 개국 기원을 사용과 과거제 폐지, 경제적으로 조세의 금납화와 도량형 통일, 사회적으로 신분제와 연좌제 폐지 등 근대화에 필요한 내용이 많이 포함되어 있어요. 이처럼 자주적인 개혁이 가능했던 것은 일본이 청나라와의 전쟁으로 조선 정부에 내정간섭할 여유가 없었기 때문이에요.

그러나 11월 청일전쟁에서 승기를 잡은 일본은 흥선대원군과 개화파를 배제하며 본격적으로 내정간섭에 들어가요. 우선 군국기무처를 폐지하고 갑신정변을 일으켰다가 일본으로 망명했던 박영효와 서광범을 김홍집 내각에 합류시켜요. 이렇게 구성된 제2차 김홍집·박영효 연립 내각은 청나라의 간섭 배제와 왕실의 정치 참여를 배제하는 개혁을 추진해요.

여기에는 일본의 입김이 많이 들어가 있어요. 예를 들어 정치제도는 내각제로, 지방제도도 23부 337군으로 개편하는 등 일본을 모델로 한 개혁이 추진돼요. 물론 이 과정에서 조선에 꼭 필요한 근위대와 훈련대를 설치하여 국방력을 강화하고, 한성사범학교 등 근대 교육기관을 설립하여 인재양성에 힘써요. 또한 재판소를 설치하여 사법권을 독립시켜요. 그러나 삼국간섭으로 일본의 영향력이 약화하면서 제2차 갑오개혁은 추진력을 잃어요. 또한 개혁을 추진하던 박영효가 쿠데타 혐의로 일본으로 망명하고요.

조선 정부는 다시 김홍집 내각을 통해 제3차 개혁을 추진해요. 건양이라는 연호를 사용하고, 중앙에 친위대와 지방에 진위대를 설치하여 국방력 강화에 힘써요. 또한 소학교를 설치하고 종두법을 시행하며 국민에게 실질적인 도움을 줄 수 있는 개혁도 추진되죠. 이 과정에서 고종은 일본의 간섭에서 벗어나고자 친미·친러파 인사를 등용했어요. 이에 조선에 대한 영향력이 약화될 것을 우려한 일본은 명성왕후를 시해하는 을미사변을 일으켜요. 조선에 대한 일종의 협박이었던 거죠.

어수선한 상황에서 추진된 제3차 개혁은 민중의 반발을 크게 받아요. 우선 개혁 내용 중 수천 년을 사용해오던 태음력 대신 태양력을 사용하게 한 것이 있어요. 더불어 효의 상징이라고 여겼던 상투를 자르라는 단발령이 문제가 돼요. 고종이 먼저 상투를 자르는 모습을 보였지만 큰 효과는 없었어요. 국민이 단발령을 따르지 않

갑오개혁을 주도한
김홍집

자 조선 정부는 거리에서 강제로 백성들의 상투를 잘랐어요. 이 과정에서 억지로 상투가 잘린 사람들이 조상을 뵐 면목이 없다며 스스로 목숨을 끊는 일도 발생합니다. 이 외에도 제3차 개혁이 제대로 이루어지지 않은 배경에는 일본이 명성왕후를 잔혹하게 시해한 일에 대한 반발도 있었어요.

　그런 가운데 1896년 2월 고종이 러시아 공사관으로 피신해요. 이것을 아관파천이라고 해요. 드디어 일본의 간섭에서 자유로워진 고종은 일본의 입김에서 자유롭지 못한 김홍집 내각을 해산시켜요. 그러자 친일 내각에 불만을 가진 수많은 사람이 김홍집을 죽여요. 이것은 갑오·을미개혁이 끝났음을 의미하는 일이었어요. 분명 갑오개혁에는 조선에 꼭 필요한 내용도 있었지만, 한편으론 일본이 조선을 보호국으로 만들려는 의도에서 벗어나지 못했다는 한계점도 가지고 있어요.

13 ──── 명성왕후를 시해한 을미사변

조선 정부는 삼국간섭을 통해 러시아가 일본보다 우위에 있음을 확인해요. 그렇지 않아도 노골적으로 내정간섭하는 일본이 마음에 들지 않던 조선 정부는 친러정책을 펼쳐요. 청나라에 승리하며 조선을 보호국으로 만들 생각에 들떠 있던 일본은 조선의 행동에 당혹스러웠어요. 우선은 고종과 명성왕후의 환심을 사기 위해 300만 엔을 기증하겠다며 제의해요. 하지만 고종이 일본의 제의에 관심을 보이지 않자, 명성왕후를 시해하여 겁박하기로 정책을 변경해요.

일본 정부는 이를 위해 육군 중장 출신인 미우라를 주한 공사로 파견해요. 미우라는 명성왕후를 죽이기 위한 사전작업으로 한성신보사 사장 아다치에게 6천 원의 자금을 주며 낭인배 등을 모집하게 해요. 또한 일본 정부가 개입하지 않았음을 보여주기 위해 훈련대 우범선·이두황·이진호 등 조선군이 참여하도록 포섭해요. 이것만이 아니었어요. 조선 내부의 권력투쟁으로 벌어진 일처럼 보이기 위해 1895년 10월 8일 새벽 5시 흥선대원군과 아들 이재면을 납치하여 경복궁으로 향해요. 흥선대원군과 훈련대가 명성왕후를 죽인 것처럼 위장하기 위해서요.

일본 군인과 낭인은 돈의문을 통과하여 우범선과 이두황이 이끄는 훈련대와 합류해요. 이들은 두 무리로 나누어 경복궁 남문인 광화문과 북문인 신무문으로 진격해요. 광화문으로 이동한 이들은 저지하는 훈련대 연대장 홍계훈과 조선군 병사를 죽이고 경복궁으로 난입해요. 신무문으로 향한 무리는 숙위하던 연대장 현흥택이 이끄는 300~400명의 병력과 교전하게 돼요. 하지만 현흥택과 궁궐을 지키는 조선군은 올라오는 일본 낭인의 협공을 이기지 못하고 패퇴하였습니다.

이후 일본 자객들이 벌인 만행은 경복궁에 있던 외국인들의 눈에 모두 목격돼요. 그중에서 주한 영국 영사 힐리어의 보고문을 근거로 사건을 재구성하면 다음과 같아요.

'일본군의 엄호 하에 민간인 복장을 한 일본인들이 왕과 왕후의 처소로 돌진했다. 왕과 왕태자의 측근을 붙잡은 그들은 왕후의 침실로 행했다. 그들 중 하나가 왕후를 찾기 위해 사진을 손에 들고 있었다. 궁내부대신 이경직이 서둘러 왕후에게 소식을 전하자, 왕후와 궁녀들이 잠자리에서 나와 숨으려 했다. 그때 흉도를 막기 위해 이경직이 두 팔을 벌려 가로막자, 칼로 양 팔목을 내리쳐 잘라 죽였다. 왕후는 뜰 아래로 뛰쳐나갔지만, 곧 붙잡혀 넘어뜨려졌다. 그 뒤 흉도들은 왕후의 가슴을 짓밟으며 일본도로 거듭 내려쳤다. 그 후 왕후와 용모가 비슷한 몇몇 궁녀들도 함께 살해하여 실수하지 않으려 했다. 이때 왕후의 의녀가 손수건으로 왕후의 얼굴을 덮어주었다. 시신은 숲에서 불태워지고 나머지는 궁궐 밖에서 옮겨져 처리되었다.'

　명성왕후를 잔혹하게 살해하고 불태우도록 지시한 일본 미우라 주한 공사는 뻔뻔하게도 고종이 자신을 찾는다며 경복궁에 입궐해요. 그리고는 고종을 협박하여 친일파로 구성된 신내각을 발표하게 해요. 이뿐만이 아니었어요. 고종이 명성왕후를 왕비에서 폐한다는 조칙을 내리게 해요. 또한 조선군 훈련대와 순검 개항기 경찰과의 충돌로 꾸며 조선 안에서 벌어진 문제로 축소하고자 했어요. 하지만 일본의 만행을 경복궁에 있던 미국과 러시아 등 많은 외국인이 본 만큼 완벽하게 숨길 수는 없었어요. 주한 외교관들의 보고와 서양 기자들에 의해 을미사변이 세계에 알려지면서 일본은 많은 비난을 받게 돼요.

　국제사회에서 고립될 수 있다는 위기감에 일본은 미우라 등 관련자 48명을 히로시마 감옥에 가둬요. 그러던 차에 고종이 미국 공사관으로 피신시키려다 실패하는 춘생문사건이 발생해요. 일본은 이 사건에 미국과 러시아가 연관되었다며 비방했어요. 다시 말해 너희들도 일본과 다를 바 없으니 조용히 하라는 거였죠. 그 결과 점점 일본을 비난하는 국제사회의 목소리가 작아지게 돼요. 이후 을미사변을 주도한 미우라와 48명은 증거불충분으로 1896년 1월 전원 석방된 뒤, 일본 왕에게 노고를 치하받으며 영웅 대접을 받아요.

14 ─── 러시아 공사관으로 피신한 아관파천

1896년 2월 11일에서 이듬해인 1897년 2월 20일 경운궁덕수궁으로 돌아오기까지 고종은 러시아 공사관에서 머물러요. 이것을 우리는 아관파천이라고 합니다. 그런데 왜 아관파천이라 할까요? 여기에는 우리가 잘 알지 못하는 역사가 숨겨져 있어요. 러시아는 동진하는 과정에서 17세기 중국 청나라와 영토를 두고 전투를 벌여요.

이때 중국은 러시아를 아라사라고 불렀고, 나선정벌에 참여했던 조선도 이후 러시아를 아라사라고 부르게 돼요. 그래서 아관이란 아라사공사관을 의미해요. 파천은 난리를 피해 왕이 도성을 떠나는 것을 의미하는 한자고요. 다시 말해 아관파천이란 고종이 러시아 공사관으로 피신한 사건을 줄인 말이에요. 참고로 러시아는 일본이 러시아를 부르는 로서아에서 파생된 말이에요.

고종은 왜 러시아 공사관으로 피신했을까요? 여기에는 명성왕후가 일본에 의해 잔혹하게 시해된 것이 가장 큰 원인으로 작용해요. 하지만 이것 때문만은 아니에요. 고종은 예전부터 생명의 위협을 여러 번 받는 위기를 겪었어요. 그러던 중 을미사변이 일어나자 자신도 언제든지 죽을 수 있다며 두려움에 떨었어요. 왜냐하면 일본에 의해 친일파 관료로 이루어진 내각이 구성되었고, 경복궁 주변에는 일본군대가 상시 주둔하고 있었으니까요. 경복궁에 감금되어 아무것도 할 수 없던 고종은 경복궁에서 빠져나와 안전한 장소로 거처를 옮기고 싶었어요. 이런 고종의 마음을 알아챈 수많은 사람이 움직이기 시작했어요. 이들 중에는 우국충정의 마음으로 고종을 구출하고자 하는 사람도 있지만, 고종의 신변보호를 내세워 이권을 얻고자 하는 세력도 있었어요.

고종을 경복궁에서 탈출시키려 했던 첫 번째 움직임이 춘생문 사건이에요. 경복궁 북문인 신무문 밖 후원의 동쪽에 있던 춘생문에 1895년 11월 28일 800여 명의 병력이 고종을 구출하고자 모였어요. 이토록 많은 병력이 모일 수 있었던 것은 고종을 가장 가까이에서 보필하던 시종 이재순·임최수와 정동파親러파 이범진·이완용 그리고 언더우드와 헐버트 등 국내외 많은 사람이 참여했기 때문이에요. 그러나 친위대 대대장 이진호의 배신과 경복궁을 지키는 친위부대의 반격으로 고종 구출에 실패하고 말아요. 이 일로 일본은 을미사변으로 궁지에 몰렸던 국제 여론을 뒤집을 수 있게 돼요.

이후 외부의 도움으로는 경복궁을 나갈 수 없다고 판단한 고종은 궁녀들이 타는 가마 두 채에 자신과 세자의 몸을 숨겨 탈출해요. 여기에는 엄귀비가 탈출 직전 여러 번 가마를 타고 궁궐 밖을 나가면서 경복궁을 지키는 병사에게 뇌물을 주어 검문 검색하지 않도록 만든 것이 큰 역할을 했어요. 경복궁을 간신히 빠져나온 고종은 경운궁德수궁에서 멀지 않은 러시아 공사관으로 향해요. 그곳에는 고종이 도착하기 전날 공사관에 도착한 러시아 군인 100여 명이 대포 1문을 가지고 혹시라도 모를 사태를 대비하고 있었거든요.

러시아 공사관에 고종이 머무르자 전국 각지에서 환궁하라는 상소가 빗발치듯 올라왔어요. 외국 공사관에 머무르지 말고 환궁

19세기의
러시아 공관

하라는 국민의 요구는 너무도 당연한 일이었죠. 하지만 고종은 자신의 신변안전이 확보되지 않은 상황에서 궁으로 돌아갈 생각이 없었어요. 일본을 견제하기 위해 러시아 니콜라이 2세의 대관식에 민영환을 보내 경비병 증파와 군사교관 파견 등을 부탁해요. 하지만 러시아는 13명의 군사고문단만 보내는 등 결과는 좋지 못했어요.

그래도 러시아 군사고문단에 훈련받은 800여 명의 병력이 갖추어지자, 고종은 경운궁으로 돌아갈 준비를 해요. 경복궁이 아닌 영국 등 여러 외국 공사관이 주변에 있는 경운궁으로요. 이곳이라면 일본도 을미사변처럼 함부로 행동하지 못 하리라 판단한 거죠. 또한 대한제국의 황제로서 새롭게 나라를 경영하여 국내외에 자주국임을 보여주기 위해서 말입니다.

15 ── 조선을 변화하려 한 독립협회

아관파천 이후 많은 지식인들은 조선의 앞날을 걱정했어요. 고종도 자신의 생명조차 일본에 위협받는 조선의 상황을 변화하여 어느 누구의 간섭도 받지 않는 자주국을 만들고 싶었어요. 그래서 주변 열강에게서 진정한 독립을 부르짖는 지식인의 목소리에 귀를 기울이며 여러 지원을 아끼지 않았어요. 그중의 하나가 갑신정변을 일으켰던 주도자에 대한 처벌을 취소한 것이었어요. 이를 계기로 관직에 진출한 박영효는 1895년 12월 서재필을 설득하여 조선으로 데려왔어요.

미국에서 돌아온 서재필을 중심으로 모인 지식인들은 1896년 4월 《독립신문》을 창간해요. 영문으로 조선을 입장과 상황을 열강에 알리고, 한글로 국제정세와 함께 우리가 나아갈 바를 제시하기 위해서요. 조선 정부가 이들의 활동을 환영하며 지원하자, 그해 7월 청나라의 간섭으로 벗어난 것을 기념하는 독립문을 건립하고 독립공원을 조성해요. 그리고 회장에 안경수, 위원장에 이완용을 선임하는 독립협회를 설립해요. 서재필도 미국명인 '필립 제이손' 또는 '피재손'으로 독립협회 고문직을 맡아요.

서재필과 독립협회원들

전국적인 규모의 사회정치단체가 된 독립협회는 자주국권운동, 자유민권운동, 자강개혁운동 세 방면으로 활발한 활동을 펼쳐요. 자주국권운동이란 외세의 간섭을 받지 않는 나라를 만들려는 노력을 말해요. 구체적으로는 고종의 환궁과 칭제건원을 주장해요. 더는 중국뿐만 아니라 열강의 간섭을 받지 않는 국가가 되자는 거지요. 이를 위해 러시아의 절영도 조차 반대와 한·러은행 폐쇄를 요구해요.

자유민권운동으로는 국민의 기본권을 확보하는 동시에 국민이 정치에 참여할 수 있는 의회 설립을 주장해요. 이를 위해 관료와 민간이 함께 참여한 관민공동회를 통해 헌의 6조를 결의하고 고종에게 제출해요. 고종도 독립협회의 의견을 받아들여 수구 대신 5명을 교체하고, 의회인 중추원 구성을 약속해요. 자강개혁운동으로는 부강한 나라를 만들기 위해 국가 재정의 일원화와 예산 및 결산의 공표 등을 주장해요.

이런 모든 내용은 헌의 6조를 통해 확인할 수 있어요.

1. 외국인에게 의존하고 말고 관민이 협력하여 전제 황권을 튼튼히 한다.

2. 정부와 외국인이 조약을 맺은 일은 각 부 대신과 중추원 의정이 동의하지 않으면 실행하지 않는다.

3. 재정은 모두 탁지부에서 담당하며, 예산과 결산은 인민에게 공표한다.

4. 중대한 범죄는 공판을 행하고, 피고가 철저하게 설명하여 자복한 후에 시행한다.

5. 칙임관은 황제가 정부에 물어 과반수 동의를 얻으면 임명한다.

6. 장정을 실천한다.

하지만 안타깝게도 독립협회의 노력은 실패하고 말아요. 가장 큰 원인은 수구파 관료들이 기득권을 빼앗길까 두려워 독립협회 활동을 방해하는 것에 고종이 동조한 데 있어요. 수구파는 중추원을 통해 독립협회 인사가 정치에 참여하게 되면 그동안 당연하게 행사하던 이권을 빼앗길까 두려웠어요. 그래서 독립협회 인사들이 공화정을 수립하려 한다는 소문을 퍼뜨렸고, 고종은 왕을 내쫓으려 한다는 수구파의 말에 동조하여 독립협회 간부들을 체포했어요.

이에 독립협회는 만민공동회를 통해 체포된 독립협회 간부 석방과 수구파 관료를 처벌해달라고 고종에게 요청했어요. 더 나아가 민권을 내세워 황제의 인사권을 제한하고, 수구파를 견제하고자 했어요. 이 모든 노력이 받아들여지지 않자, 일부 과격주의 성향을 보인 독립협회 회원은 정부 관료를 테러하기도 했어요. 이에 조선 정부는 1898년 12월 25일 황국협회를 동원하여 만민공동회를 없애버려요. 그리고 독립협회 실무 인사를 투옥하고, 윤치호 등 독립협회와 관련 있는 관료는 지방으로 인사 발령을 내요. 여기에 의병 활동을 비난한 독립협회에 반발한 백성과 유생들의 반발도 독립협회가 해체되는 데 영향을 줍니다.

16 대한제국 성립과 광무개혁

아관파천 이후 조선 정부는 과거의 잘못을 인정하고 변화를 꾀하고자 했어요. 일본에 의존하지 않고, 서양의 법과 제도를 수용하여 부국강병을 이루겠다고 발표해요. 여기에는 옛 제도를 바탕으로 새로운 제도를 받아들인다는 구본신참이 반영되어 있었어요. 구본신참은 외세의 영향과 간섭 없이 조선 정부 주도로 개혁하겠다는 의미도 있지만, 전제왕권을 강화하겠다는 의미도 담고 있어요.

다시 말해 강력한 왕권을 중심으로 개혁을 추진하여 완성하겠다는 고종의 뜻이 반영되어 있어요. 고종이 구본신참을 개혁의 원칙을 삼은 배경에는 일본과 러시아가 조선 지배를 두고 각축전을 벌이던 상황이 있어요. 1896년 6월 베베르와 고무라가 조선에 대한 양국의 동등한 권리를 보장하자는 협정을 비밀리에 체결했거든요.

그런 상황에서 고종은 1897년 2월 경운궁으로 환궁하여 8월 광무를 연호로 삼아요. 10월에는 대한제국을 새 국호로 삼고, 환구단에서 황제 즉위식을 거행하며 대내외에 자주국임을 알렸어요. 이 모습에 독립협회는 왕실 주도의 개혁을 반대했고, 열강의 반식민지로 전락하는 모습에 위기감을 느낀 사람들은 고종과 대한제국을 지지하며 국론이 분열돼요. 1898년 11월 '독립협회가 너무 지루하고 극한에 올라서 떠들어 놓은즉 우리나라만 사는 천지가 아니라 지금 강대한 각국이 틈만 엿보고 있는 때에 무슨 꾀를 내어, 나라에 무슨 일이 생길는지 염려가 적지 아니하다.'라고 《제국신문》에 실린 논설은 고종이 대한제국의 황제로서 개혁을 추진할 수 있는 강력한 힘이 실어주었어요.

고종은 자신을 지지하는 황국협회를 이용하여 1898년 독립협회를 해산시켰어요. 그리고 이듬해인 1899년 6월 법규교정소를 설치하여 대한제국의 법규를 만들라고 지시해요. 법규교정소에는 국내 관료만이 아니라 미국인 리젠드르, 브라운, 그레이트하우스 등도 참여했어요. 이것은 대한제국이 《만국공법》을 근간으로 국제사회에서 인정받을 수 있는 국가 정체를 만들고자 했음을 보여줘요. 《만국공법》이란 미국 법학자 휘튼의 국제법 저서 《국제법 원리, 국제법학사 개요 첨부》를 미국인 선교사 윌리엄 마틴이 1864년 청국 동문관에서 한자로 번역하여 출판한 책으로 당시 조선은 국제법으로 인식하고 있었어요.

1899년 8월 대한국국제가 반포돼요. 대한국국제는 제1조에서 타국에 종속되지 않은 자주독립국임을 밝혀요. 제2조와 제3조에서는 대한제국이 주권이 황제에게 있는 전제군주정임을 밝히고요. 이후 제4조부터 제9조까지는 황제의 권한과 역할을 제시하고 있어요. 이에 따라 고종은 입법·사법·행정·외교·군 통수권 등 막강한 권한을 갖게 됩니다.

고종은 대한국국제로 갖게 된 권한으로 여러 개혁을 펼치는데, 이를 광무개혁이라고 해요. 우선 고종은 청나라와 호혜·평등의 원칙에 따라 통상조약을 새로 체결하며 자주적인 국가로 나가려는 행보를 펼쳐요. 군사적으로는 원수부와 황실 경찰기구인 경위원을

대한제국의
고종 황제

설치하고, 친위대와 진위대를 강화하는 노력을 보여요. 경제적으로는 오랫동안 백성들의 바람이었던 양전사업을 실시하여 지계를 발급해요.

또한 산업을 진흥하기 위해 한성은행 등을 설립하고 개인이 공장과 회사를 운영하는 데 여러 지원을 해줘요. 사회적으로도 노력을 기울여 광제원 등 근대적 병원을 설립하고, 실업과 기술 교육기관을 설립하는 등 교육진흥에도 힘을 쏟아요. 외교 방면으로는 청나라와 영토분쟁을 하던 간도를 우리 영토로 만들기 위해 이범윤을 간도관리사로 파견해요.

하지만 대한제국의 광무개혁이 외세의 간섭을 배제한다는 명분으로 궁내부가 주도적으로 개혁을 이끄는 과정에서 불투명하고 비효율적인 재정 운영으로 비난받아요. 무엇보다 광무개혁이 큰 성과를 얻지 못한 가장 큰 원인은 재정 부족이었어요. 결국 뚜렷한 성과를 얻지 못하는 과정에서 1904년 러일전쟁이 발발하면서 광무개혁은 끝나고, 일제의 내정간섭을 받게 됩니다.

17 한반도 지배를 두고 벌어진 러일전쟁

중국에서 부청멸양을 구호로 반그리스도교·반제국주의를 외친 의화단이 베이징의 외국 공사관을 습격했다가 진압당하는 사건이 일어나요. 이 과정에서 러시아가 승전의 대가로 만주를 실질적으로 통치하게 되자, 일본은 불안해졌어요. 자칫 대한제국마저 러시아에 빼앗길까 봐요. 그러나 강한 육군을 가진 러시아를 상대로 전쟁을 벌이기에는 일본의 국력이 상대적으로 약했어요. 그로 인해 일본은 러시아와의 전쟁을 주장하는 세력과 외교협상을 통해 한반도를 나눠 갖자는 세력으로 나눠지게 돼요.

그런 상황에서 일본은 1902년 러시아를 공동의 적으로 삼아 동아시아의 이권을 나누자는 내용으로 영국과 제1차 영일동맹을 맺어요. 이를 계기로 러시아와 전쟁을 벌이자는 세력이 주도권을 쥐게 돼요. 반면 러시아로서는 일본보다 우위를 점하고 있는 상황에서 한반도와 만주의 이권을 나누자는 일본 정부의 제의를 받을 이유가 하나도 없었어요. 결국 일본은 1904년 2월 원로와 정부 및 군부의 수뇌부가 모여 러시아와 전쟁하기로 결정해요. 이를 위해 청일전쟁 때처럼 대한제국을 무력으로 장악하여 일본에 협력하도록

러일전쟁 시기에
한양에 주둔한
일본군

만드는 동시에 미국과 영국에서 전쟁에 필요한 자금을 확보해요.
동시에 미국 루스벨트 대통령에게 강화를 중재해줄 수 있는지를
물어봐요.

러시아와의 전쟁 준비를 마친 일본은 1904년 2월 8일 여순에
주둔하고 있는 러시아 함대를 공격해요. 러시아는 갑작스러운 일
본의 공격과 더불어 국내에서 일어난 반전운동, 그리고 수도에서
멀리 떨어진 지역이라는 점 등으로 일본군의 공격에 제대로 대응
하지 못했어요. 그렇다고 속수무책으로 당하지만도 않았어요. 일
본군이 뤼순·서해·울산해전에서 연이어 승리하지만, 청일전쟁처
럼 일방적인 승리를 거두지는 못했어요.

육지에서 벌어진 러시아군과의 교전은 일본이 예상했던 것보다
많은 시간과 물자 그리고 병력을 소모하게 만들었어요. 한 예로 러
시아군 32만 명과 일본군 25만 명이 맞붙은 봉천전투에서 일본이
승리를 거두기는 하지만, 막대한 피해를 입어요. 러시아군에게 9만
명의 사상자를 안겨준 만큼, 일본도 7만 명의 사상자가 나와요.

그런 가운데 러일전쟁을 끝낼 수 있는 사건이 여러 개 일어나요. 1905년 1월 러시아 수도 페테르부르크에서 피의 일요일 사건이 일어나요. 러시아 정부가 8시간 노동, 국회 소집, 시민적 자유 등을 요구하며 시위를 벌이는 군중에게 무차별 사격을 가해요. 천여 명의 노동자가 사살된 피의 일요일 사건으로 러시아는 전쟁에 전념하기가 어려워져요. 5월에는 러시아의 최강 함대로 불리던 발틱 함대가 유럽에서 출발하여 3만 7천km를 9개월에 걸쳐 일본 근해에 왔다가 도고 헤이하치로가 이끄는 일본 함대에 패배해요. 얼마나 큰 패배였는지 발틱함대 38척 중 2척만이 온전할 정도였어요.

하지만 러일전쟁이 부담스럽기는 일본도 마찬가지였어요. 예상했던 전쟁비용 4억 5천만 엔을 초과하여 일본 정부가 운영할 몇 년의 국가예산에 해당하는 17억 엔을 초과하고 있었거든요. 사상자 수도 너무 많이 나오면서 일본 내에서 러일전쟁에 대한 비판 여론이 커져요.

그래도 발틱함대를 이기면서 우위를 점한 일본은 미국의 도움을 받아 종전협상을 유리하게 이끌어가요. 러시아도 더는 전쟁을 지속하기 어려웠던 만큼 자신들에 불리한 포츠머스 강화조약을 1905년 9월 체결해요. 포츠머스 강화조약으로 러시아는 한국에 대한 일본의 지배를 인정하고, 여순·대련의 조차권과 남만주 철도를 일본에 양도해요. 또한 북위 50도 이하의 사할린과 부속 도서를 할양하면서 러시아 황제권이 매우 약화돼요. 그러나 무엇보다 러일전쟁으로 가장 큰 피해를 본 것은 대한제국이었어요. 을사늑약으로 외교권을 빼앗기고, 통감부가 설치되면서 일제의 식민지로 전락하게 되니까요.

18 ── 외교권 박탈된 을사늑약

일본은 러일전쟁에서 완벽한 승리를 거두지는 못했지만, 한반도의 지배권만은 확실하게 얻어내요. 삼국간섭 등 열강의 개입으로 조선을 보호국화하지 못한 경험을 가진 일본은 서둘러 조선의 외교권을 박탈하는 을사늑약을 맺어요. 그리고 식민지로 만들기 위한 기구인 통감부를 설치해요. 이 모든 일들이 강제적으로 말이에요.

을사늑약을 주도한 것은 이토 히로부미예요. 일왕의 특사 자격으로 서울에 도착한 이토 히로부미는 곧바로 고종을 찾아가 외교권을 넘기는 조약에 서명하라고 강요했어요. 외교권을 넘긴다는 것이 일본의 보호국이 되는 일이기에, 고종은 절대로 할 수 없다며 완강하게 버텼죠. 그러자 이토 히로부미는 대한제국의 대신들을 손탁호텔로 불러 을사늑약에 동의하라고 명령해요. 동시에 주한일본공사 하야시 곤스케도 외부대신 박제순을 일본 공사관으로 따로 불러 회유해요. 이때까지만 해도 고종과 대신들은 외교권을 절대 넘길 수 없다며 강하게 저항합니다.

이토 히로부미는 10월 17일 2만 명이 넘는 일본군으로 덕수궁을 에워싼 뒤, 중명전으로 대신들을 불렀어요. 고종은 이토 히로부미에게 아프다는 핑계로 방에서 나오지 않았지만, 8명의 대신은 중명전에 강제로 모여있어야 했어요. 고종이 외교권을 넘기는 데 동의했다고 거짓말하는 이토 히로부미의 말에 의정부 참정대신 한규설을 제외한 나머지는 반대한다는 말도 없이 조용히 입만 다물고 있을 뿐이었어요.

한규설이 고종이 동의했다는 사실을 인정할 수 없다며 중명전을 나갔어요. 그러나 밤늦도록 한규설이 돌아오지 않자, 나머지 대신들은 겁을 집어먹고 여러 생각에 빠졌어요. 잠시 후 이완용이 을사늑약에 찬성표를 던졌고, 이지용·이근택·권중현·박제순이 뒤따라 자신들도 찬성한다고 말해요. 개인의 안위와 출세를 위해 나라를 버린 순간이었죠.

이토 히로부미는 대신 8명 중 5명이 동의하여 과반수가 넘었다며, 11월 18일 오전 2시 을사늑약을 체결해요. 이제 대한제국의 외국에 대한 관계와 사무를 일본 외무성이 감리 지휘하게 돼요. 이것은 대한제국이 일본 정부를 거치지 않고는 어느 나라하고도 조약이나 협정을 맺을 수 없게 되는 것으로 자주국으로서 지위를 잃게 되는 순간이었어요.

을사늑약은 대한제국과 일본 두 나라 사이에서 맺어진 조약이 아니에요. 세계열강이 자국의 이익을 위해 일본의 횡포를 묵인하거나 동조한 비극적인 사건이에요. 대한제국과 수교를 맺은 나라들은 을사늑약 이후 자국 공사관을 폐쇄하거나 철수시켜요. 이때 미국이 서구 국가 중 가장 먼저 대한제국과 국교를 단절합니다.

을사늑약은 형식·절차·문서상 조약으로 인정될 수 없어요. 이것이 왜 중요하냐면 을사늑약 이후 일본이 저지른 행위가 범죄라는 사실을 증명해주는 결정적인 근거가 되거든요. 우선 을사늑약이 조약이 될 수 없는 이유는 군대를 동원하여 강압적으로 얻어낸 데 있어요. 또한 대한국국제 제9조에 조약을 체결하는 권한이 고종

을사늑약을 기념한 사진

에게만 있다는 사실을 무시하고, 외부대신의 직인을 찍는 것으로 마무리했어요. 이 외에도 전권 위임장과 비준서 없이 한 장의 협정문만 있을 뿐이에요.

당시 프랑스 법학자 프랑시스 레이와 하버드대 법과대학도 조약으로 성립될 수 없다고 결론을 내려요. 그러나 힘의 논리가 강하게 적용되던 시기여서 어느 나라도 대한제국의 억울함을 들어주지 않았어요. 자국의 이익을 위해서 묵인하거나 또는 아무 관련이 없는 나라로 여기며 대수롭지 않게 넘겨요. 이처럼 을사늑약은 스스로 자신을 지킬 힘이 없으면 어느 국가도 도와주지 않는다는 냉혹한 현실을 잘 보여주는 사례입니다. 더불어 다시는 그런 아픔이 되풀이되는 일이 없도록 반드시 기억해야 하는 역사적 사건이기도 합니다.

19 — 을사늑약의 부당함을 알리려 노력한 헤이그 특사

을사늑약 이후 고종은 깊은 좌절감에 빠져요. 앞으로 다가올 대한 제국의 어두운 미래를 걱정하며 미국과 독일 등 여러 열강에 도움을 청해요. 하지만 어느 나라에서도 도와주겠다는 답변이 오지 않았어요. 이미 일본 편이었거든요. 단 한 나라 러시아만 빼고요. 러시아는 자국 사정으로 서둘러 러일전쟁을 마무리하면서 일본에 많은 이권을 빼앗긴 데 화가 나 있었거든요. 무엇보다 자신보다 약하다고 생각했던 일본에 진 것이 너무도 분했어요.

마침 1907년 네덜란드 헤이그에서 러시아 황제 니콜라이 2세의 제안으로 세계 평화를 도모하자는 만국평화회의가 개최돼요. 제안 국인 러시아는 고종에게 헤이그로 특사단을 보내면 발언권을 주겠다고 고종에 제의해요. 물론 러시아의 제안은 주권이 침해당한 대한제국을 위해서는 아니었죠. 일본에 대한 복수이자, 동아시아 지역으로 다시 진출할 기회를 얻고자 초청한 것이에요.

고종은 러시아의 제안에 매우 기뻐하며 특사단을 보낼 준비를 비밀리에 진행했어요. 일본이 알게 되면 어떡하든 방해공작을 펼 것이 충분히 예상되었으니까요. 우선 우리나라 최초의 검사보였던

헤이그 특사 이준, 이상설, 이위종

이준을 덕수궁의 중명전으로 불러 을사늑약의 부당함을 세계에 알리는 중요한 임무를 맡겨요. 이준은 곧바로 배를 타고 연해주로 건너가 의정부 참판을 역임한 이상설과 합류합니다. 이 둘은 시베리아 횡단열차를 타고 마지막 특사단 일원인 러시아 주재 공사관 참사관이던 이위종을 상트페테르부르크에서 만나요. 이렇게 모두 모인 특사단 3명은 무슨 일이 있어도 을사늑약의 부당함을 알리자고 굳게 결의해요.

서울에서 출발한 지 64일 만에 도착한 네덜란드 헤이그에는 안타깝게도 희망이 아닌 절망이 그들을 기다리고 있었어요. 특사단이 달려오는 동안 러시아가 한반도를 일본에 내주고, 외몽고의 지배권을 인정받는 비밀협약을 일본과 맺었거든요. 더는 대한제국을 도와줄 이유가 없어진 러시아는 고종에게 했던 약속과는 달리 특사단에 발언할 기회를 주지 않아요.

회의장으로 들어갈 수 없게 된 특사단은 속이 상했지만, 포기하지 않고 발언권을 갖기 위한 노력을 펼쳐요. 이런 모습은 만국평화회의를 취재하러 온 여러 국가의 기자들에게 깊은 인상과 함께 어떤 사연이 있을지 궁금하게 만들었어요. 기자들은 특사단에게 '기자단 국제협회'에서 하고 싶은 말을 발언할 기회를 주어요. 이날 이위종은 혼신을 다해 '한국의 호소'를 발표했고, 이 소식은 《헤이그 신보》 1면에 실려요.

'우리나라 독립이 여러 강국에 의해 1884년에 보장되고 승인되었음을 각국 대표 여러분에게 알려드림을 영광으로 생각합니다. 1905년 11월 17일 이상설은 일본이 국제법을 무시하고 무력으로 우리나라와 유지되고 있던 우호적인 외교관계를 강제로 단절케 한 일본의 음모를 목격했던 것입니다. 일본인들은 폭력으로 위협하고, 인권과 국법을 침해하는 데 주저하지 않았습니다. 중략 대한제국과 우방국의 외교관계 단절은 한국의 의사에 의한 것이 아니라 일본이 우리나라의 권리를 침해한 결과입니다.'

일본은 특사단의 활동에 당황하며 국제사회의 반응이 어떻게 나올지 걱정했어요. 특사단이 더는 활동하지 못하도록 모든 수단을 동원하여 방해에 나서요. 그중 하나가 조선 정부로 하여금 특사단 3명에게 종신 징역형을 선고하며 압력을 가하도록 한 것이에요. 그러나 무엇보다 자국의 이해관계가 우선인 국제사회에서 특사단에 대한 관심은 점점 줄어들었어요.
결국 더는 아무것도 할 수 없게 된 이준은 울분을 못 이기고 죽고 말아요. 이상설과 이위종은 7월 14일 이준을 헤이그에 묻어주고, 나라를 지키기 위한 다른 방법을 모색하기 위해 헤이그를 떠나요. 일본은 특사단 파견의 책임을 물으며 7월 20일 덕수궁 중화전에서 고종을 강제 퇴위시키고, 순종을 새로운 황제로 즉위시켜요. 고종이 다시는 딴마음을 품지 못하도록 말입니다.

20 —— 나랏빚을 갚으려 한 국채보상운동

1904년 러일전쟁을 일으킨 일본은 본격적으로 대한제국을 식민지로 만드는 작업을 펼쳐요. 그중 하나가 대한제국에 차관을 강제로 제공하는 경제침탈이었어요. 대한제국의 재정을 예속시키면서, 식민지로 운영하는 데 필요한 자금을 확보하기 위해서 말이에요. 재정고문으로 온 메가타는 화폐개혁을 내세워 관세수입을 담보로 일본 은행에서 300만 원을 빌려오게 해요.

이후에도 이런저런 명분을 내세우며 일본에서의 차관 도입을 유도한 결과 1905년 대한제국은 650만 원을 빚지게 돼요. 1907년 2월에는 일본에 갚아야 할 비용이 더욱 늘어나 무려 1,300만 원에 달해요. 이것이 얼마나 큰 금액이냐면 대한제국의 일 년 예산과 맞먹을 정도였어요. 가장 큰 문제는 일본의 간섭 아래 국정을 운영하는 대한제국이 차관을 갚는다는 것이 현실적으로 불가능하다는 데 있었어요.

대한제국의 경제가 일본에 종속되는 모습에 모두가 걱정한 것은 아니었어요. 초기에는 일부 지식인과 관료와 직접적인 피해를 보는 상인들만이 걱정했죠. 당시 대다수의 사람은 일본에 경제적으로 종속되는 사실을 잘 알지 못했고, 안다고 해도 그 심각성을 인지하지 못했어요. 그러나 《대한매일신보》 등 여러 언론의 노력으로 일본이 차관을 빌려주는 의도가 알려지면서 많은 이들이 걱정하기 시작했어요. 그러던 중 대구에서 김광제와 서상돈이 적극적으로 국채를 갚자는 운동을 펼쳐요. 이들은 1907년 1월 29일 교육계몽 운동을 위해 조직했던 '광문사문회'를 '대동광문회'로 바꾸고는 국채보상운동을 펼치자고 제안해요.

"국채 1,300만 원을 갚지 못하면 장차 토지라도 허급할 것인데 지금 국고금으로는 갚지 못할지라. 우리 이천 만 동포가 담배를 석 달만 끊고 그 대금을 매달 1명당 이십 전씩만 수합하면 그 빚을 갚은 터인데 **중략** 사람마다 못 끊더라도 일원으로 천, 백 원까지 낼 사람이 많을지니 무엇을 근심하리오. 나부터 800원을 내놓겠소."라고 외친 서상돈의 말에 많은 이들은 놀라움을 금치 못했어요.

당시 쌀 한 말16kg이 1원 80전에 거래되었던 것을 생각해보면 서상돈이 내놓은 800원은 어마어마한 금액이었거든요. 서상돈이 이처럼 큰돈을 내놓자, 많은 사람이 위급함을 인지하며 적극적으로 동참했어요. 지금의 상공회의소와 성격이 비슷한 대구민의소가 500원을 성금으로 내놓으며, 국채보상모금을 위한 국민대회가 개최됩니다.

이 소식은 순식간에 전국으로 퍼졌어요. 여기에는 《대한매일신보》, 《황성신문》, 《제국신문》 등 민족기관지가 연일 국채보상운동을 알린 노력이 커요. 하지만 국채보상운동이 전국적으로 확산할 수 있었던 것은 일본에 나라를 빼앗길지도 모른다는 위기감을 한국인 모두가 느낀 데 있어요. 서울에서도 2월 22일 국채보상기성회가 설립되며 동참했어요. 서울만이 아니었어요. 지방 곳곳에서도 국채보상운동을 지지하는 취지서를 발표하며 국채보상회가 설립돼요.

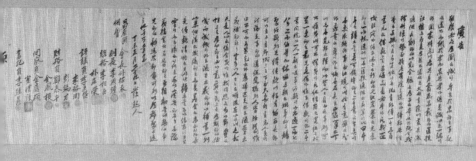

국채보상운동 기록문

이로써 수많은 사람이 동참할 수 있는 발판이 마련되자, 남자들
은 술과 담배살 돈을, 여성들은 비녀나 가락지를 판 돈을 아낌없이
내놨어요. 여기에 다른 마음이 없었어요. 그저 나라를 위해 조금이
라도 도움이 되고자 하는 마음뿐이었어요. 고종도 담배를 끊어 동
참하겠다는 뜻을 보이자 더 많은 사람이 성금을 내놔요. 예를 들어
일본에 유학 중인 학생 800명이 담뱃값을 모아 보냈고, 각 상인단
체도 앞다투어 돈을 내놓았어요. 그 결과 국채보상운동이 시작된
지 3개월 만에 27만 원이라는 성금이 모여요.

국채보상운동에 당황한 일본은 노골적으로 방해공작을 펼쳤어
요.《대한매일신보》가 보관하고 있던 성금을 양기탁이 개인적으로
횡령했다며 구속하고,《대한매일신보》사장 베델을 국외로 내쫓기
위해 영국 정부에 압력을 행사해요. 그 결과 안타깝게도 국채보상
운동에 참여하려는 열기가 점점 사그라들다가 중단되고 말아요.

21 ── 13도 창의군과 서울진공작전

일제 침략이 본격화되면서 우리 국토와 백성을 지키기 위해 목숨 걸고 싸운 사람들이 등장합니다. 우리는 그들을 의병이라고 불러요. 의병 활동은 나라를 빼앗기는 순간에도 멈추지 않았어요. 의병은 무슨 일이 있어도 일제에게서 나라를 지키겠다는 굳은 맹세를 하며 어떤 희생도 두려워하지 않았어요. 하지만 제대로 된 군복과 무기도 없는 상황이어서 제대로 된 전투를 치르지 못하는 일도 많았습니다.

그런 가운데 국가로 보면 매우 위태로운 상황이지만, 의병에게는 천군만마와 같은 지원군이 등장해요. 1907년 8월 일제에 의해 군대가 해산되면서, 많은 대한제국 군인들이 무기를 가지고 의병에 합류하거든요. 신식 무기와 군사 전략을 세울 수 있는 군인들이 합류하자, 전국의 의병들은 하나로 힘을 합쳐 나라를 구하자는 인식을 하게 돼요.

그 중심에는 이인영 1868~1909 이 있었어요. 강원도 원주에서 관동창의대장에 오른 그는 전국에 의병을 모집하는 격문을 보내요. 동시에 김세영을 서울 각국 영사관에 보내 의병 활동이 나라를 지

의병
이인영

키기 위한 합법적인 행위임을 알리도록 해요. 일제가 국제법을 위반하여 대한제국을 침략한 사실도 함께요. 이런 모습에 고종의 강제 퇴위로 격분해 있던 많은 사람이 앞다투어 이인영과 함께 나라를 구하겠다며 동참했어요. 그렇게 모인 의병이 무려 1만 명이 넘었어요.

각 지역에서 올라온 의병장들은 이인영을 13도 창의군 총대장으로 추대했어요. 이인영은 처음에는 부친의 간병을 이유로 총대장에 오를 수 없다고 거부했지만, 어렵게 하나가 된 의병부대를 해산시킬 수 없다며 결국 승낙해요. 그렇게 모인 13도 창의군은 강원도의 민긍호, 경기도와 황해도의 허위, 충청도의 이강년을 주축으로 서울로 진격해요. 이때가 눈이 내리기 시작하는 1907년 11월이었습니다.

군사장 허위는 선발대 300명을 이끌고 동대문 밖 30리 지점까지 진격했어요. 이곳에 먼저 진지를 구축하여 1만의 의병이 모일 기반을 만들어놓으려고요. 그러나 이 작전은 일제의 선제공격으로 실패하고 말아요. 막강한 화력으로 공격하는 일본군을 상대로 허위가 이끄는 300여 명의 의병은 열심히 싸웠어요. 그러나 모든 면에서 열세인 상황에서 일본군을 상대로 이길 수 없었어요. 일본군의 공격에 죽어가는 동료를 남겨놓고 퇴각해야 하는 죄책감에 눈물을 흘리면서 말이죠.

엎친 데 덮친 격으로 이인영이 돌아가신 아버지의 삼년상을 치르기 위해 총대장직을 허위에게 넘겨요. 이인영도 쉬운 결정은 아니었어요. 효와 충 사이에서 많은 고민을 했어요. 유생들이 공부하는 유교 경전 중《대학》이라는 책에 '수신제가치국평천하修身齊家治國平天下'라는 말이 있어요. 자신과 가정을 제대로 돌본 뒤에야 나라와 천하를 다스릴 수 있다는 뜻이에요. 이인영은 효를 행하지 못한 사람이 나라를 구하는 일에 나서면 사람들이 따르지 않을 것으로 생각하며 무거운 마음으로 아버지가 돌아가신 문경으로 내려가요.

허위는 남아 있는 의병부대를 독려하여 서울로 다시 진격했어요. 그러나 1차 때와 마찬가지로 일본군을 상대로 승리하지 못했어요. 결국 13도 창의군은 뜻을 이루지 못하고 해산하고 말아요. 그렇다고 나라를 되찾으려는 노력을 포기한 것은 아니었어요. 자신들이 활동하던 지역으로 내려가 다시 일본군에 맞서 싸웠어요. 총대장 이인영은 어떻게 됐냐고요? 삼년상을 치르다 일본군에 붙잡혀 처형당해요. 이인영의 행동은 무엇에 가치를 두느냐에 따라 평가가 다를 거예요. 그러나 이인영이 전국 의병을 모아 나라를 구하려고 한 행동만큼은 높이 평가받아야 할 것입니다.

22 —— 일제가 청나라에 넘긴 간도협약

간도는 고조선 시대부터 우리의 영토였어요. 물론 우리의 영토가 아니었던 적도 있어요. 발해가 멸망한 이후 한동안 중국과 북방 민족이 소유하기도 했어요. 특히 만주족이 세운 청나라는 간도를 자국의 발상지라 하여 아무도 들어오지 못하게 봉금지역으로 선포하기도 했어요. 그러나 시간이 흐르면서 조선과 청나라 사람들이 몰래 들어가 살아가면서 영토 구분이 모호해져요. 그로 인해 조선과 청나라 사람 사이에서 무력 분쟁이 일어나기도 했어요.

이런 문제를 해결하기 위해 청나라는 1712년 목극등을 보내 영토를 확정 지어요. 이때 목극등은 서로는 압록강, 동으로는 토문강을 경계로 한다는 내용을 적은 백두산정계비를 세워요. 또한 땅 밑으로 흐르는 토문강 수원을 분별하기 위해 돌과 흙으로 돈대를 쌓아 물길을 표시해놓았어요. 이로써 간도문제는 일단락돼요.

하지만 19세기 자연재해와 수탈로 삶이 어려워지자 조선 사람이 간도로 많이 넘어갔어요. 청나라도 이때 간도에 대한 봉금령을 풀고 자국민들의 이주를 장려해요. 간도에 몰려드는 사람들로 조선과 청나라는 갈등이 점점 커져요. 1882년 청나라는 조선인들이 간도로 넘어오지 못하게 막으라고 조선에 요구했어요. 이듬해인 1883년에는 간도에 사는 조선인 모두를 데려가라고 압력을 행사하고요.

조선 정부는 토문강은 송화강 지류이므로 간도는 엄연히 조선 영토라고 강하게 맞받아쳐요. 그와 동시에 백두산정계비와 토문강 발원지를 공동 조사해서 국경을 정확하게 확정 짓자고 제안해요. 이것은 고종이 청나라 몰래 관리를 보내 간도가 우리 영토가 확실하다는 결론을 내렸기에 가능한 것이었어요. 1885, 1887, 1888년 3차례에 걸쳐 조선 정부는 이중하를 국경을 관리하는 감계사로 파견하여 회담을 추진했지만, 성과를 거두지는 못해요. 청나라가 조선 정부의 주장을 시종일관 무시했거든요.

1894년 청일전쟁이 일어나자, 우리는 간도에 대한 발언권을 높일 수 있었어요. 청나라가 일본에 패배하면서 종이호랑이가 되었다는 사실을 알게 되었으니까요. 대한제국으로 국호를 변경한 이후에는 간도를 우리 영토로 확고히 하려는 노력을 적극적으로 펼쳐요. 1897년 두 번에 걸쳐 현지답사를 통해 간도와 연해주가 우리 영토임을 확신한 대한제국은 토문강-송화강-흑룡강을 경계로 영토를 다시 나눠야 한다고 주장해요. 더불어 러시아에게도 청나라가 조선이 비워놓은 땅을 임의로 할양했으니 지금이라도 영토를 명확하게 확정하자고 말해요. 그러나 청나라와 러시아는 힘이 없던 대한제국의 제안을 들어주지 않아요.

1900년 중국에서 의화단 사건이 일어나면서 청나라가 위기에 처하게 돼요. 이를 기회로 여긴 대한제국은 1901년 회령에 변계경무서를 설치하여 간도에 행정권을 행사할 준비를 해요. 1902년에는 이범윤을 간도시찰원에 임명하여 간도 실태를 조사해요. 이 과정에서 이범윤은 간도에 사는 조선인을 괴롭히는 청나라 관리를 포박한 뒤, 간도는 대한제국의 영토이므로 청나라에 납세할 의무

가 없다고 발표해요. 그리고 인구 조사를 하여 27,400여 호에 10만
여 명이 간도에 거주하고 있음을 보고하며 우리 영토임을 확실하
게 보여줘요.

대한제국은 1903년 8월 이범윤을 북변간도관리사로 임명하여
간도에 사는 한국인이 피해 보는 일이 없도록 해요. 일본도 1907년
조선 통감부 간도 파출소를 설치하며, 간도가 대한제국의 영토가
맞다고 주장했어요. 하지만 1909년 9월 7일 만주로 진출하기 위해
청과 단독으로 간도협약을 체결해요. 얼마 뒤 간도를 넘긴 대가로
만주 5안건 협약을 맺고 만주의 탄광 채굴권, 안봉선 개축사업 참
여 등 여러 이권을 챙겨요. 이후 간도는 중국의 영토로 인식되고 있
어요. 하지만, 을사늑약이 무효인 만큼 일본이 대한제국을 대신해
간도를 넘길 권한이 없어요. 또한 만주 5안건이 현재 무효가 된 만
큼 간도가 중국 영토라는 간도협약만 효력을 발휘하는 것은 잘못
이겠죠.

23 ── 안중근,
이토 히로부미 처단

1909년 10월 26일 오전 9시 30분 만주 하얼빈역에서 여러 번의 총성이 울려요. 순간 그 자리에 있던 러시아인과 일본인은 혼비백산이 돼요. 일본 정부 대표로 외교 회담하러 온 이토 히로부미가 세발의 총상을 입고 쓰러졌거든요. 그 자리에는 코레아 우라코리아 만세를 외치는 한 젊은이가 있었어요. 바로 안중근이에요.

어려서 항우에 자신을 빗대며 글보다는 무예에 더 많은 관심을 가지며 자란 안중근은 아버지를 도와 동학농민군과 싸우기도 했어요. 이 과정에서 뇌물을 요구하는 민영휘에게 집안이 고초를 겪지만, 나라를 사랑하는 마음은 변하지 않았어요. 국채보상운동이 일어나자, 국채 보상기성회 관서지부장으로 모금 운동을 적극적으로 펼치기도 합니다.

하지만 안중근의 이런 노력에도 대한제국은 점점 약해져 일본의 식민지로 전락해갔어요. 평화적인 방법으로는 국권을 회복할수 없다고 판단한 안중근은 1907년 연해주로 망명합니다. 그곳에서 회장 최재형과 부회장 이위종이 만든 창의회에 합류해요. 이때 안중근이 받은 직위는 대한의군참모중장 겸 특파독립대장 및 아령

안중근 의사

지구 사령관이에요.

안중근은 수백 명의 의병을 데리고 1908년부터 함경도에서 일본군과 교전을 벌이며 승리를 거두었어요. 하지만 만국공법에 따라 포로로 붙잡힌 일본군을 풀어주었다가, 영산 전투에서 크게 패하고 간신히 목숨만 부지한 채 연해주로 돌아와요. 이후 안중근은 대동공보의 탐방원으로 활동하면서, 11명의 동지와 독립을 위해 목숨을 바치겠다고 맹세하며 동의단지회를 결성해요.

그런 그에게 이토 히로부미가 하얼빈으로 러시아 대장대신 코코프체를 만나러 온다는 소식이 전해져요. 대동공보 편집인 유진율에게 거사 자금과 세 자루의 총을 받은 안중근은 1909년 10월 21일 우덕순과 함께 하얼빈으로 향했어요. 도중에 조도선과 10대의 유동하가 합류합니다.

이토 히로부미가 어디서 하차할지 정확한 정보가 없는 상황에서 어린 유동하가 피해 보는 일이 없도록 집으로 돌려보내요. 우덕순과 조도선은 채가구에 이토 히루부미가 내리면 처단하기로 약속하며 안중근과 헤어져요. 안중근은 혹시라도 채가구에서 의거가 실패하면 하얼빈에서 마무리 짓기로 하고요. 채가구에서 우덕순과 조도선이 의심스러웠던 러시아 경비병이 이들이 묵던 여인숙을 밖에서 잠그는 바람에 1차 계획은 실패하게 돼요.

이 사실을 알지 못한 안중근은 초조하게 하얼빈역에서 기다리다가 이토 히로부미가 나타나자 조용히 앞으로 나아갔어요. 그리고는 의장대를 사열하고 환영 인파에 인사를 건네는 이토 히로부미에게 3발의 총을 쐈어요. 혹시라도 총에 맞은 인물이 이토 히로부미가 아닐 수 있다고 생각한 안중근은 주변에 있는 일본인 3명에게도 총을 발사해요.

러시아는 이토 히로부미의 죽음과 아무 관련이 없다는 것을 보여주기 위해 곧바로 붙잡은 안중근을 일본에 넘겼어요. 일본은 자신들이 마음대로 재판할 수 있는 중국 여순의 관동도독부 관하 법원으로 안중근을 송치했어요. 그리고는 안중근을 변절시키기 위해 끊임없이 회유했어요. 하지만 안중근이 절대 뜻을 굽힐 생각을 하지 않자 6번의 재판 끝에 사형 선고를 내려요. 이날이 2월 14일에요. 안중근은 일제의 결정에 항소하지 않았어요.

그저 묵묵히 자신의 일대기와 생각을 적은 《안응칠역사》와 한·중·일이 서로 협력해야 한다는 《동양평화론》을 저술해요. 그리고 처음이자 마지막으로 《동양평화론》을 완성할 수 있게 해달라고 부탁했지만, 일제는 들어주지 않아요. 3월 26일 처형대에 올라간 안중근은 유언으로 "나의 이 거사는 동양 평화를 위해 결행한 것이므로 임석 제원들도 앞으로 한일 화합에 힘써 동양 평화에 이바지하길 바란다. 우리 동양 평화 만세를 부르자."를 남기며 오전 10시 순국합니다.

2장

일제강점기 (1910~1945)

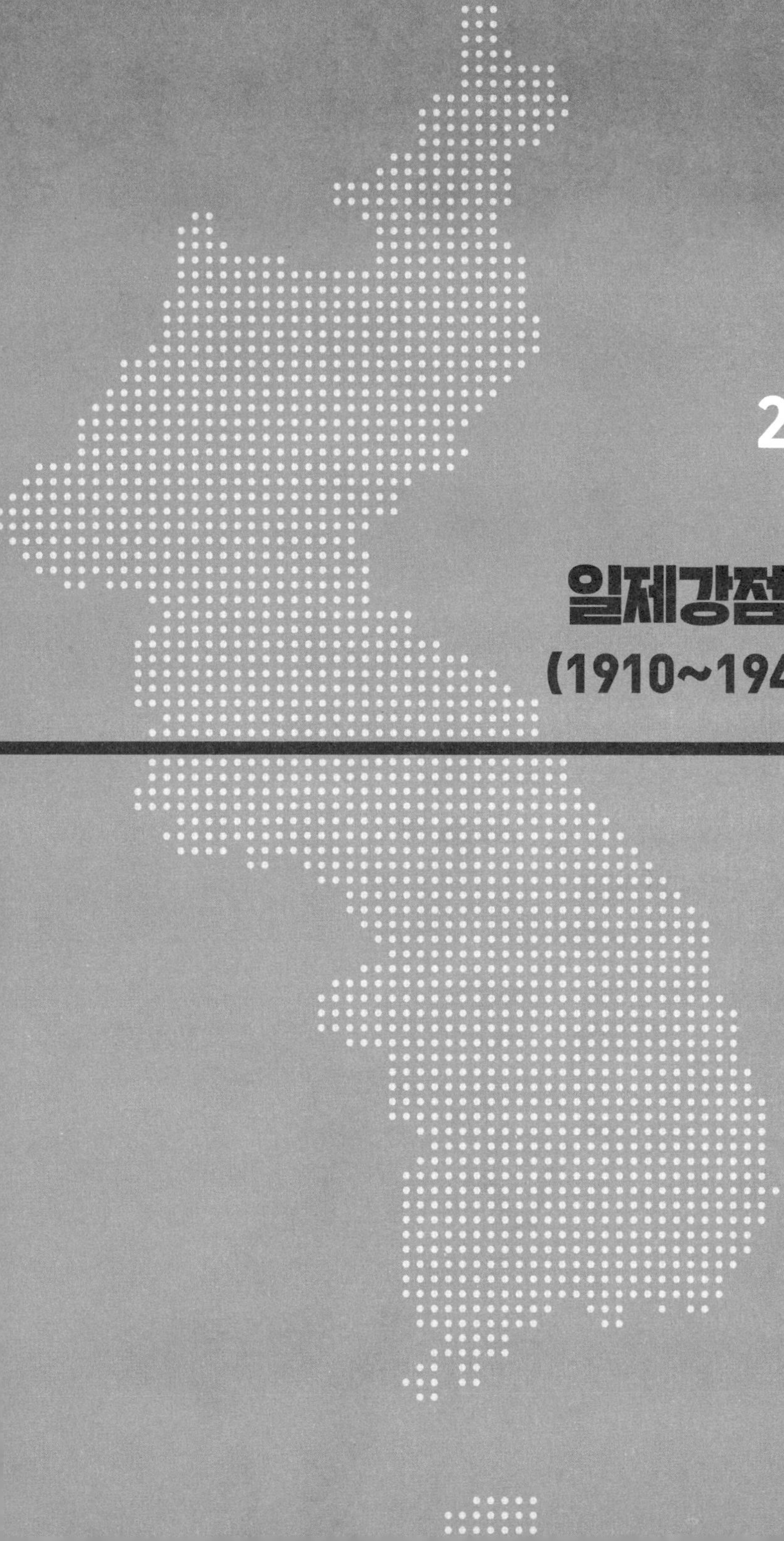

1 ── 무장 독립운동의 산실 신흥강습소

일제에 나라를 빼앗긴 이후를 대비하여 1907년 국권회복을 목적으로 결성한 비밀결사 단체인 신민회는 해외 독립운동 기지 건설과 군대를 양성할 학교 설립을 논의했어요. 이를 위해 이동녕과 이회영은 남만주 지역을 여러 차례 답사하면서 독립운동기지로 삼은 장소가 서간도 유하현 삼원보였어요. 이 과정에서 이회영 6형제는 지금 가치로 수천 억 원에 해당하는 독립자금을 마련하여 50여 명의 가족과 이곳으로 망명해요. 이 외에도 많은 이들의 존경을 받던 이상룡과 같은 민족 지도자들이 삼원보를 찾아왔어요.

이들은 삼원보에 자치 기관으로 경학사를 결성하고 독립군을 양성하기 위해 신흥강습소를 설립해요. 그러나 시작부터 많은 어려움이 따랐어요. 수천 억 원에 해당하는 자금으로 시작했지만, 독립운동기지를 운영하기에는 턱없이 부족한 돈이었어요. 이를 해결하기 위해서는 반드시 현지에서 자금을 조달할 능력을 갖출 필요가 있었어요. 하지만 1911~1912년까지 연이은 흉년으로 독립운동자금을 확보하지 못해요. 결국 어쩔 수 없이 길림성 통화시 합니하로 본부를 옮겨 부민단을 조직하여 경학사를 대신하게 해요. 이때

신흥강습소의 이회영

부민단은 6천 명을 관할할 정도로 큰 조직으로 성장해요. 이것은 마냥 좋은 일만은 아니었어요. 중국과 일본의 경계로 활동에 여러 제약이 따랐거든요.

이런 어려움에서도 신흥강습소는 1911년 40여 명의 독립군을 배출합니다. 그러나 신흥강습소가 무장단체인 만큼 중국 정부의 양해를 얻어야 했어요. 이 어려운 일을 이회영이 맡아요. 그는 위안스카이와 동북 3성을 지배하던 장쭤린을 만나 신흥강습소 설립 목적을 설명하고, 새로운 학교를 세울 수 있는 발판을 마련해요. 하지만 여전히 발목을 잡는 것은 운영자금이었어요. 그래서 그는 산에 밭을 일궈서 학생들이 군사훈련과 더불어 농사를 짓는 둔전병 제도를 시행해요. 그래도 부족한 운영자금은 만주에 살던 한국인들이 십시일반 돈을 모아 보태주었어요.

신흥강습소는 독립군을 양성하기 위한 학교였던 만큼, 가장 비중을 높게 둔 것은 군사훈련이었어요. 더불어 학생들이 올바른 민족의식을 갖춘 독립운동가로 성장하기 위해 역사와 국어를 가르쳤어요. 이외에도 경제, 과학, 도덕, 음악 등도 가르쳐 훗날 되찾은 나라를 운영할 인재가 되기를 바랐어요. 이에 발맞춰 학생들도 신흥교우단을 조직하고, 《신흥학우보》를 발행하며 자신들의 역량을 스스로 길렀어요. 제1차 세계대전이 발발하자, 이들은 독립전쟁을 대비하여 백서농장을 마련하여 당장이라도 전쟁에 투입될 수 있도록 군사훈련에 매진해요. 1919년 3·1운동 이후에는 수많은 청년이 독립운동을 펼치고자 신흥강습소로 찾아와요.

너무 많은 청년이 찾아오자, 기존의 시설로는 감당할 수 없었어요. 그래서 유하현 고산자로 학교를 옮기고, 합니하에 있던 학교는 분교로 삼아요. 이름도 신흥무관학교로 바꾸고요. 신흥무관학교는 단지 규모만 커진 것은 아니었어요. 교육과정도 발전하여 장교반6개월, 하사관반3개월, 특별훈련반1개월 과정으로 나누어 전문적인 군사훈련을 실시했어요.

하지만 우리의 영토가 아니었고, 중국 군벌이 일제의 눈치를 살펴야 했던 시대였던 만큼 신흥강습소를 운영하는 것은 쉬운 일이 아니었어요. 만주 군벌 장쭤린은 일제와 합동수색대를 편성하여 독립운동 근거지를 습격하고 독립운동가를 체포하고 살해하기 시작했어요. 신흥무관학교는 만주 군벌과 일제를 피해 1920년 7월 안도현으로 이동했지만 오래가지는 못하고, 결국 8월 폐교되고 말아요.

하지만 신흥무관학교를 졸업한 독립운동가들은 북로군정서군과 서로군정서군에 합류하여 그해 10월 청산리 대첩을 승리로 이끌어요. 또한 김원봉 등 수많은 민족지도자를 배출하며 독립운동을 이끕니다.

2 토지를 빼앗는 토지조사사업

일제는 한반도를 통치하기 위한 기초 작업으로 토지를 수탈하는 일을 제일 먼저 착수해요. 대한제국의 국권을 빼앗기 이전인 1906년 통감부를 설치하면서부터 토지 수탈이 시작돼요. 왜 일제는 토지를 빼앗으려고 했을까요? 이것은 일본인과 친일파 지주를 앞세워 한국인을 지배하고 한반도를 수탈하기 위해서예요. 일제가 2천 만이 넘는 한국인을 직접 통제한다는 것은 쉬운 일이 아니에요. 특히나 나라를 빼앗겨 울분에 가득 찬 사람들을 대상으로 말이죠.

그래서 일제의 공권력을 대신해줄 사람들이 필요했어요. 일제는 사회적·경제적으로 어려운 일본인에게 헐값으로 한반도의 대규모 토지를 나눠주어 지주로 만들어요. 이들이 농민의 대다수를 차지하는 한국 소작농을 통제하게 하려고요. 한국인 지주들에게도 기존보다 더 큰 부와 안전을 보장해주는 대신 한국인을 통제하도록 시켜요.

일제는 나라를 빼앗은 1910년 토지조사국을 설치하고, 1912년에는 토지조사령을 발표하며 본격적으로 토지를 수탈해요. 한반도의 모든 토지의 소유권과 가격 등을 확정하겠다며, 토지를 가진 사람이 스스로 신고하게 해요. 정해진 시간 내에 토지를 신고하지 않으면 주인 없는 땅으로 간주하고는 일제가 직접 관리하겠다며 강제로 빼앗아요. 이후 일제는 한반도의 엄청난 토지를 손쉽게 차지해요. 일제의 이런 불법행위가 가능했던 배경에는 오래도록 내려오는 토지 관념의 역할이 컸어요.

조선시대까지 대부분의 일반 농민들은 토지는 나라의 것 즉 왕의 것으로 생각했어요. 자신들은 왕의 땅을 빌려서 사용한다고 믿었죠. 이것을 왕토사상이라고 해요. 지금은 이해하기 어렵겠지만, 조선만이 아니라 아시아 대부분의 나라는 중국 주나라 때부터 내려오는 왕토사상을 받아들이며 살아왔거든요. 그렇다 보니 대다수 농민들은 토지를 신고할 생각조차 하지 못하다가 빼앗겨버려요.

이뿐만이 아니었죠. 토지를 신고하려고 해도 절차가 너무도 복잡하고 까다로웠어요. 하나의 사례로 자기 소유의 토지를 증명하는 데 필요한 서류만 10가지가 넘었어요. 그렇다 보니 글을 모르는 사람은 신고하고 싶어도 문서를 읽지 못해 토지를 빼앗겼어요. 또한 개인 소유로 신고하기 어려워서 빼앗기는 토지도 많았어요. 예를 들어 역과 관청에 지급된 토지인 역둔토나 왕실 사람이 소유한 궁장토 그리고 문중 소유의 토지는 개인 소유로 신고하기 어려웠던 만큼 조선총독부가 손쉽게 얻을 수 있는 토지였어요.

그 결과 13만 5천여 정보의 역둔토와 4만 6천여 정보의 개인 땅을 포함하여 1930년까지 전 국토의 40%에 가까운 토지가 조선총독부 소유가 돼요. 이 과정에서 10만여 건의 소유권 분쟁이 일어났지만, 승소를 거둔 경우는 거의 없었어요. 이렇게 부당하게 빼앗은 토지를 조선총독부는 1908년 설립된 동양척식주식회사에 운영을 맡겨요.

토지조사사업으로 자신의 토지에서 농사를 짓는 자작농 비율이 현격히 줄어들었어요. 대신 소작료를 납부하며 농사짓는 소작농이

토지조사를 벌이는 일본인들

크게 증가했어요. 또한 전체 농가의 3.1%에 불과한 지주가 무려 총 경작지의 50.4%를 차지하게 되는 반면, 소작 농가는 77.2%로 높아져요. 이것은 농민의 대다수를 차지하는 농민들의 삶이 매우 열악해졌다는 것을 의미해요. 예전보다 더 높아진 5할의 소작료를 납부해야 하는데다가, 종자 값이나 비료 등 농사에 필요한 비용까지 부담해야 했어요. 심지어 지주가 내야 할 지세까지 떠안는 경우도 허다했어요.

그래서 1914년에만 지세地稅를 내지 않는다고 처벌받은 사람이 8천 명이나 돼요. 그래도 농사를 지어야만 가족이 살아갈 수 있는 만큼, 소작농들은 매년 겨울이 되면 농사지을 땅을 받지 못할까 전전긍긍해야 했어요. 그마저도 어려우면 고향을 떠나 도시로 들어가 임노동자일용직가 되거나, 산에 들어가 화전민으로 살아가야 했어요. 이마저도 어려우면 만주나 연해주로 떠나기도 했습니다.

3 ── 한국 자본을 말살한 회사령

일제는 토지조사사업과 함께 회사령도 함께 실시했어요. 토지조사 사업이 일본인이 한반도에 진출하도록 만드는 동시에 인구 대다수를 차지하는 한국 농민의 삶의 기반을 약하게 만드는 데 목적이 있었잖아요. 하지만 한반도 내에서도 조선 후기부터 자본주의가 발달했고, 개항 이후 근대적인 상공업이 발전하면서 성공한 자본가들이 꽤 있었어요. 일제로서는 식민지 지배를 위해 한국인의 경제적 기반을 약화해야 하는 만큼, 민족자본이 성장하지 못하도록 억제할 필요가 있었어요. 그 방안으로 조선총독부의 허가를 받아야 회사를 설립할 수 있는 회사령으로 한국인의 상공업 활동을 저지해요.

1910년 12월 29일 제정되어 이듬해 1월 1일부터 시행된 회사령을 잠시 살펴볼까요.

제1조 회사의 설립은 조선 총독의 허가를 받아야 한다.

제5조 회사가 본령 혹은 본령에 의거해 발표되는 명령이나 허가의 조건에 위반하거나 또는 공공의 질서, 선량한 풍속에 반하는 행위를 하였을 때는 조선 총독은 사업의 정지·금지, 지점의 폐쇄 또는 회사의 해산을 명할 수 있다.

조선총독부의 공식 수탈기관 동양척식회사

이것을 해석하면 한국인은 일제의 지배에 협력하는 반민족행위자에게만 회사를 설립하여 부를 축적할 수 있는 기회를 제공하겠다. 혹시라도 일제의 눈을 속여 회사를 설립하더라도 발각되는 즉시 회사를 폐쇄하겠다는 말로 정리할 수 있겠죠. 또한 일제의 많은 식민정책과 마찬가지로 회사령도 한국인을 차별하는 법령이에요. 일본 본토에서는 누구든지 자유롭게 회사를 설립할 수 있다고 '상법'에 명시한 것과 비교해보면 얼마나 형평성이 맞지 않는지를 알 수 있어요.

회사령 시행의 또 다른 목적은 민족자본이 독립운동자금으로 흘러 들어가는 것을 막으려는 데 있어요. 신민회가 태극서관과 자기회사를 설립하여 해외에 독립운동기지를 설립한 사실을 기억하는 일제가 독립운동을 절대 용납하지 않겠다는 의지를 반영한 것이죠. 이런 의도를 알 수 있는 것이 한국인이 회사를 설립하겠다고 신고하면 헌병 경찰은 신청자에 대한 조사를 먼저 실시했어요. 일제에 대한 충성도, 재력과 신용도, 회사 설립 후에 얻게 될 이익과 전망 등 광범위한 조사가 이루어져요. 물론 이 중에서 제일 중요한 것은 일제에 대한 충성도였어요.

그렇다 보니 일제에 협력하지 않는 사람들은 아무리 자본이 많아도 회사를 설립하기가 어려웠어요. 이 외에도 한반도를 원료공급지이자, 상품시장으로 활용하여 일본의 경제이익을 극대화하려는 의도도 있었어요. 회사령 이후 한반도에서 설립된 회사의 수를 비교해보면 민족자본이 얼마나 억눌렸는지를 알 수 있어요. 1918년 한국인이 설립한 회사가 39개인 반면 일본인이 설립한 회사는 147개였거든요.

한국의 자본을 억누르기 위해 실시한 회사령이 1920년 이후 폐지돼요. 이후로는 누구라도 신고만 하면 회사를 설립할 수 있게 돼요. 왜 일제는 회사령을 폐지했을까요? 확실한 것은 일제가 한국인을 동반자로 인식해서 회사령을 폐지한 것은 절대 아니라는 겁니다. 일제가 회사령을 폐지한 것은 약 10년 동안 회사령을 실시한 결과 한국인의 자본력이 매우 약화한 것에 있어요. 자본이란 투자를 해야 성장이 이루어져요. 그런데 한국인은 회사를 마음대로 설립하지 못하다 보니 그나마 가지고 있던 자본들마저 줄어들었어요.

이제 한국인은 부족해진 자본으로 인해 사탕이나 고무신 등 설비투자가 적게 드는 영세한 기업만 설립할 수 있게 돼요. 반면 제1차 세계대전으로 산업이 크게 발전한 일제는 일본 대기업이 한반도에 진출하여 상품 판매 및 투자를 통해 수익을 얻을 수 있도록 편의를 제공할 필요가 있었어요. 다시 말해 일본 기업이 한반도에 진출할 수 있도록 돕기 위해 회사령을 철폐한 거죠. 그로 인해 한국인들은 값싼 일본 제품의 대량 유입으로 더욱 어려운 생활을 이어가야 했습니다.

4 ——— 1910년대 국내 독립군

1910년 나라를 잃어버린 이후 많은 한국인은 충격에 빠졌어요. 산소 없이 살 수 없는 우리지만, 평소에는 산소의 소중함을 인식하지 못하죠. 국가도 그래요. 내 나라가 있을 때는 그 소중함을 몰라요. 하지만 나라를 잃어버리고 식민지가 되는 순간 나의 조국이 있다는 것이 얼마나 소중한지를 깨닫게 됩니다. 왜냐하면 내 나라는 잘못을 우리가 바로 잡을 수 있는 기회가 주어지지만, 식민지인에게는 잘못을 바로잡을 기회가 주어지지 않기 때문이에요.

1910년대를 살아가던 시대도 그랬어요. 대한제국이 무엇하나 제대로 하는 것이 없다고 불평불만을 쏟아내던 사람들은 일제강점기에 대한 어떤 불만도 이야기하지 못해요. 부당한 대우와 수탈을 그저 묵묵히 감당해야만 했어요. 그로 인해 나라를 반드시 되찾겠다는 의지가 불타올랐어요. 나라를 되찾으려는 움직임은 전국 곳곳에서 일어났어요. 일제가 의병을 잔혹하게 죽이며 탄압했지만, 독립하려는 움직임을 막지는 못했어요. 그중에서도 1910년대를 대표하는 독립군부대가 대한독립의군부와 대한광복단이에요. 두 개의 독립단체는 국권회복이라는 큰 목표를 같았지만, 구성원이나 되찾은 나라를 어떻게 운영할지는 생각이 달랐어요.

대한독립의군부는 고종이 나라를 되찾는 의병을 일으키라는 밀명을 임병찬에게 내리면서 만들어져요. 임병찬은 을사늑약이 체결되자 최익현과 함께 일제와 맞서 싸우다 쓰시마에 유배당하는 애국활동으로 많은 이들의 존경을 받던 인물이었어요. 임병찬은 고종의 밀명에 자신이 감당할 일이 아니라며 거절했어요. 그러나 곧 생각을 바꾸어 나라를 위해 자신의 한 몸을 바치기로 결심하고 1914년 대한독립의군부 총대표직을 수락 해요. 대한독립의군부의 목적은 일제를 내쫓고 다시 대한제국을 세우는 것이었어요. 이를 복벽주의라고 해요.

대한독립의군부가 전국적으로 조직을 확대하던 중 일제에 그만 발각되고 말아요. 이에 임병찬은 도망치기보다는 오히려 당당하게 데라우치 조선 총독에게 면담을 요구했어요. 더불어 일본 내각총리대신 오쿠마 시게노부에게 국권반환 요구서를 보내요. 물론 일제는 임병찬의 제의를 묵살한 채 체포해요. 거문도로 유배 간 임병찬은 2년 후인 1916년 66세의 나이로 순국해요.

나라를 되찾은 뒤 국민이 주인이 되는 공화정을 만들고자 했던 독립군 단체였던 대한광복회는 박상진이 세웠어요. 박상진은 을미사변과 고종의 강제 퇴위에 맞서 의병을 일으켰던 허위의 제자로 누구보다 나라를 사랑한 인물이었어요. 박상진은 평양 법원의 판사로 재직하던 중 나라를 빼앗기자 곧바로 사직서를 제출하고 만주로 넘어갔어요. 그곳에서 김동삼 등 여러 민족지도자와 만나면서 신해혁명을 보게 돼요. 중국 17개 성 대표들이 청나라 지배를 거부하고 쑨원을 임시대총통으로 선출하며 동아시아 최초의 민주공화정인 중화민국 임시정부를 수립하는 신해혁명을 마주한 박상진은 우리도 국민이 주인이 되는 나라를 만들겠다고 다짐해요.

일제에게서 나라를 되찾아 공화국을 만들기 위해 다시 국내로

독립운동가 박상진

돌아온 박상진은 조선국권회복단에 참여해요. 하지만 서상일·정운일 등 영남지방을 중심으로 나라를 되찾으려는 조선국권회복단만으로는 나라를 되찾기 어렵다고 판단하고 풍기광복단을 합류시켜 대한광복회를 조직해요. 총사령관에 추대된 박상진은 대한광복회를 한반도를 넘어 북만주 길림지방까지 활동 범위를 넓혀요.

특히 남만주에 있던 신흥무관학교와 연계를 맺은 박상진은 독립전쟁을 계획하고, 이에 필요한 독립자금을 마련하기 위해 분주하게 돌아다녔어요. 일본인이 경영하는 금광을 습격하고, 친일파 지주를 찾아가 군자금을 요구하는 행동은 결국 일본 경찰의 추격을 받게 돼요. 그럼에도 박상진은 위축되지 않고 만주에서 권총을 들여오다가 일본 경찰에 붙잡혀 1921년 대구 형무소에서 순국합니다. 이처럼 나라를 빼앗긴 순간부터 우리는 국권을 되찾으려는 노력이 한 번도 멈추지 않아요.

5 ── 최대 규모의 항일투쟁 3·1 운동

일제의 지배를 받으면서 많은 한국인은 수탈과 차별로 어려움을 겪어야 했어요. 그럴수록 일제를 쫓아내고 우리의 나라를 되찾고 싶었어요. 그러던 중 제1차 세계대전이 끝나면서 독일과 오스만 튀르크 등 패전국이 지배하던 나라들이 독립을 이루었어요. 물론 인도주의적 측면이 아니라 패전국이 다시는 재기하지 못하도록 막기 위한 연합국의 의도에 따른 독립이었죠. 하지만 식민지였던 우리에게 이 소식은 너무도 부러우면서도 희망을 주는 소식이었어요.

그리고 우리도 독립을 요구하는 움직임이 나타납니다. 만주 지린에서 김교헌·김규식·조소앙 등 39인이 〈대한독립선언서〉를 발표해요. 일본에서 유학하던 한국 학생들도 도쿄에서 〈독립선언서〉를 발표해요. 이에 자극받은 국내 민족지도자들은 대규모의 독립운동을 전개하자는 계획을 세웁니다.

고종이 독살당해 죽었다는 소문에 한국인들의 불만이 고조되는 것을 이용하여 천도교 교주 손병희가 3·1운동을 준비해요. 여기에 기독교·불교 등 종교계 인사 33인이 참여해요. 2월 27일 천도교가 운영하는 인쇄소 보성사에서 독립선언문 2만 1천 부를 인쇄 완료

종로에서 일어난 만세운동

하여 만세운동을 벌일 준비를 마쳐요. 그리고 마침내 3월 1일이 밝아오자 민족대표 33인 중 29명이 인사동에 있던 고급음식점인 태화관에 모여요. 이 자리에 오지 않은 나머지 민족대표 네 명은 의주 등 지방에서 만세운동을 벌입니다. 민족대표들은 〈대한독립선언서〉를 읽은 후 태화관 주인에게 일제 당국에 전화로 신고해달라고 부탁해요. 독립선언을 했다는 신고에 놀란 일본 경찰은 80여 명의 경찰을 파견하여 곧바로 연행해요.

반면 탑골공원에는 민족대표와 〈대한독립선언서〉를 낭독하고 거리에서 독립만세를 부르기로 약속한 수천 명의 시민과 학생들이 있었어요. 약속한 오후 2시가 넘도록 민족대표가 나타나지 않자, 군중이 술렁거리기 시작했어요. 이때 한 청년이 더는 기다리지 않고 단상에 올라 〈대한독립선언서〉를 낭독해요. 그러자 수천 명의 시민과 학생이 고종이 누워 있는 덕수궁을 향해 걸어가며 대한독립만세를 힘차게 외쳐요. 질서 있는 시가행진이었지만, 일제 경찰은 130여 명을 체포하는 등 무력으로 시위를 강제 해산시켜요.

일제는 3·1 운동의 주체가 학생이라고 판단했어요. 학생들이 만세운동을 벌이는 것을 막기 위해 각 학교에 휴교령을 내려요. 하지만 이것은 오히려 3·1 운동을 한반도를 넘어 세계 곳곳에 있는 모든 한국인이 대한독립만세를 외치게 만들어요. 학교에 갈 수 없게 된 학생들은 누가 지시하지 않았음에도 스스로 고향에 내려가 3·1 운동을 전개해요. 이제는 학생만이 아니라 농민·상공인·노동자 등 전 계층이 일제의 지배를 규탄하며 독립을 요구해요.

일제는 3·1 운동에 매우 당황했어요. 특히 스코필드 박사 등 외국인에 의해 일제가 폭력을 이용하여 비인도적으로 식민통치하고 있다는 사실이 세계에 알려졌거든요. 그러나 일본이 가장 크게 위기의식을 느낀 것은 한국인이 하나가 되어 독립을 요구하는 모습이었어요. 그래서 더욱 총칼을 앞세워 무자비하게 무력진압해요. 대표적으로 경기도 화성 제암리에 살던 마을 사람 모두를 천도교 교회에 가둔 뒤 총으로 쏴 죽이고, 건물 자체를 불 질러버린 사건이 있어요. 그럼에도 독립을 요구하는 만세운동은 멈추지 않았어요. 1919년 3월부터 5월까지 200만 명 이상이 1,500번이 넘는 집회를 이어갔어요. 이 과정에서 7,509명 죽고, 15,849명이 부상당하며 46,306명이 감옥에 갇혀요.

이처럼 큰 희생에도 3·1 운동은 커다란 발자취를 남겨요. 반민족행위자 소수를 제외한 한국인 모두가 절실하게 독립을 원하고 있다는 사실을 보여주었거든요. 이것은 우리가 끝까지 독립을 포기하지 않는 힘이 되어줍니다. 또한 민족지도자들이 독립을 위해 하나로 힘을 합치자는 데 합의하여, 중국 상하이에 우리나라 최초의 공화국인 대한민국 임시정부가 수립됩니다.

6 ─── 국민의 힘으로 세운 대한민국 임시정부

3·1 운동 이후 한국인 모두가 일제의 지배에서 벗어나 독립국가를 세우고자 하는 열망이 있다는 사실을 알게 돼요. 하지만 열망을 하나로 모을 구심체가 없어 실패했다는 사실에 반성도 하게 됩니다. 그래서 국내외 독립운동가들은 힘을 하나로 모을 수 있는 임시정부를 세워요. 무려 그 수가 7개나 되었어요. 대표적으로 연해주의 대한국민의회, 상하이의 대한민국 임시정부, 국내 한성정부가 잘 알려져 있죠. 이렇게 국내외에 제각각 임시정부가 수립된 것은 일제의 감시와 탄압을 피해 설립하다 보니 생긴 일이었어요.

국내외 민족지도자들은 오로지 독립이라는 목표를 위해 모든 기득권을 내려놓고 하나의 임시정부로 통합하기로 결정해요. 자신들이 가질 수 있는 지위와 기득권보다 나라의 독립이 제일 중요했으니까요. 그 결과 우리 역사상 최초로 국민이 주인이 되는 민주공화정 체제의 대한민국 임시정부가 상하이에 수립돼요. 행정·입법·사법 삼권을 분립하여 권력의 집중과 남용을 방지한 민주주의 국가로요. 이 외에도 나라를 운영하는 데 필요한 모든 것을 담아놓은 대한민국 임시헌법은 오늘날 대한민국 정부의 뿌리이자 근간이 돼요.

  대한민국 임시정부는 국민의 염원인 독립을 위해 다방면으로 활발한 활동을 펼쳤어요. 여러 독립운동단체를 하나로 결집하기 위해 교통국을 두고, 연통제를 통해 국내 독립운동가 및 단체와 긴밀한 연락을 취했어요. 《독립신문》을 발행하여 국내외 한국인에게 독립운동 소식을 전하며 광복이라는 희망을 잃지 않도록 노력을 기울여요. 이런 모든 활동에 필요한 자금을 마련하기 위해 독립 공채를 발행해요. 그러나 남의 나라에서 독립운동을 펼치기란 매우 어려운 일이었어요. 특히 일제와 동맹관계에 있는 미국이나 중국 군벌의 일부는 우리의 독립운동을 껄끄러운 시선으로 바라봤어요.

  여기에다 국내, 만주, 연해주, 상해, 미국 등 독립운동가들이 활동하는 지역이 거리적으로 너무도 멀어서 원활한 소통과 협력을 끌어내는 데 한계가 있었어요. 이로 인해 대한민국 임시정부의 활동성과가 크게 나타나지 않자, 여기저기서 갈등이 표출되기 시작했어요. 열강에 독립 청원을 넣는 외교활동을 두고 무장투쟁을 벌이던 독립운동가들이 반발해요.

  그런 가운데 이승만이 미국 대통령 윌슨에게 "2천 만의 이름으로 각하에게 청원합니다. 중략 먼저 한국을 일본의 학정에서 벗어나게 해주십시오. 장래 완전한 독립을 보증하고 당분간은 한국을 국제연맹에 통치 밑에 둘 것을 바랍니다."라며 위임 통치 청원서를 제출해요. 대한민국 임시정부의 정식 절차를 받지 않고, 대통령이라는 직책을 이용하여 독단적으로 말이에요. 이를 두고 많은 독립운동가들이 이승만을 규탄하게 돼요.

  이 가운데 대한민국 임시정부의 요청에 따라 이승만이 미국에서 상하이로 건너오지만, 오래 있지는 못했어요. 이승만이 미주 동포들의 애국 후원금을 독단적으로 사용한 것이 문제가 되었어요. 그러나 그것보다 더 큰 문제로 대두된 것은 무장투쟁을 주장하는

독립운동가들의 의견을 이승만이 하나도 수용하지 않은 데 있었어요. 이승만은 외교를 통한 독립이 가장 현실적이라고 고집하다가, 자신에 대한 비판이 거세지자 6개월만에 미국으로 돌아가 버려요.

이런 모습에 독립운동가들은 대한민국 임시정부 운영을 논의하기 위한 국민대표회의를 1921년 발의하고 1923년 개최해요. 이때 만주와 상하이 대표들은 임시정부를 개조하여 존속시키자는 개조론을 주장했어요. 반면 베이징과 연해주 대표들은 새로운 정부를 구성하자는 창조론을 주장하고요. 오랫동안 의견을 나누지만, 갈등이 봉합되지 못하면서 많은 독립운동가가 임시정부를 떠나게 돼요. 결국 이승만에게 임시의정원의 결의를 이행하지 않고, 독립자금을 마음대로 사용하는 등의 부정을 저지른 책임을 물어 이승만을 탄핵해요. 그리고 박은식을 제2대 대통령으로 선출하며 임시정부의 명맥을 이어 나가요.

7 봉오동 전투와 청산리 전투의 대승리

3·1운동 이후 대한민국 임시정부 수립 외에도 가장 큰 성과는 무장 독립전쟁의 승리에요. 대한민국 임시정부가 외교적으로 독립을 위해 노력했다면, 만주와 연해주에서는 이동휘를 중심으로 무장 독립투쟁을 준비하고 있었어요. 일제가 미국·중국·러시아와 전쟁을 일으키면 우리도 일제를 공격하여 독립을 쟁취하기 위해 무기를 구입하고 병력을 보충하는 등 여러 준비를 하고 있었어요. 이들 중에는 이동휘가 임명하여 총사령관이 된 홍범도가 이끄는 600여 명의 병력으로 이루어진 대한독립군이 있었어요. 이 외에도 군무도독부·대한군정서 등 70여 개의 독립군부대가 서로 협력하며 국내에 진입하여 일본 경찰과 군대를 공격하여 여러 차례 승리를 거두었어요.

1920년 5월 28일 홍범도의 대한독립군, 안무 국민회군, 최진동 군무도독부는 연합하여 대한북로독군부를 결성해요. 6월 4일 대한신민단의 독립군부대가 함경북도 종성군 강양동에 있던 일본군 헌병 초소를 공격하여 파괴해요. 독립군이 연이어 국내에 진입하여 일본군 및 식민기관을 공격하는 일에 신경이 곤두서있던 일본군은

김좌진 장군과 청산리전투 참전군들

곧바로 1개 소대를 보내 토벌에 나서요. 그러나 삼둔자에서 독립군에 패하고 말아요.

화가 난 일본군 제19사단장은 보병 및 기관총대 1개 대대를 월강추격대대로 편성하여 국경을 넘어 독립군을 소탕하고자 했어요. 막강한 화력을 앞세워 일거에 공격하면 충분히 승리할 것이라 일본군은 자신했어요. 하지만 유인당하는 줄 모르고 봉오동 계곡 깊숙이 들어온 야스카와 지로 소좌가 이끄는 월강추격대대는 홍범도와 700여 명의 독립군의 기습공격을 받고 크게 패배해요. 이 전투에서 일본군은 157명이 죽고, 200여 명의 부상자가 발생해요. 반면독립군은 장교 1명, 병사 3명이 전사했을 뿐이었어요.

독립군에 패배한 일제는 복수하고 싶었으나, 독립군이 중국에 있는 만큼 대규모 군대를 파병하기 어려웠어요. 그래서 중국 마적 장강호에게 돈을 주고는 훈춘과 일본 영사관을 습격하게 해요. 그리고는 일본 자국민을 보호한다는 명분을 내걸고, 토벌대 2만여 명을 1920년 10월 21일 간도로 파병해요. 이 소식을 전달받은 여러 독립군은 연합하여 일본군에 맞서기로 해요. 이때 독립군 연합부대의 중심이 홍범도의 대한독립군과 김좌진의 북로군정서군이었어요. 홍범도의 연합부대는 1,400여 명으로 봉오동 전투 이후 사기가 매우 높아 있었고, 북로군정서군 1,600여 명은 체코슬로바키아제 무기를 구입하여 군사훈련한 최강의 부대였거든요.

북로군정서군은 청산리 백운평 계곡에서 매복해 있다가 진군해 오는 일본군을 기습 공격하여 200여 명을 사살해요. 하지만 일본군의 숫자가 너무도 많았던 만큼 밤새 60km 행군하여 갑산촌으로 거처를 옮겨요. 같은 날 홍범도가 이끄는 독립군은 이도구에서 일본군과 밤새 교전을 벌였어요. 이 과정에서 일본군은 서로를 독립군으로 오인하고 공격하면서 한 부대가 전멸해요. 이것이 가능했던 것은 홍범도가 일본군과 독립군의 군복 색깔이 비슷하다는 것을 이용한 전략 덕분이었어요.

다음 날 김좌진의 북로군정서군과 홍범도의 부대는 연합하여 어랑촌에서 일본군과 교전하여 승리를 거둬요. 이처럼 일본군과 교전하고 뒤로 빠지는 전략으로 독립군은 26일 새벽까지 10여 차례 전투를 벌여요. 이 전투를 청산리대첩이라고 하는 이유가 일본군이 연대장을 포함한 1,254명이 죽고, 200여 명의 부상자가 나와요. 반면 독립군은 60명이 전사하고 90여 명이 부상을 당합니다.

3,000명 대 2만 명, 더욱이 독립군은 각자가 총 한 자루를 소지하지 못할 정도로 열악한 상황이었지만, 나라를 되찾겠다는 굳은 의지로 승리를 거둔 위대한 전투였어요. 하지만 승리의 기쁨은 오래가지 못했어요. 일본군이 청산리전투에서 패배한 원인이 간도에 사는 한국인에 있다며 무자비하게 학살하는 간도참변을 일으켰기 때문이었어요.

8 독립군의 시련
자유시 참변

청산리 전투 이후 일제는 큰 충격에 빠졌어요. 자신들이 왜 패배했는지 분석하고는 간도에 사는 한국인을 학살하기로 결정해요. 봉오동 전투와 청산리 전투의 패배 원인에 간도에 살던 한국인들이 있다는 것을 안 것이었어요. 봉오동은 최진동의 가족을 포함한 100호의 한국인이 살던 지역이었고, 청산리 전투가 벌어진 지역에서는 수많은 한국인이 목숨 걸고 독립군에게 은신처와 먹거리를 제공하는 동시에 일본군의 동태를 알려주었어요. 반대로 일본군에게는 거짓 정보를 주어 혼선을 일으켰어요.

그래서 일제는 패배의 보복과 함께 독립군이 간도에 다시는 자리 잡을 수 없도록 대규모 군대를 파견하여 1만여 명의 한국인을 죽여요. 1920년 10월에서 1921년 5월까지 벌어진 이 끔찍한 사건을 경신참변 또는 간도대학살이라고 불러요. 이후 일제는 간도 한인 사회에 자신들의 영향력을 확대하기 위해 조선인민회를 조직하고, 경찰을 더 파견하여 지배력을 강화해요. 이 과정에서 간도에 살던 한국인들은 살아남기 위해 어쩔 수 없이 조선인민회에 가입하여 일제의 지배를 받아야 했어요.

간도를 근거지로 삼았던 독립군은 승리의 기쁨도 누리지 못하고 서둘러 중국과 소련의 국경 지대인 밀산부로 집결했어요. 자신들이 떠나야 한국인의 희생이 더는 일어나지 않을 테니까요. 하지만 밀산부는 장소가 협소해서 오래 있을 만한 장소가 아니었어요. 여러 독립군부대는 청산리 전투에서 연합부대가 승리한 사실을 상기하며 하나의 독립군부대를 창설하기로 결정해요. 그 결과 총재에 서일, 부총재 홍범도·김좌진·조성환, 총사령 김규식, 참모총장 이장녕, 여단장 지청천을 임명하며 27소대 3,500명의 대한독립군단을 창설해요.

대한독립군단은 일제의 압력에서 자유로운 러시아령 자유시 일대로 1921년 2월 이동해요. 이곳은 러시아에 살던 한국인의 지원과 러시아 혁명 이후 러시아 제정을 지지하는 백군과 맞서 싸우는 사회주의 군대인 적군의 도움으로 무기를 지원받을 수 있었거든요. 물론 공짜는 아니었어요. 러시아 적군의 작전에 참여하기도 했어요. 러시아 내전이 우리와 상관없는 전쟁이지만, 당시 독립군에게 무기와 자금을 지원하는 곳이 사회주의 레닌 정권밖에는 없었던 점에서 다른 선택지가 없었어요. 그 결과 레닌 정권과 공동 작전 및 상호협조에 관한 협정을 체결해요. 이후 독립군부대는 무기와 군사 장비를 보강하며 이르쿠츠크로 본부를 옮기고, 고려군관학교를 개설하여 사관을 양성해요. 하지만 레닌 정권과의 협력이 오래가지는 못해요.

당시 자유시에 집결한 사회주의 계열 독립군부대는 고려공산당 산하 대한의용군과 이르쿠츠크파 산하 고려혁명군으로 나누어져 있었어요. 이들은 서로 정통성을 내세우며 갈등하고 있었죠. 간도에서 넘어온 대한독립군단은 대한민국 임시정부 초대 국무총리 이동휘가 중심으로 있던 대한의용군과 손을 잡았어요. 그런 가운데 한국인 군대 관할권을 주관하는 레닌 정권의 부서가 바뀌면서 이

독립군과 양민을 학살한 일본군

르쿠츠크파 고려혁명군이 주도권을 잡게 되면서 갈등이 발생해요. 관할부서 코민테른 동양비서부가 이 갈등을 해결하기 위해 고려혁명군정의회를 설치해요.

그럼에도 갈등이 해소되지 않자 대한의용군의 무장해제를 지시해요. 독립전쟁에 써야 할 무기를 반납할 수 없었던 대한의용군이 무장해제를 거부하자, 고려혁명군과 소련 적군은 장갑차와 기관총으로 앞세워 공격해왔어요. 이때 대한의용군과 제휴를 맺었던 많은 독립군부대들이 공격당하며 큰 피해를 입어요. 피해 규모는 자료마다 다른데 《조선민족운동연감》에는 사망 272명, 익사 31명, 행방불명 250명, 포로 970명이라고 기록되어 있어요.

독립군부대는 절반이 넘는 사람이 죽거나 다치고 행방불명되는 매우 큰 타격이었죠. 하지만 독립을 포기하지는 않았어요. 이들은 뿔뿔이 흩어져서 자유시를 탈출하여 만주로 되돌아와요. 그리고는 민정과 군정을 겸하는 일종의 자치 정부의 성격을 지닌 참의부·정의부·신민부 3부를 조직하여 독립활동을 펼쳐요.

9 식량을 수탈한 산미증식계획

1920년대에 들어서면 일제는 예전과는 비교할 수 없을 정도로 빠르게 발전해요. 제1차 세계대전의 승전국으로 막대한 이권을 확보했거든요. 또한 세계대전 이후 유럽 전후 처리 복구에 들어가는 공산품을 대량 생산하는 역할을 맡으면서 제조업이 크게 발달해요. 그렇다고 일본 사람들의 삶이 향상된 것은 아니었어요. 오히려 물가가 크게 폭등하면서 서민들의 실질적인 임금의 가치가 떨어졌거든요. 여기에 촌락을 떠나 도시로 인구가 집중되는 이촌향도 현상으로 인해 일본의 쌀 생산량이 줄어들면서 미곡 가격이 폭등하게 돼요.

일제는 자국의 부족한 식량을 보충하려는 방법으로 한반도에서 쌀을 가져오기로 해요. 쌀을 강제적으로 수탈하면 강한 반발이 일어날까 걱정한 일제는 꼼수를 부려요. 한반도에서 쌀을 증산한다는 명분을 내세워 일본으로 기존보다 더 많은 쌀을 가져오는 방법을요. 이것을 산미증식계획이라고 부르는데, 시기적으로 세 번에 걸쳐 이루어져요. 1920~1925년 제1기 산미증식계획, 1926~1934년 제2기 산미증식갱신계획, 1940년 이후 제3기 조선

쌀을 강제적으로 수탈한 일본 제국

증미계획으로요.

산미증식계획은 토지개량사업과 농사개량사업으로 나누어 추진됐어요. 토지개량사업은 30년 동안 논 40만 정보**땅 넓이를 나타내는 단위로 1정보는 3,000평 또는 9,917.4㎡** 를 관개해요. 밭 20만 정보도 쌀을 생산하기 위해 논으로 바꾸고, 20만 정보의 토지를 개간하여 총 80만 정보의 토지 확보를 목표로 삼았어요. 여기서 관개라고 하는 것은 저수지나 제방 등을 만들어 농지에 물을 공급하는 것을 말해요. 조선총독부는 관개사업을 추진한다는 명목으로 수리조합을 만들고 운영하는 데 심혈을 기울여요.

왜냐하면 자작농을 강제로 수리조합에 가입시킨 뒤 회비 등 여러 명목으로 돈을 강제로 징수하다가 농민이 더는 납부하지 못하면 논을 빼앗으려고요. 농사개량사업은 일본인이 먹는 쌀 품종으로 개량하는 동시에 비료를 통해 수확량을 증가시키는 것을 말해요. 이것은 산미증식계획이 일본인을 위해서 이루어진 정책임을 확실하게 보여주는 증거이기도 합니다.

제1기 산미증식계획에서 일제는 15년 동안 900만 석을 추가 생산하여 460만 석을 가져가고자 했어요. 하지만 경제불황으로 산미증식계획을 실행하기 위해 필요한 자금을 조달하는 데 실패해요. 한반도의 지주들도 토지개량보다는 헐값에 토지를 사들이는 것을 선호하며 참여를 꺼렸고요. 그 결과 제1기 산미증식계획은 실패하고 말아요. 이에 일제는 정부 자금을 더 투입하며 제2기 산미증식갱신계획을 실행하지만, 일본 내부 사정으로 이 또한 실패하고 말아요.

1930년 일본에서 일어난 농업 공황으로 쌀 가격이 폭락하면서 일본 농민들이 생계를 유지하기 어려울 정도로 상황이 나빠졌거든요. 이에 일본 농민들은 거리로 나와 한반도에서 들여오는 값싼 쌀 때문에 자신들이 다 죽게 생겼다며, 쌀 수입을 막아요. 그 결과 1934년 제2기 산미증식갱신계획도 중단하게 돼요. 하지만 1937년 중일전쟁 이후 일제는 군량미 확보와 가뭄으로 인한 식량 위기로 제3기 조선증미계획을 다시 실행해요.

산미증식계획은 일본의 계획대로 이루어지지 못하면서 실패한 정책이지만, 한국인에게 큰 피해를 주었어요. 쌀의 생산이 늘어난 것은 사실이지만, 일본으로 가져간 쌀이 더 많아서 한반도의 식량 사정이 매우 나빠졌거든요. 1912년 1인당 쌀 소비량 0.77석이 1936년에는 0.38석으로 줄 정도로요.

일제는 한반도의 식량부족으로 인한 반발을 걱정하며 만주의 잡곡과 베트남 쌀을 들여왔지만 큰 도움이 되지는 못했어요. 또한 자작농이 수리조합비를 감당하지 못하면서 토지를 상실하자, 일본인과 친일파 지주는 이 기회를 이용해 토지를 늘려갔어요. 이에 농민들은 생존권 투쟁으로 시작한 소작쟁의는 시간이 흐르면서 항일투쟁으로 발전하게 돼요.

10 ── 1920년대 의열단 활동

1919년 평화적으로 독립을 요구하는 3·1운동을 일제가 무력으로 진압하자, 많은 이들이 충격을 받았어요. 이런 모습에 혈기가 끓는 청년들은 일제의 만행을 더는 가만히 볼 수가 없었어요. 그중에 김원봉1898~1958 이 있었어요. 경남 밀양 출신의 김원봉은 1917년 망명하여 신흥강습소에 입학하여 독립을 위해 모든 것을 바치기로 결심해요.

김원봉은 1919년 11월 만주 길림성에서 윤세주·김대주 등 13명의 동지와 의열단을 조직해요. 이들은 활동 지침으로 조선의 독립과 세계의 평등을 위하여 목숨을 걸고 희생한다는 내용의 공약 10조를 내걸어요. 또한 조선총독부·동양척식회사·매일신보사·각 경찰서·기타 식민 통치기관을 파괴하자는 5파괴와 조선 총독과 고관·군부 수뇌·대만 총독·매국노·친일파 거두·밀정·반민족적 토호를 암살하자는 7가살을 외쳐요. 의열단 활동이 식민통치에 큰 방해가 되자, 일제는 의열단을 잡기 위해 많은 독립운동가를 체포해요. 그로 인해 의열단과 다른 독립운동 단체의 피해가 커지자, 의열단의 독립운동 이념과 방략을 재정립해야 한다는 의견이 제기돼요.

이에 김원봉은 1922년 베이징으로 달려가 신채호에게 의열단의 행동강령과 투쟁목표를 만들어달라고 부탁해요. 대한민국 임시정부의 외교론에 한계를 지적하며 무장투쟁을 강조하던 신채호는 젊은 김원봉의 방문이 너무도 반가웠어요. 이런 젊은이가 있다는 것만으로도 희망을 본 신채호는 기쁜 마음으로 김원봉과 의열단 선전 담당 류자명하고 한 달여에 가까운 시간을 함께 생활하며 여러 이야기를 나눠요. 그리고 이듬해 〈조선혁명선언〉을 발표해요. 선언의 일부를 살펴볼까요?

"일본이 우리의 국호를 없애며 우리의 정권을 빼앗으며, 우리 생존의 필요조건을 다 박탈했다. 중략 내정 독립이나 참정권이나 자치를 운동하는 자가 누구냐? 너희들이 '동양 평화' '한국 독립 보전' 등을 담보한 맹약이 먹도 마르지 않은 채 삼천리 강토를 집어먹던 역사를 잊었느냐? 중략 조선 민족의 생존을 유지하자면 강도 일본을 쫓아낼 것이며, 강도 일본을 쫓아내자면 오직 혁명으로써 할 뿐이니, 혁명이 아니고는 강도 일본을 쫓아낼 방법이 없는 바이다."

〈조선혁명선언〉은 우선 일제가 불법적으로 우리의 주권을 빼앗았다고 밝혀요. 앞에서 달콤한 말로 우리를 현혹하고, 뒤로는 나라를 빼앗은 일제를 결코 믿어서는 안 된다고 말해요. 또한 일제에 당한 아픈 기억은 잊히지 않은 상황에서, 참정권이나 자치를 주장하는 일은 치욕스러운 일로 절대 해서는 안 된다고 밝힙니다. 독립운동 방법에서 있어서도 우리가 결정하고 해결할 문제를 외국에 맡기고 처분을 기다리는 행동으로 발생한 아픈 역사를 거론하며 외교론과 준비론을 비판해요.

대표적 사례로 3·1운동 이후 파리평화회의에 대한 과도한 맹

신흥무관학교 출신들이 모인 의열단

신으로 2천 만 민중의 용기와 의기가 꺾였다고 말하죠. 이 외에도 실력양성운동도 비판해요. 생산기관을 전부 빼앗겨 입고 먹을 방법도 없는 상황에서 일본과 맞설 힘을 기를 수 있겠냐고 말이에요. 그렇기에 민중이 자신을 위하여 폭력을 이용하여 민족해방투쟁을 전개하는 것만이 독립을 이룰 수 있는 유일한 방도라고 주장해요.

〈조선혁명선언〉이 인쇄되어 배포되자, 수많은 청년이 의열단 가입을 희망했어요. 1924년에는 의열단원 수가 70여 명을 넘어서며, 더 많은 의거 활동을 펼칠 힘을 갖추게 돼요. 하지만 1928년 〈창단 9주년 기념 성명〉을 계기로 계급적 이데올로기에 기반으로 한 급진적 민족주의 또는 사회주의 노선으로 전환해요. 1920년대 대표적인 의열단원으로 부산경찰서를 폭파한 박재혁, 종로경찰서를 폭파하고 조선 총독을 죽이려 했던 김상옥, 일왕이 사는 궁성을 파괴하고자 했던 김지섭, 동양척식회사와 조선식산은행에 폭탄을 던진 나석주 등이 있습니다.

11 ─── 신분 해방운동에서 독립운동으로 발전한 형평사

조선시대에 백정은 가장 천대받는 신분이었어요. 도살업이나 육류를 판매하는 일을 주로 도맡아 하며 살아가던 이들은 사회에서 꼭 필요한 존재였음에도 말이죠. 1894년 갑오개혁에서 신분제가 사라지면서 백정은 잠시나마 희망을 품었어요. 자신들의 처우가 나아질 것이라고요. 하지만 현실은 달랐어요. 법과 제도로만 신분제가 사라졌을 뿐이지, 현실에서는 여전히 사람 취급받지 못하고 살아가야 했어요.

일제에 나라를 빼앗긴 이후 백정은 삶은 나아졌을까요? 아니요. 오히려 예전보다 더 심한 차별을 받아야 했어요. 일제는 한국인이 하나로 단합하지 못하도록 기존의 신분질서와 지배관계를 유지하려는 정책을 폈거든요. 그래서 백정은 학교에 자녀를 입학시키거나, 관공서에 이력서를 제출할 때 반드시 자신의 신분을 표기해야 했어요. 또한 호적에 도한屠漢으로 기재되거나 붉은 점으로 백정이라는 표시를 남겼어요. 이처럼 신분제가 사라졌음에도 차별받는 백정의 수가 무려 40만 명이었어요.

1923년 진주에서 백정이지만 부자였던 이학찬의 아들이 학부

형평사 포스터

모와 학교의 반대로 학교에 입학시키지 못하는 일이 벌어져요. 자식만큼은 교육을 통해 백정이라는 신분의 굴레에서 벗어나게 만들고 싶었던 이학찬은 솟구치는 화를 참을 수 없었어요. 또한 이학찬의 소식을 들은 인근 백정들도 남의 일이 아니었기에 분통을 터트렸어요. 이에 이학찬과 백정 출신의 장지필 그리고 《조선일보》진주 지사장 신현수 등은 1923년 4월 25일 진주에서 조선 형평사 창립대회를 열어요. 이때 "공평은 사회의 근본이고 사랑은 인간의 본성이다. 고로 우리는 계급을 타파하고 모욕적인 칭호를 폐지하여, 교육을 장려하고 우리도 참다운 인간으로 되고자 함은 본사의 주지이다."고 주장하며 형평사를 조직하게 된 배경을 밝혀요.

형평사가 출범하자 순식간에 많은 사람이 참여하겠다는 의사를 밝혔어요. 창립 1년만에 본사 1개, 지사 12개, 분사 67개가 조직돼요. 이것은 개항 이후 한국인들의 사회인식이 많이 바뀌었음을 보여주는 것이었어요. 또한 백정이 아닌 자도 형평사 회원이 될 수 있다고 규정하며 참여의 폭을 넓혀요. 마침 일본에서도 가죽제조업자나 돼지 키우는 사람들이 1922년 수평사를 결성하여 차별 문제를 해결하려는 움직임이 있다는 소식을 듣게 돼요. 이에 형평사는 일본 수평사와 연계하여 활동하기로 결의해요.

물론 형평사에 대한 반발이 없었던 것은 아니었어요. 수백 년 동안 백정을 천대하며 자신들과 다른 존재라 여겼던 사람들의 인식이 쉽게 변하지 않았어요. 하나의 예로 1925년 경상북도 예천형평분사가 습격당하는 일이 벌어지기도 해요. 또한 일제도 형평운동을 좋은 눈으로 바라보지 않았고요. 그렇지만 형평사는 1920년대 유입된 사회주의 계열의 단체에서 많은 지원을 받으며 유지할 수 있었어요. 이 과정에서 신분 차별 해소를 주장하던 형평사의 목적이 1928년 제6회 전국대회에서 '경제적 조건을 필요로 하는 인권해방을 근본적 사명으로 한다. 일반 사회단체와 공동 제휴하여 합리적 사회 건설을 기한다.' 등 신강령을 채택하면서 계급해방운동으로 성격이 변하게 돼요.

일제는 형평사가 사회주의 세력과 함께하는 것을 보고 즉각적인 탄압을 가했어요. 1932년 12월 25일 이후 7개월 동안에만 형평사 간부 100여 명을 체포하며 활동을 크게 위축시켰어요. 결국 사회주의와 연대하여 계급투쟁에 나섰던 간부들이 물러나면서 형평사의 사회운동은 점차 약해져요. 1935년 형평사는 대동사로 이름을 변경하며 회원의 경제생활을 돕는 이익단체로 활동하며 피혁회사도 만들어 운영하다가 일제강점기 말에는 친일단체로 전락하고 말아요.

12 —— 많은 한국인을 죽인 관동대학살

일제가 망할 수도 있겠다고 생각하게 만든 자연재해가 1923년 9월 1일 11시 58분 발생해요. 일본이 지진이 자주 발생하는 환태평양 지진대에 있는 만큼 과거에도 큰 지진을 여러 번 겪었어요. 하지만 이토록 큰 피해를 준 지진은 메이지유신 이후 처음이었어요. 이날 진도 7.9의 지진으로 일본의 수도 도쿄와 관동 일대는 완전 초토화가 돼요. 그렇지 않아도 제1차 세계대전 이후 경제불황과 사회주의 유입으로 사회적 갈등이 증폭되고 있는 상황에서 맞은 관동대지진은 일본을 위기에 빠뜨려요. 그런데 일본인만 피해를 당한 것은 아니었어요. 토지조사사업으로 경작지에서 쫓겨나 일자리를 구하기 위해 도쿄와 관동지방에 거주하던 많은 한국인도 큰 피해를 입었어요.

관동대지진이 일어난 당일 밤 일본 정부는 긴급각료회의를 소집하여 '임시진재구호사무국관제'와 '계엄령'을 공포해요. 이에 따라 다음 날 6만 4천 명의 육군 병력과 경찰이 소집하여 치안을 유지하며 복구 처리를 진행해나갔어요. 그런데 어디선가 '조선인에 의한 방화가 다수 발생하고 있다', '조선인이 도쿄시 전멸을 기도

하여 폭탄을 투척할 뿐 아니라 독약을 사용하여 살해를 기도하고 있다'는 유언비어가 빠른 속도로 퍼져 나갔어요.

9월 2일 내무성 경보국장이 '동경 부근의 자연재해를 이용해 조선인이 각지에서 방화하는 등 불령한 목적을 이루려고 한다. 현재 동경 시내에는 폭탄을 소지하고 석유를 뿌리는 자가 있다. 동경에서는 이미 일부 계엄령을 실시하였으므로 각지에서도 조선인의 행동에 대하여 엄밀한 단속을 가해 주기 바란다.'라는 전문을 일본 지방 장관만이 아니라 조선총독부와 타이완총독부에도 보내면서, 유언비어는 사람들에게 사실로 인식되고 말아요. 이뿐만이 아니었어요.

5일에는 계엄사령부가 조선인이 폭동을 일으킨다는 유언비어를 국내외에 알리라는 '조선 문제에 관한 협정'을 비밀리에 결정해요. 여기에 일본 언론도 동조하여, 제대로 조사하지 않은 채 '불령선인 불온하고 불량한 조선 사람이 방화와 난도질을 일삼고 있다. 불령선인 때문에 도쿄는 저주받은 세계'라는 자극적인 기사를 연일 내보내요. 그로 인해 일본인들은 한국인에 대한 증오가 한층 더 높아지게 됩니다.

지진으로 모든 것을 잃어버린 현실로 불안, 초조, 억울함, 분통 등을 호소하던 일본인들은 관동대지진으로 입은 피해를 어딘가에 해소해야 했어요. 그래서 일본인들은 자경단을 만든 뒤, 칼과 도끼 등을 가지고 거리로 나와 한국인에게 분풀이합니다. "나라의 적! 조선인은 전부 죽여 버려."라고 크게 외치며, 한국인을 보기만 하면 이유도 없이 무조건 죽였어요. 한국인과 일본인을 식별하기 위해 '15엔 55센 주고엔 고주고센'을 말하게 시키고는 조금이라도 발음이 이상하면 그 자리에서 죽었어요. 자경단이 경찰서로 살기 위해 도망쳐 온 한국인을 쫓아와 죽여도 일본 경찰은 제재하지 않았어요.

대한민국 임시정부 기관지《독립신문》에 따르면, 관동대학살로

관동대학살 당시 조선인들의 시체 ©서울신문

희생된 한국인이 6,661명이에요. 그러나 이 숫자도 정확하지 않아요. 한국인을 학살한 사실을 감추기 위해 시신을 불태우거나, 유해를 인도하지 않아 정확한 숫자가 파악되지 않았거든요. 아마 실제로는 더 많은 한국인이 억울하게 희생되었을 겁니다.

일본 정부도 관동대지진으로 인한 혼란이 어느 정도 진정되자, 한국인이 폭동을 일으켜 학살당했다고 변명하며 형식적으로 일부 자경단원을 체포하여 재판을 열어요. 하지만 진상조사도 제대로 하지 않은 상황에서 처벌받은 사람은 없었어요. 모두 증거불충분으로 석방됩니다. 반면 조선총독부는 관동대학살에 따른 한국인의 반발을 잠재우기 위해 희생당한 유족에게 1인당 2백 엔의 조의금을 전달해요. 동시에 관동대학살을 기사로 내보내지 못하도록 신문사에 압력을 행사해요.

13 — 독립운동가를 잡기 위해 만든 치안유지법

제1차 세계대전이 끝나고 일제는 많은 변화를 겪어요. 경제적으로는 산업자본의 단계를 넘어 중화학공업을 중심으로 하는 독점자본주의가 시작돼요. 이것은 조선과 제철 등 중화학공업의 발달은 일본인들의 소득이 높아지는 것으로 연결이 돼요. 경제적인 여유와 의무교육으로 의식이 성장한 일본인들은 사회구조적인 문제에 관심을 갖게 됩니다. 때마침 유럽에서 시작된 사회주의 운동이 일본에 유입되면서, 노동자들은 자신의 권익을 지키기 위해 노동조합과 사회주의 동맹 등을 설립하며 기존과는 다른 세상을 만들고자 노력해요. 이런 모습에 일본 정부도 다른 자본주의 국가들처럼 긴장하며 사회주의 유입을 통제하고자 합니다.

1919년 한국인을 때리고 수탈하는 헌병경찰통치에 대한 반발로 3·1운동이 일어나요. 이에 일본은 위기의식을 느끼고 기존의 무단통치방식의 효용성에 대해 깊은 고민을 하게 됩니다. 다시 말해 일본은 대내적으로 사회주의 유입으로 인해 자국민의 국가에 대한 반발감이 높아졌고, 대외적으로는 한반도에서 식민지 경영을 부정하며 거족적인 독립 요구에 위기의식을 갖게 돼요. 그래서 일

치안유지법에 연행되는 독립운동가들

본 정부가 해결책으로 내놓은 것이 1925년 5월 12일에 시행된 치
안유지법이에요.

치안유지법의 목적은 일본 내에서 빠르게 확산하는 사회주의
사상을 통제하고, 밖으로는 식민지의 독립의지를 꺾어놓는 데 있
어요. 독립운동을 했다는 명목으로 체포·구금을 하게 되면 강한
반발이 따라오는 만큼, 일본인과 똑같이 체제를 위협한다는 명분
을 내세워 체포하겠다는 것이에요. 그래서 치안유지법은 일본 본
토, 한반도, 사할린, 타이완에서 동시에 똑같이 시행돼요. 하지만
법 조항과는 달리 이중잣대를 들이밀며 한국인을 더 많이 체포하
고 처벌합니다. 여기에 독립운동가 중에 사회주의 계열이 많았던
만큼, 치안유지법은 우리의 독립운동을 크게 위협하며 위축되게
만들었어요.

치안유지법을 몇 가지만 살펴보면 다음과 같아요.

제1조 국체를 변혁 또는 사유재산 제도를 부인할 목적으로 결사를 조직하거
나 이에 가입한 자는 10년 이하의 징역 또는 금고에 처함.

제2조 전조의 제1항의 목적으로 그 목적한 사항의 실행에 관하여 협의한 자는 7년 이하의 징역 또는 금고에 처함.

제3조 제1조 제1항의 목적으로 그 목적한 사항의 실행을 선동한 자는 7년 이하의 징역 또는 금고에 처함.

제5조 제1조 제1항, 제3조의 죄를 범하게 할 것을 목적으로 금품 기타 재산상의 이익을 공여하거나 또는 신청 혹은 약속을 한 자는 5년 이하의 징역 또는 금고에 처함

내용을 보시면 느끼시겠지만, 치안유지법은 법의 적용이 매우 주관적이에요. 예를 들어 협의·선동·약속이라는 용어는 어떻게 해석하느냐에 따라 법의 적용 대상과 범위가 달라져요. 또한 일제는 1928년 4월 치안유지법 제1조의 내용 중 국체 변혁과 사유재산 부인에 대한 조항을 분리해요. 그리고는 국체 변혁을 시도한 자는 사형을 구형하는 것이 가능하도록 처벌을 강화해요. 이것은 독립운동가에게 국체 변혁을 시도했다는 죄명으로 사형이라는 최고 형벌을 내리기 위한 일제의 꼼수이었어요.

1941년이 되면 치안유지법은 7개의 조항이 65개로 대폭 늘어나면서 적용 범위가 크게 확대돼요. 또한 여기서 끝나지 않고 1936년 조선사상범보호관찰령, 1941년에는 범죄 행위가 없어도 체포할 수 있는 조선사상범예방구금령을 만들어 치안유지법을 강화해요. 이처럼 우리의 독립운동을 탄압하기 위한 수단으로 활용된 치안유지법은 일제가 패망한 이후인 1945년 10월 15일 되어서야 폐지됩니다.

14 ── 민족유일당 운동의 시발점 6·10 만세운동

3·1 운동과 대한민국 임시정부 수립 그리고 봉오동·청산리전투 승리는 1920년대 초 독립의 열망을 확 끌어올렸어요. 하지만 얼마 지나지 않아 독립운동의 열기가 줄어들어요. 열강의 무관심, 간도참변으로 인한 독립운동기지의 상실, 부족한 무기와 독립자금 등으로 독립을 이룰 수 있다는 희망이 점점 사그라들었어요. 여기에 쐐기를 박은 것이 일제의 통치방식 변화였어요. 친일파를 육성하여 우리 민족이 서로를 믿지 못하도록 만드는 민족분열통치는 1920년 중반 독립운동의 침체를 가져와요. 여기에 사회주의 유입도 독립운동 세력의 분열에 한몫합니다.

이런 상황에서도 학생들은 포기하지 않고 독립을 이루려는 노력을 멈추지 않았어요. 그런 상황에서 3·1 운동과 비슷한 흐름이 나타나요. 조선의 마지막 황제였던 순종이 1926년 4월 26일 눈을 감아요. 일제에 의해 강제로 황제에 오른 지 4년만에 나라를 빼앗긴 순종이었지만, 많은 한국인이 그의 죽음을 애도했어요. 그런 가운데 학생들은 순종의 죽음을 계기로 제2의 3·1 운동을 벌여야겠다고 다짐하게 돼요. 여기에 일부 사회주의 운동가들이 참여합니다.

일제는 순종이 죽자 급히 7천여 명의 일본군을 서울로 불러올려요. 또한 만일의 사태에 대비하여 인천과 부산에 함대를 정박시켜 놓습니다. 일제의 경고에도 독립하고자 하는 마음은 꺾이지 않았어요. 사회주의자들은 권오설을 중심으로 만세운동을 준비하는 과정에서 중국지폐위조사건과 개벽지 압수사건으로 실패하고 말아요. 반면 학생들은 전문학생과 중등학교 학생들이 각각 만세운동을 준비하고 있었어요.

오늘날 대학교에 해당하는 전문 학생 40여 명은 5월 20일 연희전문학교 박하균의 하숙집에 모여 독립을 요구하는 가두시위를 벌이기로 약속해요. 이들은 비밀리에 모은 자금으로 인쇄 기계를 빌려 이석훈 학생의 하숙집에서 1만여 장의 전단지를 인쇄한 뒤, 여러 학교의 학생에게 나눠줘요. 중등학교 학생들도 김재문 학생의 하숙방에서 작성한 격문 5천여 장을 인쇄하여 각 학교로 보내요.

드디어 순종의 인산일인 6월 10일 2만 4천여 명의 학생들이 돈화문에서 홍릉까지 도열했어요. 순종의 상여가 종로3가 단성사를 지날 때 중앙고보생 300여 명이 "조선독립만세!"를 외치는 것을 시작으로 각 학교의 학생들이 독립만세를 외치며 일제 지배에 항거했어요. 지방에서도 학생들이 동맹 휴교하고, 서울 상인은 철시 투쟁을 펼치는 등 호응을 보여요. 하지만 일제가 치밀하게 감시하고 도로 곳곳에 군경을 배치하면서 3·1 운동 때처럼 호응을 이끌어내지 못해요. 그럼에도 일제는 서울에서만 210명, 전국적으로 1천여 명의 학생을 체포·구금해요.

그래도 6·10 만세운동 과정에서 일제를 타도 대상으로 확고하게 제시해요. 또한 계급과 계층에 맞는 투쟁 구호를 내세우며 현실적으로 실현 가능한 방법으로 독립운동을 펼쳐야 한다는 인식을 심어줘요. 그 결과 민족주의와 사회주의 계열로 갈라져 대립하지

1926년 6월 10일 순종 국장

않고, 독립이라는 하나의 목표로 뭉쳐야 한다는 의식의 변화를 가져옵니다. 이는 민족협동전선 신간회가 결성되는 배경이 되고요.

1926년 6월 10일 학생들이 소리 높여 외쳤던 투쟁 구호를 한번 볼까요.

대한독립만세
· 조선은 조선인의 조선이다.
· 삼천리를 광복시킬 수 없다면 2천 만은 죽어버릴 것이다.
· 일본인 공장의 직공은 총파업하라.
· 조선인 교육은 조선인 본위로.
· 동양척식주식회사를 철폐하라
· 일본 이민제를 철폐하라.

- 김준엽·김창순, 《한국공산주의운동사자료집》

15 ── 민족유일당 운동 신간회

1920년대 중반 들어서면 독립운동이 정체기를 맞아요. 민족주의 세력의 일부가 독립을 포기하고, 일제의 지배를 인정하는 대신 자치권을 얻자고 주장해요. 많은 사람이 자치론을 비난하는 만큼 독립운동이 약화해요. 여기에 사회주의 운동이 크게 고조되면서 민족주의 운동 세력과 사회주의 운동 세력 사이에 갈등이 커진 것도 독립운동을 약화하는 하나의 원인이 됩니다. 이처럼 독립운동이 분열되는 과정에서 1925년에 발표된 치안유지법은 독립운동을 더욱 어렵게 만들어요.

이대로는 독립을 이룰 수 없다는 경각심을 갖게 된 비타협적 민족주의자와 온건 사회주의자들은 하나가 되어야 한다는 데 같은 생각을 하게 돼요. 먼저 사회주의 세력이 비타협적 민족주의에 하나가 되자며 손을 내밀었어요. 공산당의 합법적 사상단체였던 정우회가 1926년 사상 단체의 통일, 투쟁을 통한 대중화, 비타협적 민족주의 세력과 제휴하겠다는 방침을 선언하고 해체해요. 여기에 자치론을 반대하며 완전 독립을 주장하는 비타협적 민족주의 세력이 동참하면서 하나의 독립운동단체를 만들 수 있는 발판이 마련

1928년 신간회 창립 1주년 기념

돼요.

　1927년 2월 15일 YMCA회관에서 사회주의와 비타협적 민족주의는 민족유일당 운동의 일환으로 신간회 창립대회를 열어요. 이때 발기인으로 언론인으로 신석우·홍명희, 기독교 대표 이승훈, 불교계 대표 한용운, 천도교 대표 권동진, 공산당 대표 한위건 등 34명이 발기인으로 참여해요. 이들은 회장에 이상재, 부회장에 홍명희를 선출한 뒤 1. 우리는 정치적 경제적 각성을 촉진한다. 2. 우리는 단결을 공고히 한다. 3. 우리는 기회주의를 일체 부인한다.는 내용의 강령을 채택해요. 독립을 위해 비타협적 민족주의와 사회주의가 하나로 뭉쳐 신간회를 만들었다는 사실에 많은 사람과 단체가 앞다투어 가입을 신청해요. 그 결과 신간회는 순식간에 전국적으로 141개 지회와 3만 9,410명의 회원을 확보하게 됩니다.

　신간회에 가입한 회원 대부분이 농민과 노동자 그리고 상인으로 누구보다 일제의 식민지하에서 어려움을 겪으며 독립을 꿈꾸던 사람들이었어요. 그렇기에 기존의 독립단체와는 다르게 일제의 식민지배를 거부하며 구체적인 대안을 제시할 수 있었어요. 예를 들어 한국인 착취 기관의 철폐와 한국인에 대한 특수 취체법 폐지, 일본인의 한국 이민 정책 반대, 소작쟁의와 노동쟁의 지원, 학생독립운동 지원 등이 있어요. 독립이라는 먼 이야기보다는 현재 한국인의 삶을 어렵게 만드는 문제 해결을 촉구하는 신간회의 활동에 많은 이들이 기대를 걸며 참여했는지도 모르겠습니다.

1929년 광주학생항일운동이 일어나자 신간회는 학생을 보호하기 위해 적극적으로 나섰어요. 한일 학생 사이의 충돌과정에서 일본 경찰이 한국 학생만 처벌하는 편파적인 모습을 바로잡고자, 신간회는 광주에 진상조사단을 파견했어요. 이를 통해 일제의 잘못을 낱낱이 밝혀 한국인의 독립정신을 고취하려고요. 이에 일제는 '광주 학생 사건·보고 연설 대회'의 개최를 열지 못하도록 해요. 더 나아가 민중대회 개최를 빌미로 신간회 집행위원장이던 허헌을 비롯한 집행부를 체포해버려요.

이후 신간회는 기존과 다른 행동을 보이게 돼요. 새로 취임한 집행부는 일제와 직접적으로 충돌하려 하지 않았어요. 신간회가 만들어놓은 합법적인 공간을 유지하려고 자치운동을 주장하는 최린 등 천도교 신파와 손을 잡고자 했어요. 그러자 사회주의자와 신간회 지방 지회가 이 모습에 크게 반발했어요. 결국 신간회는 내부 갈등으로 사실상 활동이 정지된 상황에서 사회주의자들이 민족주의와의 단절 및 적색노동조합운동 노선으로 전환하라는 코민테른의 지시에 따라 대거 이탈해버려요. 결국 1931년 5월 신간회는 해소하기로 결정해요. 그로 인해 독립운동은 다시 위기에 처하게 됩니다.

16 ── 차별이 불러온
광주학생항일운동

1929년 10월 30일 나주에서 광주로 통학하던 일본인 중학생이 기차에서 한국인 여학생 박기옥을 희롱했어요. 이를 본 사촌동생 박준채는 화를 참지 못하고 일본 학생과 싸웠어요. 일제 치하에서 살아가면서 여러 차별로 많은 불만이 쌓여 있던 한국 학생들은 남의 일이라 생각하지 않고 도와주면서 한일 학생 사이에 집단 난투극이 벌어져요. 이를 해결하는 과정에서 일본 경찰은 일방적으로 일본인 학생을 두둔하면서 한국 학생을 구타했어요. 일본인이 경영하던《광주일보》도 한국 학생을 비난하는 불공정한 보도로 사건을 왜곡시켰어요. 이런 불합리한 일들은 독립에 대한 열망으로 이어지게 돼요.

일제의 부당한 처사에 분노가 사그라들기도 전인 11월 3일 일본 4대 국경일의 하나인 일왕 메이지 생일인 명치절 행사가 열려요. 이날은 일요일이어서 학생들이 등교할 이유가 없었지만, 강제로 학교에 불려 나가야만 했어요. 학생들은 서로 약속하지도 않았는데, 일본 국가 제창에서 모두 입을 다물어요. 그럴수록 가슴속에 분노는 더욱 커졌고, 이를 참지 못한 일부 학생들은 식이 끝나자마자 《광주일보》를 찾아가 항의했어요. 이때 일본인 학생이 신사참배를 마치고 돌아오는 한국 학생을 칼로 찌르고 도망치는 사건이 발생해요. 더는 참을 수 없던 한국 학생들은 일본 학생들과 다시 집단 난투극을 벌이게 됩니다. 일본 경찰은 이 과정에서 다시 한국 학생 수십 명을 잡아 가뒀고, 광주 시내 모든 중등학교에 휴교령을 내려 사태를 진정시키려 했어요.

그러나 독립에 대한 열망이 불붙은 학생들을 막을 수는 없었어요. 11월 12일 광주에 시장이 열리자 학생은 언론·결사·집회·출판의 자유와 식민지 차별교육 철폐와 한국인 본위의 교육제도 실시 등을 요구하는 격문을 돌리며 항일운동을 펼쳐요. 이 시위 운동은 전국의 다른 학생들에게도 전해지면서 서울과 다른 지역의 학생들도 참여하게 돼요. 그럴 뿐만 아니라 신간회도 학생들을 지지하며 참여하겠다는 의사를 밝혀요.

광주에서 시작된 학생들의 항일운동은 이듬해 3월 말까지 전국의 학교와 학생들이 참여하는 항일운동으로 발전해요. 일제강점기 학교에 다닌다는 것은 쉬운 일이 아니었어요. 어려운 가정형편으로 다른 형제들의 교육을 포기시키고, 집안을 일으켜달라는 집안의 기대를 받으며 공부하는 학생이 대부분이었거든요. 만약 시위와 집회에 나섰다가 정학이나 퇴학 처리를 받게 되면 개인 문제에서 그치지 않고, 집안의 기대를 저버리게 되는 것을 의미해요.

그럼에도 54개의 초등학교, 136개의 중학교, 4개의 전문학교 등 총 194개의 학교와 5만 4천 명의 학생들이 시위에 참여해요. 당시 중등학교 이상의 학교에 다니는 학생이 8만 9천여 명이었다는 사실을 감안하면 전국의 학생 60% 이상이 참여했다고 볼 수 있어요. 이것은 학생들의 독립을 향한 마음이 얼마나 컸는지를 보여줘요. 비단 광주학생항일운동에 학생들만 참여한 것이 아니었어요. 중국과 미국 그리고 연해주와 일본에 있는 한국 학생들도 시위 운동을

광주에서 일어난 반일 학생운동

벌이며 함께하겠다는 의사를 보내주었어요. 그래서 광주학생항일
운동은 3·1 운동 이후 가장 큰 규모의 항일운동이 됩니다.

　그러나 피해도 컸어요. 학생 582명이 퇴학당하고, 2,330명이 무
기정학 당해요. 체포·투옥된 사람이 1,462명이나 되었고요. 그렇
지만 이때 참여했던 학생은 1930년대 일제의 지배에 항거하는 독
립운동가가 됩니다. 또한 일제강점기에 태어나 독립이라는 당위성
을 인지하지 못하던 어린아이와 청년도 변화시켰어요. 일제의 지배
를 벗어나 독립하는 것이 얼마나 중요하고 필요한 일인지 말입니다.
광복 이후 대한민국 정부는 광주학생항일운동이 일어난 11월 3일을
학생의 날로 제정하여 기념하고 있어요. 2006년부터는 학생독립
운동기념일로 명칭을 바꿔 기념하고 있습니다.

17 ── 양세봉과 조선혁명군의 승리

자유시 참변 이후 많은 독립군이 다시 만주로 돌아왔어요. 소련보다는 여러 군벌로 나누어져 혼란스러운 중국에서 독립운동을 펼치는 것이 유리하다고 판단했기 때문이에요. 무엇보다 만주에 사는 수많은 한국인이 독립운동을 펼치는 데 큰 도움을 주는 인적·물적 자원이었기 때문이에요. 하지만 만주가 너무 넓고, 소련에서 급하게 넘어오다 보니 하나의 조직으로 뭉치지 못하고 참의부·정의부·신민부 세 개의 독립운동단체가 만들어져요. 1928년 이들 단체는 하나로 합치기 위해 민족유일당 운동을 펼치지만 뜻을 이루지 못해요. 그렇다고 아무 소득이 없었던 것은 아니었어요. 남만주에 국민부, 북만주에 혁신의회가 만들어지거든요.

1929년 5월 국민부는 '당으로 나라를 다스린다'는 원칙에 따라 지도 조직으로 조선혁명당을 결성해요. 그리고 조선혁명당을 지원하는 군 조직으로 국민부 군사위원회 산하에 있던 군대를 토대로 조선혁명군을 창설해요. 조선혁명군 총사령관에 이진탁, 부사령관으로 양세봉을 임명하고. 7개의 부대를 5개 부대로 개편해요. 이때 조선혁명군의 병력이 1만여 명에 달하는 큰 규모였어요.

조선혁명군 양세봉

조선혁명군은 '1. 재만한국인 대중에게 혁명 의식을 주입하고 군사 학술을 보급시켜 혁명 전선의 기본 진영을 확립한다. 2. 정치 학식과 군사 기능이 실제 단체의 정치 운동에 적임될 수 있는 기간 인재를 양성한다. 3. 국내 국외에서 일본 제국주의에 대한 정치적 경제적 건설을 파괴하고, 그 주구배친일파의 기관을 청소하여 기타 일체 반동적 악 세력을 박멸하기로 하고 용감하게 전진하여 대중의 당면 이익을 옹호하여 강력한 투쟁을 전개한다.'라는 창립선언서를 발표해요. 이에 따라 일제 식민기관과 친일파를 처단하고, 독립군양성과 군자금을 모으는 일에 최선을 다해요.

하지만 이듬해인 1931년 일제가 만주사변을 일으켜 만주를 점령하자, 조선혁명군 간부들은 두 개의 선택지 중에 하나를 선택해야 했어요. 중국 본토로 넘어가서 싸우느냐 아니면 만주에 남아 일제에 맞서 싸우느냐를 가지고 말입니다. 그런데 결정을 채 내리기도 전에 안타깝게도 간부 대부분이 일제에 체포되고 말아요. 이때 잡히지 않은 양세봉1896~1934 이 많은 이들의 추천을 받으며 조선 혁명군 총사령관으로 추대됩니다. 그 이유는 양세봉이 3·1 운동 이후 평안북도 천마산을 근거지로 삼아 일제에 맞서 싸우던 천마산대에 입대하여 혁혁한 전공을 세운 인물이었기 때문이에요. 만주로 망명한 이후에도 국민부와 참의부 간부로 활동하며 많은 이들의 기대를 한 몸에 받은 젊은 청년이기도 하고요.

양세봉은 일제에 맞서 싸워 이기기 위해서는 중국과 손을 잡고 함께 싸워야 한다고 주장했어요. 이에 얼마 전까지 중국 군벌이 일제와 손을 잡고 독립군을 잡아들이던 상황을 이야기하며 반대하는 사람들도 많았어요. 하지만 일본과 전쟁을 치르는 중국이 우리를 필요로 하는 점을 이용하여 독립운동에 나서야 한다는 양세봉의 말에 모두가 고개를 끄덕였어요. 그 결과 1932년 양세봉이 이끄는 조선혁명군 1만여 명과 중국의용군 2만여 명은 연합전선을 이뤄요. 양세봉의 조선혁명군은 영릉가성 전투에서 중국 공군의 지원을 받아, 일본군에게 대승리를 거둬요.

그러나 일본 관동군과 일제의 꼭두각시 정부였던 만주국 군대의 대규모 공세로 조선혁명군과 중국의용군은 밀릴 수밖에 없었어요. 그 과정에서 일본군에 맞서 싸우던 양세봉이 1934년 전사하고 말아요. 이후에도 조선혁명군은 중국 공산당 계열과 국민당 계열 부대와 함께 일본군에 맞서 싸워요. 하지만 일제가 만주를 차지하면서 근거지를 잃은 조선혁명군은 1938년 해산하고 말아요. 그러나 많은 사람이 조선혁명군이야말로 1930년대를 대표하는 독립군 부대였다는 평가를 내려요.

18 세계 역사를 바꾼 한인애국단

1920년 중반 이후 대한민국 임시정부가 제 역할을 하지 못하면서 내부 갈등이 증폭돼요. 무장투쟁과 외교론 등 독립운동 방향과 이승만의 위임통치안을 두고 국민대표회의가 개최되지만, 합의점을 찾지 못해요. 그로 인해 많은 독립운동가가 대한민국 임시정부를 떠나 독자적으로 독립운동을 펼쳐나갑니다. 그래도 김구와 이시영과 같은 분들은 끝까지 대한민국 임시정부에 남아 독립운동단체의 구심점이 되기 위한 노력을 멈추지 않아요.

만주사변 직후 일제가 중국을 위협하자 대한민국 임시정부 주석이던 김구는 큰 고심에 빠졌어요. 이대로라면 중국에서의 독립운동이 어려워질 것으로 판단했거든요. 그래서 김구는 대한민국 임시정부의 활동을 국내외 한국인에게 각인시키고, 중국 정부와 손잡고 일제에 맞서기 위한 방법으로 의열투쟁 단체인 한인애국단을 조직해요. 애국충정을 가진 청년들의 희생이 가슴을 아프게 하지만, 지금 당장 가장 효과적으로 일제에 타격을 주는 방법은 일제의 수뇌를 암살밖에는 없다며 깊은 고심 끝에 내린 결심이었어요.

이때의 김구의 각오는 이봉창과 윤봉길 등 한인애국단의 활동을 중국에 알리기 위해 쓴《도왜실기》에 잘 나와 있어요.

'제1차 전투사를 세상에 공개하노니 이는 결코 과장의 의미에서 나온 것도 아니오, 또한 이것을 선전의 재료로 삼자는 바도 아니다. 중략 우리 한국은 한국을 위하여 광복을 꾀하려 해도 반드시 먼저 중국을 구해야 하고, 중국을 위하여 광복을 꾀함에도 한국은 또한 중국을 구해야 할 것이다. 이것이 바로 내가 입이 닳도록 애원하며 우리 한·중 양국 동지에게 각성하여 전장에 목숨을 함께 바치자는 말이다.'

이봉창·윤봉길 등 한인애국단 소속 단원들은 의거 활동을 펼치기 전에 김구와 함께 태극기 앞에서 의식을 거행했어요. 먼저 한인애국단에 가입하는 선서식을 하고, 조국의 독립과 자유를 회복하기 위해 일제 침략자를 반드시 죽이겠다고 맹세했어요. 남은 생명을 내걸고 무슨 일이 있어도 거사를 성사시키겠다는 선서문을 볼까요.

'나는 적성참된 정성으로 조국의 독립과 자유를 회복하기 위하여 한인애국단의 일원이 되어 적국의 수괴를 도륙하기로 맹서하나이다.'

이봉창은 1932년 1월 8일 도쿄 요요키 연병장에서 만주국 황제 푸이와 관병식을 끝내고 돌아가는 히로히토 일왕을 향해 도쿄 경시청 부근에서 폭탄을 던졌어요. 안타깝게도 폭탄은 일왕이 타지 않은 마차 앞에서 터지면서 근위병에게 부상을 입히는 데 그치고 말아요. 이봉창 의거를 두고 중국 언론기관인《민국일보》는 '이봉창이라는 한인이 일본의 황제를 저격하였으나 불행히도 맞지 않았다不幸不中 "'라는 기사를 실어요. 일제는 '불행히도'라는 문구를 문제 삼으며 중국을 공격하는 상하이 사변을 일으켜요.

한인애국단 이봉창

　상하이 사변에서 승리한 일제는 홍커우 공원에서 상하이 사변 승리와 일왕 생일 경축식을 개최했어요. 이때 윤봉길이 물병 폭탄을 투척했고, 현장에서 상하이 파견 일본군 사령관과 거류민 단장이 사살돼요. 또한 제3함대 사령관과 제9사단장 그리고 주중국 공사 등 많은 일본 장교와 관료가 다치게 됩니다. 이를 두고 중국 국민당 장제스는 100만 대군과 4억 국민이 하지 못한 일을 조선의 한 청년이 해냈다며 칭찬을 아끼지 않았어요. 이후 장제스는 대한민국 임시정부를 일제와 함께 맞서 싸울 파트너로 인식하게 돼요.

　중국의 태도가 바뀐 것을 인지한 김구는 장제스를 만나 '독립전쟁을 위한 무관의 양성' 협의를 이끌어 내고, 청년들을 중국 군사학교에 입교시켜 군사훈련을 받게 해요. 그리고 이들을 발판으로 한국광복군을 창설하여 인도에서 영국군을 도와 일본군에 맞서고, 미국 OSS와 국내진공작전을 준비해요. 우리의 힘으로 나라를 되찾아 외세의 간섭을 받지 않는 국가를 세우기 위해서요.

19 —— 민족의식을 없애려 한 민족말살통치

일제는 한반도를 영원한 식민지로 만들기 위해 민족성을 말살하려는 목표를 세워요. 이를 위해 '한국인은 일본인보다 열등한 존재로 세계 흐름을 따라가지 못하고 도태되고 있었다. 일본이 불쌍하게 여겨 어려움에 처한 한국을 세계열강에서 지켜주었다. 한국인이 일본에 감사함에 보답하는 길은 서둘러 일본인으로 동화하는 것이다.'라고 선전했어요. 그러나 현실에서는 일제에 복종하기를 강요하며 각종 차별정책을 펼쳤죠. 심지어 언론을 탄압하며 우리의 의사를 표현할 기회조차 주지 않았죠.

3·1 운동 이후에는 일왕은 한국인도 자신의 신민으로 일본인과 동등한 대우를 받을 자격이 있다고 거짓 선전했어요. 1930년대 중일전쟁과 태평양전쟁으로 어려워진 일제는 대동아공영권을 내세웠어요. 일왕을 중심으로 아시아 전체가 하나가 되어 세계를 통일하자는 '팔굉일우'라는 구호를 내걸고 말이에요. 그리고는 전쟁에 필요한 인적·물적 자원을 한국에서 수탈하려고 한국인도 일본인처럼 희생해야 한다고 강조했어요. 이것을 황국신민화 정책이라고 부릅니다.

일본 신사에 강제로 참배하는 학생들

일제는 한국인을 충성스럽고 선량한 황국신민으로 만들겠다며 황국신민서사를 강제로 외우게 했어요. 이 당시 필히 외워야만 했던 황국신민서사는 아동용과 성인용으로 나누어져 있어요.

아동용
1. 우리들은 대일본제국의 신민입니다.
2. 우리들은 마음을 합하여 천황 폐하에게 충의를 다합니다.
3. 우리들은 인고단련하여 훌륭하고 강한 국민이 되겠습니다.

성인용
1. 우리는 황국신민이다. 충성으로써 군국에 보답하련다.
2. 우리 황국신민은 신애협력 서로 믿고 도움 하여 단결을 굳게 하련다.
3. 우리 황국신민은 인고단련 괴로움을 참고 몸과 마음을 굳세게 함 힘을 길러 항도를 선양하련다

일본인이 되어 일왕의 은혜를 감사히 여기며 충성을 바치겠다는 어이없는 내용을 외우는 것으로 끝나지 않았어요. 궁성요배라고 하

여 일왕이 사는 일본 왕궁을 향해 절을 하여 충성을 맹세해야 했어요. 그 근거로 일제는 한국인과 일본인은 같은 조상에서 갈라져 나왔다는 일선동조론과 한국과 일본은 공동체라는 내선일체를 구호로 내세웠어요. 그래서 일본 신을 모시는 신사를 학교와 마을마다 세우고 참배하도록 했어요. 혹여라도 신사를 그냥 지나치면 무자비한 처벌을 내렸어요.

한국인으로서의 정체성을 갖지 못하도록 일제는 관공서와 학교에서 한국어를 사용하지 못하게 금지했어요. 일본어를 국어라 부르며 강제로 사용하게 했고요. 1938년에는 한국인을 전쟁에 동원할 목적으로 보통학교와 소학교라는 명칭을 소학교로 통일해요. 그리고 1941년에는 '국민학교령'을 발표하여 소학교를 일왕의 신민으로 충성을 바치는 사람이 되겠다는 뜻을 가진 국민학교로 명칭을 바꿔요. 황국신민학교의 '국'과 '민'만 발췌하여 만든 용어가 국민학교인 거죠. 수업시간에는 일본을 위해 전쟁에서 목숨을 바친 사람들의 이야기를 가르치며 일본을 위해 목숨도 바칠 수 있는 사람이 되라고 가르쳤어요.

이뿐만이 아니었어요. 우리의 이름을 일본식 이름으로 바꾸는 창씨개명을 강요했어요. 일본식 이름으로 바꾸지 않으면 학교에 입학할 수도, 관공서에서 문서를 발급받지도 못하게 했습니다. 심지어 우편물도 전달해주지 않았고, 생활에 꼭 필요한 식량과 물자를 배급해주지도 않았어요. 일제는 언론통제도 힘을 기울여서 조선총독부 경무국장이 1939년 《조선일보》와 《동아일보》를 폐간하라고 압력을 행사해요. 두 신문사가 폐간을 거절하자 신문을 만드는 데 필요한 용지를 줄이는 방법 등으로 결국은 1940년 문을 닫게 만듭니다. 마지막 조선 총독 아베 노부유키는 한국을 떠나며 이렇게 말해요.

"우리 일본은 한국민에 총과 대포보다 무서운 식민교육을 심어 놓았다. 나 아베 노부유키는 다시 돌아온다."

20 한반도의 병참기지화

일제가 한반도를 식민지로 만든 가장 큰 이유는 경제적 이익을 얻기 위해서예요. 이를 위해 한국인에게 소득세·소비세 외에도 각종 잡부금을 부과했어요. 1910년대는 회사령을 공포하여 한국인의 기업활동을 제한하며 민족자본을 무너뜨려요. 그 결과 1920년대가 되면 일본의 미쓰이와 미쓰비시 같은 대기업이 한반도의 시장을 독과점해요. 이 외에도 조선총독부가 앞장서서 인삼·소금 등을 전매하여 막대한 이익을 취합니다. 다시 말해 일제는 한반도를 식량과 공업 원료를 값싸고 안정적으로 공급하는 기지이자, 잉여자본을 투자하여 이윤을 얻는 투자시장으로 활용한 것이죠.

1929년 세계 대공황의 영향으로 유럽과 미국 등 자본주의 국가들은 식민지와 경제교류를 촉진하는 한편 그 외 국가에는 보호무역을 실시하는 폐쇄적인 블록경제를 시행해요. 그로 인해 다른 열강보다 식민지가 적었던 일제는 상품수출에 큰 타격을 받게 돼요. 공장은 멈추고, 도시에는 실업자가 넘쳐나게 돼요. 쌀값의 폭락으로 농민들의 삶이 피폐화되고요. 일제는 경제적 위기를 타개하기 위해 새로운 투자처와 상품수출 지역으로 새로운 식민지를 찾았어

조선질소비료주식회사의 흥남 공장

요. 그렇게 일제의 다음 목표물이 된 국가가 중국이었어요. 일제는 1931년 만주를 침략하고, 1937년에는 중일전쟁을 벌이면서 한반도를 전쟁에 필요한 군수물자를 생산하는 병참기지로 활용해요.

병참기지란 군대 유지 및 군사 작전에 필요한 인원과 물자를 보급하고 지원하는 근거지를 말해요. 그렇다면 일본에서 가져가는 것보다는 한반도에서 군수물자를 만들어 보급 및 지원하는 것이 훨씬 더 효율적이겠죠. 그래서 일제는 1938년 조선 총독 미나미 지로는 각 도의 산업부장들과의 회의에서 한반도를 대륙 병참기지화로 활용하겠다고 발표해요. 이것은 다시 말해 일본에서 전쟁물자가 끊기더라도 한반도에서 충분히 보급할 수 있게 하라는 지시였어요. 이것은 한국인의 엄청난 희생을 예고하는 일이기도 했어요.

조선총독부는 한반도를 병참기지화하는 과정에서 농공병진 정책을 내걸었어요. 농공병진 정책이란 농업을 계속 발전시키면서 전쟁에 필요한 산업을 육성하는 것을 말해요. 이것을 설명하는 대표적인 용어가 남면북양 정책이에요. 1930년대 남쪽에서는 면화를 재배하고, 북쪽에서는 면양을 사육하게 하여 일제는 공업에 필요한 원료를 확보해요. 또한 무기와 같은 군수품을 중국에서 싸우고 있는 일본군대로 보내기 위해 한반도 북쪽에 군수공장을 많이 설치해요.

군수공장은 막대한 자본이 투입되어야 하는 중공업인 만큼 일본 기업에 엄청난 특혜를 제공해요. 그 결과 미쓰이·미쓰비시와 노구치 등 일본 대기업이 풍부한 공업 원료와 수력 자원 그리고 값싼 노동력이 있는 한반도로 진출하여 공업과 광업을 독점해요. 일제는 한반도의 병참기지화로 새로운 시장이 열리고 생산과 투자가 이루어지면서 경제적 호황을 맞이하게 돼요. 이를 만주 붐 또는 만주열이라고 부릅니다.

1941년 태평양전쟁이 발발한 이후에는 비행기 제작을 중점 산업으로 정하고, 경금속과 철강·석탄·기계 공업을 육성하는 데 역점을 둬요. 또한 전쟁에 필요한 식량을 확보하기 위해 비료를 생산하는 화학공업과 농업용 기계 공업을 발달시켜요. 병참기지화 정책에는 한국인을 강제 동원하는 것도 포함되어 있었어요.

'국가 총동원법'을 제정하여 학생 근로보국대, 강제 징용, 근로정신대 등이 우리의 의사와는 상관없이 추진되면서 많은 한국인을 강제로 탄광이나 공장 또는 전쟁터로 끌고 가요. 병참기지화 정책은 1945년 나라를 되찾을 때까지 계속 지속돼요. 그로 인한 피해는 지금까지도 일본이 잘못을 시인하지 않으면서 계속되고 있어요.

21 ——— 아직 해결되지 않은 일본군 위안부

일제는 중국을 쉽게 정복할 것이라 예상하고 전쟁을 일으켰지만, 중국인의 저항은 상상외로 강했어요. 오랜 전쟁으로 일본군 사기가 떨어지자, 일제는 위안소를 설치해요. 1932년 상하이 사변 전후로 설치된 위안소는 일본군이 성병에 걸리지 않으면서 자유롭게 성욕을 해결하게 도와주어 사기를 높이는 것이 목적이었어요. 1937년 이후에는 '야전주보규정'을 개정하여 본격적으로 위안소가 확대 설치하며 운영해요. 이를 위해 일본 내무성·외무성, 조선총독부, 대만총독부 등 일본 본토와 식민지에서 일본군 위안소에 일한 여성을 확보하기 위해 여러 노력을 기울여요.

　일본 본토에서도 취업 사기와 인신매매 등 불법적인 방법으로 일본 여성을 위안소로 끌고 가는 것이 문제가 되자 1938년 가이드라인을 발표해요. 하지만 이것은 한국인에게는 적용되지 않았어요. 일제는 좋은 공장에 취직시켜준다는 취업 사기, 유괴와 인신매매 외에도 공권력을 동원한 협박 등으로 어린 소녀들을 강제로 끌고 갔어요. 일제는 일본군과 경찰 관할 하에 있던 선박과 철도를 이용하여 일본군이 주둔하고 있는 중국과 동남아시아 각지에 있는 일본군 위안소로 끌고 가 감금했어요.

일본군이 위안소를 통제하면서 일본군 위안소에 갇힌 여성들은 일본군의 비인간적이고 야만적인 행위로 신체적·정신적 피해를 입어요. 그녀들은 위안소 안에서 일본식 이름을 사용해야 했고, 하루 수십 명의 일본 군인에게 성폭행당하면서도 어떤 보호도 받지 못해요. 일본 군인의 성병 예방을 위해 콘돔 사용과 정기적인 성병 검사만 이루어질 뿐이었어요. 이마저도 전쟁 막바지에 가면 물자 부족으로 콘돔 지급이 제대로 이루어지지 않아요. 그로 인해 여성들은 성병에 걸리거나 원하지 않는 임신을 하는 경우가 많았어요. 일본군은 성병에 걸린 여성은 격리 조치한 뒤 몸에 몹시 해로운 수은 증기를 이용하여 치료하려 했고, 임신한 여성은 마취 없이 강제로 낙태시켰어요.

그로 인해 많은 일본군 위안부들은 평생 씻을 수 없는 상처가 몸과 마음에 새겨져 끊임없는 고통을 받아야 했어요. 성병과 임신이 이루어지지 않더라도 전쟁터에 나가기 전 심리적으로 불안한 일본군은 그녀들을 향해 무차별 폭행을 가했어요. 때리는 것은 물론 담뱃불을 몸에 지지는 등 말로 표현하기 어려운 폭력이 가해졌어요. 심지어 살해되는 경우도 빈번했어요.

일본군 위안소에 끌려가 고통 받은 여성을 최소 10만 명 이상으로 추산하고 있어요. 하지만 아직도 정확한 수를 파악하지 못하고 있어요. 일제가 패망 직전에 자신들의 잘못을 감추기 위해 일본군 위안부 여성을 죽이고, 인적 사항이 적혀 있는 명부를 없앴거든요. 전쟁터에서 살아남아도 고국으로 돌아오지 않고 평생을 숨어 사는 여성도 많아서 정확한 파악이 불가능해요.

그나마 다행인 것은 일제의 끔찍한 만행이 영원히 감춰지지 않았다는 점이에요. 1989년 한국의 시민단체들은 일본군 위안부의 피해를 세상에 알리며 일본에 배상을 요구했어요. 1990년 11월에

일본군 위안부

는 한국정신대문제대책협회의가 조직되어 일본 정부에 범죄사실 인정, 사죄 그리고 희생자를 위한 추모비와 역사 교육의 실시를 요구합니다. 하지만 일본 정부는 그런 사실이 없다며 강하게 나왔어요. 이에 김학순 할머니가 본인이 피해자임을 증언하자, 뒤이어 많은 분이 위안부여성임을 밝히며 사과 요구에 동참했어요.

1992년부터는 수요집회를 이어가며 일본 정부의 사과를 요구하고 있어요. 이런 노력에 힘입어 2006년 미 하원 국제관계위원회에서 일본군 위안부 관련 결의안이 통과됩니다. 2008년에는 유엔 인권이사회에서 일본 정부가 위안부 동원의 책임을 인정하고 피해자에게 사죄 및 보상하라는 보고서를 작성합니다. 하지만 일본 정부는 아직도 사과하지 않고 있습니다.

22 —— 한글 사용을 막으려 한 조선어학회 사건

일제에 나라를 빼앗기면서 우리말은 조선어로 불렸어요. 일본어가 국어이고, 우리말은 지방어가 된 것이었죠. 조선총독부는 일본어를 보급하기 위해 학교에서 일본어 수업시간을 많이 배정하고, 한글은 일본어를 설명하기 위한 보조도구로 활용해요. 이를 큰 문제로 인식한 주시경의 제자들은 1921년 한글의 정확한 법리를 연구한다는 목적으로 '조선어연구회'를 조직해요. 한글 철자법 연구결과를 잡지 《한글》에 발표하거나 강연을 통해 민중에게 알리기 위한 노력을 펼쳤어요. 1926년에는 훈민정음 480주년을 맞아 가갸날 또는 한글날을 제정하고 기념식을 갖습니다.

 1929년 이극로가 독일에서 철학박사 학위를 받고 돌아오면서 조선어연구회는 큰 변화를 맞아요. 이극로는 베를린 종합대학 유학 시절 조선어과를 만들어 강사로 활동하는 등 누구보다도 한글의 중요성을 강조한 인물이에요. 한글을 바로 세우는 것이 독립운동이라고 생각하는 이극로에 동참하는 많은 한글 학자들이 '조선어사전편찬회'를 조직해요. 이들은 일제가 아닌 우리의 손으로 표준말을 제정하고 해설을 붙인 조선어사전을 제작하는 것이 어떤

조선어학회 사건으로 탄압받은 인사들이 조직한 십일회

독립운동보다도 중요하다고 여겼어요. 그래서 총독부 철자법이 아닌 우리만의 한글맞춤법 통일안을 제정하기로 결정하고, 1931년 '조선어연구회' 이름을 '조선어학회'로 바꿔요.

이극로, 김윤경, 이병기, 이윤재, 장지영, 최현배 등 18인의 제정 위원이 3년에 걸친 노력 끝에 1933년 '한글 마춤법 통일안**1940년 개정 때 한글 맞춤법으로 고침**'이 완성돼요. 서울에 사는 중류 계층의 말을 표준말로 삼고, 띄어쓰기와 외래어 표기 등을 참고하여 만들어진 한글맞춤법 통일안이 신문과 잡지 등에서 사용되면서 전국적으로 널리 보급돼요. 이 모습에 고무된 조선어학회는 비타협민족주의자 안재홍, 공산주의자 정노식 등 각계각층의 권위자를 사정위원으로 참여시켜 《사정한 조선어 표준말 모음》을 이어 발간해요. 또한 10년간 조사와 연구 끝에 '외래어 표기법 통일안'을 발표하고, 1941년에는 일제의 허가를 받아 책자로 발간해요.

한글 맞춤법과 외래어 표기법 통일안을 발표했지만, 조선어학회가 가장 중점으로 추진하고자 한 것은 한글 보급이었어요. 조선어학회는 한글 보급이야말로 민족정신을 되살려 독립을 이루는 근간이 된다고 믿었거든요. 그래서 1920~30년대에 《동아일보》와 《조선일보》는 문자 보급 운동에 동참하여 강사를 한글 강습회에 파견하는 방식으로 한글을 보급해요. 이를 위해 이윤재의 《한글공부》1931 교재도 발간하여 보급합니다. 이 외에도 학교와 청년회 그리고 기독교와 천도교의 한글 강연회나 강습회에도 강사를 파견하여 한글 보급에 나서요. 하지만 한글에 관한 관심이 높아질수록 조선어학회는 조선총독부의 탄압을 받아야 했어요.

조선어학회는 11년의 노력 끝에 한국어 16만 어휘와 3천여 삽화가 들어간 《조선어대사전》 출판을 허가받고, 1942년 간행할 예정에 들떠 있었어요. 그런데 조선어학회의 활동을 독립운동으로 간주한 일제가 1942년 7월 함흥영생여학교 박영희 학생이 쓴 일기 내용을 구실삼아 조선어학회 회원을 검거해요. 일제가 제시한 검거 사유는 조선어대사전 편찬에 참여했던 정태진이 학생들에게 민족의식을 심어준 것을 보았을 때, 조선어학회가 독립운동을 목적으로 만들어진 민족주의자 단체라는 것이었어요.

일제는 치안유지법의 내란죄로 조선어학회 31명을 검거하고 16명을 기소해요. 이 과정에서 이윤재와 한징 두 분은 감옥에서 순국해요. 조선어학회 회원 11명은 최대 6년의 실형에 불복하며 상고했으나 기각당하고 말아요. 다행히 일제가 패망하면서 8월 17일 감옥에서 풀려나온 이들은 평생 숙원이었던 《조선말 큰사전》 6권을 1957년 마지막으로 간행하며, 당당하게 우리의 한글을 정립하고 보급하는 데 크게 공헌합니다.

23 ── 민족유일당 운동의
전개

1920년대 말 만주에서 민족유일당 운동으로 참의부·정의부·신민부 3부는 통합하려는 노력을 기울여요. 그러나 하나가 되지 못하고 남만주의 국민부와 북만주의 혁신의회 두 개로 통합이 이루어집니다. 국민부의 산하 군대인 조선혁명군은 양세봉의 지휘 아래 중국 의용군과 연합하여 1932년 영릉가성을 탈환한 이후 흥경성 전투, 노구대 전투에서 매번 일본군을 상대로 승리를 거둬요. 혁신의회의 산하 군대인 한국독립군도 지청천의 지휘 아래 중국 호로군과 연합하여 쌍성보 전투, 사도하자 전투, 대전자령 전투에서 승리를 거둡니다.

중국 관내에서도 민족유일당 운동으로 우파 계열의 한국독립당·한국동지회와 좌파 계열의 조선의열단·조선혁명당이 상하이에서 만남을 가져요. 이들 단체는 1932년 한국대일전선통일동맹을 결성하여 일제를 내쫓고 한국의 독립을 위해 하나가 될 것을 맹세합니다. 1935년에는 조선의열단·한국독립당·신한독립당·조선혁명당·대한인독립당이 연합한 민족혁명당 **조선민족혁명당으로 개칭**이 조직돼요.

하지만 대한민국 임시정부를 끝까지 지키고자 했던 김구와 이동녕 등은 기초 정당으로 한국독립당을 조직하고는 민족혁명당에 참여하지 않아요. 이에 민족혁명당은 1935년 대한민국 임시정부의 해체를 요구하며 합류할 것을 요구했어요. 이에 대한민국 임시정부는 그해 11월 새로운 정당으로 한국국민당을 창립하고 조소앙의 삼균주의에 기초한 강령을 채택해요. 그리고 우파세력을 규합하여 한국광복운동단체연합회를 조직합니다.

1937년 조선민족혁명당·조선민족해방자동맹·조선혁명자연맹·조선청년전위동맹 등 4개 단체가 연합하여 조선민족전선연맹을 설립하자, 중국 국민당이 매달 3천 원을 지원해줍니다. 이에 조선민족전선연맹은 산하에 조선의용대를 조직하여 중국 후난·장시·안후이·뤄양 등지에서 적진을 교란하고 선전 활동을 하는 등 중국 국민군과 함께 일본군에 맞서 싸웁니다.

하지만 중일전쟁에서 일제의 파상적인 공격에 중국 국민당이 열세에 놓이자, 장제스는 중국 관내에 있는 한국 독립군에게 함께 싸우자고 요청해요. 이 과정에서 한국광복운동단체연합회와 조선민족전선연맹에 각각 지원하기 어렵다며, 장제스는 하나의 단체로 합칠 것을 요구합니다.

또한 독립운동가들 사이에서도 일제에 맞서기 위해 두 단체의 통합이 필요하다는 의견이 계속 제기되고 있었고요. 이에 김구와 김원봉은 여러 차례 협의 끝에 중국 관내의 모든 민족운동단체의 갈등을 해소하고 하나의 단일 조직으로 일제에 맞서야 한다는 '동지동포제군에게 보내는 공개통신'을 발표해요. 민족주의를 대표하는 김구와 사회주의를 대표하는 김원봉이 손을 맞잡기로 했다는 소식에 많은 독립운동가가 환호를 보내며 참여합니다. 그 결과 7개 독립운동 단체가 모여 전국연합진선협회를 구성하게 돼요.

하지만 갈등이 완전히 해소된 것은 아니었어요. 전국연합진선협

한국인과 중국인이 연합해 일본을 타도하자는 구호를 쓰는 조선의용군 대원

회에 참여했던 조선민족해방자동맹과 조선청년전위동맹이 1939년 떨어져 나가요. 이들은 김원봉을 따르지 않는 일부 조선의용대를 데리고 중국 공산당이 활동하는 연안으로 이동해요. 이들은 이곳에서 1942년 김두봉을 위원장으로 조선독립동맹을 결성하고 군사 조직으로 조선의용군을 둡니다. 연안 지역에는 20만 명 이상의 한국인이 사는 데다가, 징병으로 끌려왔다가 도망친 한국 청년들이 조선의용대를 찾아오면서 빠르게 규모가 커져요. 조선의용군의 가장 잘 알려진 활약이 호가장 전투의 승리에요.

1941년 12월 12일 전투 병력이 아닌 무장선전대 19명이 머물던 호가장 마을을 일본군 300여 명이 공격해와요. 이 과정에서 조선의용군은 도망치지 않고 끝까지 싸워 일본군을 격퇴해요. 중국 공산당 산하 국민혁명군 소속 팔로군은 호가장 전투를 화북지역의 학교 교과서에 실어 가르칠 정도로 높이 평가하며 각종 지원을 아끼지 않아요. 반면 전국연합진선협회에 합류한 독립운동단체들은 민족혁명당이 이탈하자, 대한민국 임시정부에 합류하여 활동합니다.

24 한국광복군의
국내진공작전

초창기 대한민국 임시정부가 독립을 위한 방법으로 외교에 치중했다고 해서 군사 활동에 소홀한 것은 아니었어요. 1919년 11월 대한민국 임시정부는 '대한민국 육군임시군제'를 통해 병력을 상비병과 국민병으로 나누고, 참모본부와 육군무관학교 등을 설치하는 등 군무부의 조직과 직무를 명문화해요. 1920년에는 전쟁을 수행하기 위해 군수품을 확보하는 동시에 의용단을 조직해요. 1931년에는 황포군관학교와 난징군관학교 등 중국 정부가 세운 사관학교에 한국 청년을 입학시켜 전쟁을 수행할 장교를 육성하는 등 대한민국 임시정부는 우리 군대로 나라를 되찾으려는 노력을 한시도 쉬지 않았습니다.

그러나 대한민국 임시정부가 제대로 된 군대를 보유할 수 있게 된 것은 한인애국단 소속 윤봉길 의거 이후에요. 독립운동단체를 골칫거리로 보던 중국의 인식변화가 180도 바뀌거든요. 중국 국민정부 주석 장제스는 대한민국 임시정부를 일제와 맞서 싸울 동료로 인식하며 중앙군관학교 뤄양분교에 한인특별반을 설치해줘요. 이곳에서 지청천과 이범석 지도로 독립군을 지도할 간부 62명이

한·미 공동작전 논의를 위해 중국 시안에서 만난 대한민국 임시정부 김구 주석과 미 전략첩보국(OSS) 윌리엄 도노반 소장. ©독립기념관

1935년 졸업하게 됩니다.

중국의 지원과 함께 군대를 운영할 간부가 마련되자, 대한민국 임시정부 주석 겸 한국광복군 창설위원회 위원장을 맡은 김구는 1940년 9월 15일 '한국광복군은 중화민국 국민과 합작하여 우리 두 나라가 독립을 회복하고자 공동의 적인 일본 제국주의자를 타도하기 위하여 연합군의 일원으로 항전을 계속한다.'라는 내용의 선언문을 발표해요. 이것은 우리의 힘만으로는 일제를 상대로 독립하기 어렵다는 냉철한 판단 아래 연합국의 일원으로 인정받아 국제사회에 독립을 요구하겠다는 현실적인 계획이에요. 그리고 이틀 뒤 김구는 총사령관 지청천, 참모장 이범석 등을 지휘부를 임명하며 한국광복군을 창설해요.

1941년 태평양전쟁이 발발하자 한국광복군을 보유한 대한민국 임시정부는 곧바로 일제에 선전포고해요. 또한 한국광복군의 역량을 강화하기 위해 국무회의를 통해 김원봉이 이끄는 조선의용대의 편입을 결의합니다. 그 결과 김원봉을 따라온 조선의용대는 지청천 사령관의 3개 지대 중 하나인 제1지대로 편입해요. 김원봉도 한국광복군 부사령관과 제1 지대장으로 임명되면서 한국광복군은 좌우를 망라한 대한민국 임시정부의 공식적인 군대가 됩니다.

하지만 중국 정부는 '한국광복군 행동준승 9개 항'을 통해 한국 광복군에 필요한 전쟁물자를 원조해주는 대가로 중국군에 예속하여 활용하고자 했어요. 하지만 중국에 이용당할 생각이 없던 대한민국 임시정부는 3년의 협상 끝에 작전지휘권과 인사권을 확보해요. 이것은 대한민국 임시정부가 국가로 인정받아 연합국의 일원이 될 자격이 생겼음을 의미하는 것이기도 해요.

3개 지대 및 공작대로 구성된 한국광복군의 병력은 700여 명이었어요. 적게 느껴질 수도 있지만, 한국인이 거의 살지 않는 중국 내륙 깊숙한 충칭에서 창설되었다는 점을 고려하면 결코 적은 수가 아니에요. 한국광복군은 인도와 미얀마에서 영국군을 도와 암호해독과 포로심문을 담당해요. 미국 전략사무국OSS 하고도 손을 잡고 잠수함으로 국내에 잠입하여 중요 장소를 파괴하거나 점령하는 훈련을 받아요. 하지만 안타깝게도 일본의 항복으로 국내진공작전이 실행으로 옮겨지지 못해요.

이를 두고 대한민국 임시정부 주석이던 김구는 "내게는 이것이 기쁜 소식이라기보다 하늘이 무너지는 듯한 일이었다. 가장 걱정되는 일은 우리가 이번 전쟁에서 한 일이 없기 때문에 장래에 국제 사회에서 발언권이 박약하다는 것이다."라며 걱정해요. 그리고 김구의 우려는 현실이 되어 우리는 미국과 소련에 의해 분단된 상태로 독립하게 됩니다.

3장

조선건국준비위원회 조직(1945)~
10·26 사건(1979)

1 ── 독립 이후를 대비한 조선건국준비위원회

패배를 직감한 조선의 마지막 총독 아베 노부유키는 한반도에 거주하는 일본인을 안전하게 철수시키기 위해 국내 여러 민족 지도자와 만남을 가져요. 조선총독부와의 만남을 거부하는 민족지도자도 있었지만, 광복 이후 안정적인 정부 수립을 위해 협상에 응한 분도 있어요. 그중 한 분이 여운형이에요. 여운형은 1945년 8월 15일 오전 8시 총독부 정무총감 엔도를 만나 일본인의 안전한 귀환을 약속해요. 대신 조선인 정치범의 석방, 3개월의 식량 보급, 치안권과 행정권의 이양, 건국 사업에 협력한다는 조선총독부의 약속을 받아 냅니다.

여운형은 일본이 항복하자 건국준비위원회를 발족시키고, 다음 날에는 휘문중학교에서 엔도와 협상한 내용을 발표해요. 이와 함께 부위원장 안재홍은 정규병력의 무장대를 편성하여 질서를 도모하며, 통화와 물가 안정에 대한 정책을 수립하겠다고 제시합니다. 이후 건국준비위원회의 행보는 매우 빠르게 전개되었어요. 그럴 수밖에 없는 것이 일제의 패망이 너무 급작스럽게 이루어졌으니까요.

건국준비위원회에서 발언하고 있는 여운형

8월 17일 건국준비위원회는 위원장으로 여운형, 부위원장으로 안재홍을 임명하는 등 중앙조직을 완성해요. 하지만 너무도 짧은 시간에 진행되면서 모든 정치세력의 입장을 수용하지 못해요. 그 결과 19일 여운형이 테러당한 상황에서 공산주의 세력이 독자적으로 건국준비위원회 경성지회를 조직하는 등 반발이 일어나기도 합니다. 그래도 건국준비위원회의 활동은 멈추지 않아, 각 지방에 위원회를 조직하고 강령을 발표해요.

'우리는 완전한 독립국가의 건설을 기함. 우리는 전 민족의 정치적·경제적·사회적 기본 요구를 실현할 수 있는 민주주의적 정권의 수립을 기함. 우리는 일시적 과도기에 있어서 국내 질서를 자주적으로 유지하며 대중생활의 확보를 기함.'

하지만 좌익과 우익 모든 단체를 끌어안지 못한 건국준비위원회의 활동은 오래 지속되지 못해요. 가장 큰 원인은 미군정이 한국인의 어떤 조직과 단체의 활동을 인정하지 않은 데 있어요. 그로 인해 건국준비위원회는 9월 6일 전국 인민 대표자 회의를 소집해 '조선인민공화국'을 수립하겠다고 발표한 후 해산합니다. 그러나 조선인민공화국도 미군정에 인정받지 못해요.

일제의 패망 이후 한반도에는 건국준비위원회 외에도 수많은 정치단체가 등장해요. 이승만의 독립촉성중앙협의회, 김구의 한국독립당, 한국민주당은 우파, 김규식의 민족자주연맹과 안재홍의 국민당, 여운형의 조선인민당과 백남운의 남조선신민당은 중도, 조선공산당과 남조선노동당은 좌파로 크게 나눠볼 수 있어요. 이들 각 단체는 국가수립을 두고 자신들의 생각만을 제시하면서 서로 대립하며 갈등하는 모습을 보여요. 이런 모습은 미국과 소련이 한반도에 개입할 명분을 주는 일이 됩니다.

어찌 보면 이런 모습은 이미 예고된 일이기도 해요. 많은 독립운동단체가 일제 치하 35년 동안 중국 본토와 만주, 연해주, 미국 등 멀리 떨어져 독자적으로 활동했어요. 또한 일제에서 독립하는 것이 1순위다 보니 독립 이후 어떤 국가를 건설할지는 자주 거론되지 못했어요. 물론 사회주의나 민족주의 진영에서 독립 이후에 어떤 나라를 세우겠다는 건국강령을 발표하기는 해요. 하지만 서로 만나 충분히 의사를 나누고 합의를 이룰 수 있는 물리적 환경이 뒷받침되지 못한 상황이다 보니 합의점을 찾을 수가 없었죠. 그러나 가장 큰 원인은 우리가 하나로 뭉쳐 우리의 힘으로 나라를 되찾지 못한 데 있어요.

그런 점에서 조선건국준비위원회는 조선총독부에 공식적으로 행정권을 이양받아 우리의 손으로 나라를 세울 기반을 닦을 기회를 얻었다는 점에 의의가 있어요. 하지만 미·소 강대국에 의해 자주적으로 나라를 건국할 기회를 박탈된 약소국의 비애도 담겨 있습니다.

2 위조지폐 발행한 조선정판사 사건

일제가 패망했다고 세상이 갑자기 바뀐 건 아니었어요. 광복되기 전과 일상생활 대부분이 크게 달라진 것이 없었어요. 이것은 한반도에 주둔하는 일본군대의 무장해제가 이루어지지 않았기 때문이에요. 오히려 경제는 광복 이후 사정이 더욱 나빠졌어요. 미군정이 화폐 발행기관인 조선은행을 9월 30일에 접수하기까지 약 한 달 반 동안 조선총독부는 고액 화폐를 마구 발행했어요.

그 이유는 예금을 되찾으려는 사람이 크게 증가했고, 일본의 부채를 정리하기 위해 다른 금융기관이 보유한 유가증권을 회수하기 위해서였어요. 그로 인해 한반도 전역은 엄청난 물가상승률을 기록하게 돼요. 1945년 6월 말에서 8월까지 소매 물가지수만 13배 가까이 폭등할 정도로 말입니다.

이 과정에서 공산당이 활동자금을 만들기 위해 위조를 제작하다가 발각되는 일이 벌어져요. 일본 내각 인쇄국에서 지폐를 제조하던 일제는 1945년 패망하기 직전에 조선서적주식회사에서 지폐를 발행해요. 광복 후에는 화폐를 발행하는 조선은행이 일본인이 경영하던 근택 인쇄소에 8월 하순부터 9월 초까지 100원 지폐를 인쇄하도록 맡겼어요. 이 과정에서 근택 인쇄소는 지폐용 용지가 아닌 모조지에 일련 번호도 없이 화폐를 발행했어요. 그렇다 보니 마음만 먹으면 화폐를 위조하기 너무도 쉬운 환경이 만들어지게 됩니다.

1945년 8월 20일 박헌영을 중심으로 재건된 조선공산당은 화폐 발행의 허술한 부분을 알아채요. 이를 이용하여 당의 자금과 선전활동비를 마련하고, 남한 경제를 어렵게 하여 한반도를 공산화하려는 계획을 세웁니다. 우선 화폐를 발행하는 근택 인쇄소를 인수하여 조선정판사로 이름을 바꿔요.

1945년 10월 20일에는 조선정판사 사장이자 공산당원이던 박낙종이 서무과장 송언필, 재무과장 박정상, 기술 과장 김창선, 평판 기술공 정명환, 창고계 주임 박창근을 비밀리에 불러 위조 지폐를 발행하려는 계획을 말해요. 이들도 공산당원이었던 만큼 박낙종의 제안을 흔쾌히 동의합니다. 그날 오후 인쇄소 직원들이 모두 퇴근하자 기술 과장 김창선이 100원권을 찍어내는 원판으로 여섯 차례에 걸쳐 위조 지폐 1,200만 원을 만들어내요. 그리고 이 돈은 조선공산당 재정부장 이관술에게 넘겨집니다.

김창선이 만든 위조 지폐는 곧 시중에 풀렸고, 여기저기서 화폐가 이상하다는 신고가 연이어 접수되어요. 경찰은 김창선이 화폐를 찍어내는 원판 1개를 서울오프셋인쇄소 윤석현에게 맡긴 것을 포착하고 수사에 들어가요. 그리고 1946년 5월 4일부터 5일 이틀에 걸쳐 위조 지폐범 7명을 체포해요. 심문 과정에서 체포된 7명이 위조 사실을 털어놓으면서, 공산당원 14명을 추가로 체포합니다.

조선공산당은 위조 지폐 발행과 무관하다는 것을 보여주기 위해 5월 17일 정판사 직원 14명은 공산당원이 아니라고 발표해요. 하지만 뒤로는 사건을 담당한 판사와 검사를 협박하고, 사람을 매수하여 공판정을 아수라장으로 만들어요. 특히 제1차 공판 때는 수

조선정판사 사건을 다룬 동아일보

백 명의 공산당원이 〈항쟁가〉 노래를 부르며 정동 일대에서 소란
을 피우며 재판부에 압력을 행사해요. 그러나 이런 방해에도 불구
하고 11월 28일 이관술·박낙종·송언필·김창선은 무기징역, 이광
범·박상근·정명환 징역 15년, 김상선·홍계훈·김우용 징역 10년
이 각각 선고돼요.

　《해방일보》등 좌익 성향의 신문은 조선정판사사건은 공산당을
탄압하려는 술수라며 연일 비판했어요. 미군정은 공산당의 반발이
거세지자, 조선정판사사건과 관련한 불법 행위에 적극적인 대처를
하게 돼요. 한 예로 조선공산당 기관지이자 조선정판사에서 발행
하던 《해방일보》를 1946년 5월 18일 발행정지 처분을 내려요. 이
후 조선정판사 사건으로 위기에 몰린 공산당은 비합법적인 방법
으로 한반도를 공산국가로 만드는 방법으로 노선을 변경하게 됩
니다.

3 — 오보로 얼룩진 모스크바 3국 외상회의

일제가 패망하기 전인 1945년 2월 미국·소련·영국의 대표들은 흑해 연안의 얄타에 모였어요. 이들은 제2차 세계대전 이후의 독일 전후 처리와 유엔 설립 등 많은 주제를 논의해요. 여기에는 우리에게 크게 영향을 미치는 내용도 있었어요. 그중 하나가 미국이 일본과의 전쟁에 소련의 동참을 요청하는 것이었어요. 이에 소련이 참전하기로 동의하면서 관동군 무장해제를 위해 북위 38도선까지 관할하게 됩니다. 그로 인해 우리는 너무도 원했던 광복을 맞이하는 순간 미국과 소련에 의해 한반도가 분단되는 아픔을 겪게 돼요.

우리에게 영향을 미친 또 하나의 중요한 안건이 한반도 신탁통치였어요. 미국 루스벨트 대통령이 필리핀 자치정부가 들어서는데 50년이 걸렸다며, 미국·중국·소련이 20~30년 동안 한반도를 신탁통치하자고 제안해요. 이에 소련의 스탈린은 신탁통치 기간이 너무 길다며 줄였으면 좋겠다는 의사를 밝혀요. 다시 말해 한반도의 신탁통치 실시에 대하여 연합국에 속한 나라들의 반대가 없었다는 것이에요.

광복되는 순간 얄타 협정을 근거하여 38도선 이북에는 소련군

모스크바 3국 외상회의 장면

이 주둔하고, 이남에는 미군이 주둔하게 돼요. 소련군과 미군이 한
반도에 들어올 수 있었던 배경에는 일본군 무장해제라는 명분이
있었어요. 이때 한반도를 갈라놓은 38선이 이토록 오랫동안 우리
를 괴롭히게 될 줄은 아무도 몰랐어요.

　1945년 12월 16일 미국·소련·영국 외상이 모스크바에 모여 중
국 내정 불간섭 및 군대 철수를 논의해요. 이 외에도 한국의 정부수
립과 관련하여 서로의 의견을 나누었어요. 이때 미국과 소련은 한
반도의 정부수립과 관련하여 정반대의 생각을 가지고 부딪혀요.
물론 미국과 소련 모두 한국을 위해서라기보다는 자신들의 이익을
위해서 말이죠. 미국은 얄타회담에서 주장한 것과 같이 4개 국가가
한반도를 신탁통치해야 한다고 주장해요. 반면 소련은 한반도의
문제는 한국인이 알아서 결정하게 맡기자고 말합니다.

　미국과 소련은 왜 이렇게 다른 주장을 했을까요? 미국은 동북
아시아에서 소련과 중국을 견제하는 데 도움이 되는 정부를 한반
도에 만들고자 했어요. 반면 소련은 일제의 수탈로 세계적으로 가
장 가난한 한국인들이 소수의 사람에게 부가 집중되는 자본주의를

거부하고 공산주의를 환대할 것이라 여겼어요. 그렇기에 한국인이 스스로 정부를 수립한다면 소련이 개입하지 않아도 사회주의 국가를 수립할 것이라 예상한 거죠. 실제로 많은 독립운동가와 단체들이 광복 이전부터 사회주의에서 주장하던 내용을 건국강령으로 제시했기에 소련의 기대가 높았던 것도 사실입니다.

미국·소련·영국 3국 외상은 여러 차례 논의 끝에 미국과 소련의 의견을 절충하여 1945년 12월 28일 모스크바 의정서를 발표해요. 이중 우리와 관련된 조항은 다음과 같아요. 첫째, 조선에 단일 임시정부를 수립한다. 둘째, 미·소 점령군 대표로 구성된 미소공동위원회를 설치하고, 위원회는 제안을 작성할 때 한국의 정당과 사회단체들과 협의한다. 셋째 미소공동위원회는 수립된 조선 임시정부와 협의하여 최대 5년 동안의 신탁통치안을 작성한다. 모스크바 의정서에 따르면 우리는 정부를 즉각적으로 수립할 수 없어요. 하지만 노력 여하에 따라 우리가 그토록 원하던 자주독립국가 수립이 불가능한 것도 아니었어요.

그런데《동아일보》에 의해 신탁통치 결정이 시민들에게 잘못 전달되어버려요.《동아일보》는 '소련은 신탁통치 주장, 소련의 구실은 38선 분할 점령, 미국은 즉시 독립주장'이란 제목 아래 오보 기사를 게재해요. 모스크바 의정서와 정반대의 내용이었어요. 하지만《동아일보》를 통해 신탁통치 결정과 다른 소식을 들은 한국인들은 하나같이 모두 흥분하며 좌우 모두 신탁통치를 반대해요. 그런데 얼마 지나지 않아 좌익이 신탁통치 받아들이자고 주장하면서 내부 갈등이 고조돼요.

4 ── 성과 없이 끝난 미소공동위원회

모스크바 3국 외상회의 결정에 따라 제1차 미·소공동위원회가 1946년 3월 20일 서울 덕수궁 석조전에서 열려요. 여기서 가장 심도 있게 논의된 주제는 임시정부를 수립에 참여할 정당과 사회단체의 자격을 결정하는 것이었어요. 하지만 미국 수석위원 아놀드 소장과 소련 수석위원 스티코프 중장은 하나로 의견을 모으지 못했어요. 가장 큰 이유는 자국에 협력할 임시정부를 수립하고자 했기 때문이에요.

소련은 임시정부 수립을 위한 참여 대상자로 모스크바 3상 외상 회의를 지지하는 사람과 단체로 한정하자고 주장해요. 이것은 소련을 거부하는 집단이나 인물은 배제하여 사회주의 국가를 수립할 임시정부를 수립하려고요. 이에 미국은 우파세력을 임시정부에 더 많이 참여시키기 위해 의사 표현의 자유를 강조하며 신탁통치에 반대하는 사람과 단체를 제외하는 것은 부당하다고 맞섰어요. 결국 한 치도 양보할 생각이 없는 미국과 소련은 임시정부에 참여할 정당과 사회단체 선정을 두고 합의를 이루지 못해요.

사실 미국과 소련은 처음부터 어떤 한국 정부를 수립할 것인지 생각이 달랐어요. 미국은 최악의 경우 남한 지역만이라도 친미 국가를 수립하여 소련을 견제하려고 했어요. 마찬가지로 소련도 북한 지역에 친소국가를 수립하려 했고요. 그렇다 보니 결국 제1차 미·소공동위원회는 어떤 성과도 내지 못하고 5월 8일 중단되고 말아요.

이후 미국은 소련에 미·영·중·소가 같이 논의하여 모스크바 3국 외상회의 협정을 빨리 이행할 수 있도록 진행하자고 주장했어요. 왜냐하면 영국과 중국이 미국을 지지할 것이라 자신했거든요. 반면 소련은 4개국 회의를 개최하면 자신에게 불리하다는 것을 너무도 잘 알고 있었기에 4대국 회의는 모스크바 3국 외상회의에서 합의된 사항이 아니라며 강하게 거절해요.

중도 우파 김규식과 중도 좌파 여운형은 미·소의 대립으로 임시정부를 세우지도 못하고 민족이 분열될까 걱정하며 좌우합작 운동을 일으켰어요. 미군정은 반탁운동을 벌이는 우익 세력이 임시정부수립에 참여할 수 있게 하려고 김규식과 여운형의 좌우합작 운동을 지지해요. 하지만 미국의 지지는 오래가지 못했어요. 미국이 1947년 3월 "오늘날 세계의 모든 국민들은 두 가지 생활양식 가운데 하나를 선택하도록 강요받고 있다."라며 공산주의에서 그리스인의 자유를 지키겠다는 트루먼 독트린을 발표하거든요. 이것을 한반도에도 적용하여 좌우합작 운동에 대해 지지를 철회합니다.

1947년 5월 21일 제2차 미소공동위원회가 열렸지만 제1차 때와 상황이 크게 다르지 않았어요. 미국과 소련은 한국의 국가수립에는 관심이 없었어요. 오로지 한반도를 자국의 영향력이 미치는 지역으로 만드는 것에만 관심을 두었어요. 그래서 미국은 기존의 주장대로 신탁통치를 반대하는 단체도 포함해야 한다고 주장해요. 이에 대해 소련도 모스크바 합의를 인정하지 않는 반탁 단체의 참여를 허용할 수 없다고 강하게 맞섰어요. 그로 인해 가장 애를 태우

미소공동위원회에 참석한 하지 주한 미군 사령관과 소련 스티코프 중장

고 피해를 보는 것은 우리였어요. 강대국의 이해충돌로 우리만의
자주적인 통일정부를 세우는 일이 점점 더 멀어져갔으니까요.

미국은 더는 소련과 대화가 되지 않는다며, 남한만이라도 단독
정부수립하자며 유엔에 한국 문제를 이관해요. 이에 맞서 소련은
미·소 모두 한반도에서 철수하고, 한국인들이 자주적으로 총선거
를 할 수 있게 하자고 주장해요. 결국 제2차 미소공동위원회도 아
무 결론을 내지 못하고 끝나버려요. 이것은 통일된 정부수립이 불
가능해졌다는 것을 의미해요. 더 나아가 미국과 소련이 본격적으
로 대립하고 갈등하는 냉전이 시작되었음을 알리는 일이기도 했
어요.

5 남북협상의 두 얼굴

1947년 5월 제2차 미소공동위원회도 1차 때와 마찬가지로 미국과 소련은 어떤 합의점도 찾지 못해요. 두 나라는 겉으로 한국을 위한 다고 말했지만, 여전히 자국의 이익을 위해 조금도 양보하려는 마음이 없었거든요. 결국 미소공동위원회를 통한 임시정부 수립에 실패한 미국은 한국 문제를 유엔에 이관해버려요. 그리고 그해 11월 유엔 총회에서 선거를 통해 한반도에 하나의 정부를 수립하기로 결정해요.

이에 따라 1948년 1월 유엔 임시한국위원단은 선거를 진행하기 위해 한반도를 방문해요. 하지만 소련과 북한이 38선 이북으로 올라오는 것조차 거부하면서 한반도 전역에서 선거하는 것이 불가능해져요. 소련과 북한이 유엔의 결정을 따르지 않은 데에는 여러 이유가 있어요. 그중 가장 큰 이유는 남과 북의 인구격차가 큰 상황에서 사회주의 정당이 선거에 승리할 자신이 없었던 데 있어요. 이런 가운데 이승만과 한국민주당은 남한에서만이라도 단독선거를 실시하여 정부를 수립한 뒤에 점진적으로 통일하자고 주장해요. 이에 김구와 김규식 등은 단독정부 수립은 절대 있을 수 없다며 강하

남북협상에서 김구를 안내하는 김일성

게 반대해요.

1948년 2월 14개 정당과 51개의 사회단체로 구성된 민족자주연맹은 위원장 김규식이 머물고 있던 삼청장에서 연석회의를 가져요. 이때 모인 홍명희, 안재홍, 이상백 등 수십여 명은 북한의 김일성과 김두봉에게 남북요인회담을 갖자는 서한을 보내기로 의견을 모아요. 그리고 회담 제안서를 김구와 김규식의 이름으로 서울에 있는 소련군 대표부를 통해 북측에 전달해요.

이런 모습에 유엔 임시한국위원단 인도와 중국 대표는 큰 관심을 보였어요. 북한 측의 긍정적인 답변이 오는 대로 유엔 소총회에 반영하여 한반도 전역에서 선거가 이루어지기를 희망했어요. 하지만 북한에서 아무런 답변도 오지 않았어요. 결국 유엔 소총회는 "총선거는 가능한 지역인 남한에서만 추진한다."라고 주장한 미국 대표의 제안을 31대 2로 가결하게 돼요.

남한에서만 총선거가 열린다는 소식에 국론은 크게 분열되었어요. 이승만을 비롯해 단독정부 수립을 지지하던 한국민주당과 대한독립촉성국민회는 축하국민대회를 열며, 곧 있을 선거에서 승리하기 위한 전략 대책을 마련해요. 반면 김구는 "한국을 분할하는 남한단독정부도, 북한인민공화국도 반대한다. 오직 남북통일을 위하여 최후까지 노력하겠다."라고 선언하며 남한만의 단독선거를 강하게 반대하는 목소리를 내요.

그런 가운데 북한에서 연락이 와요. 평양에서 남한의 정당과 연석회의를 개최하여 조선의 민주주의 독립국가 건설을 만들어보자고요. 이 서한은 남한 내 단독정부 수립 지지 여부에 상관없이 모든 단체에 전달돼요. 그러나 북측이 연석회의를 제안한 것은 남한만의 단독선거가 열리지 않도록 방해하는 동시에 분단의 책임을 지지 않으려는 의도가 숨겨져 있었어요.

김구와 김규식은 '이번 회담은 그들이 미리 준비한 잔치에 참여만 하라는 것이 아닌가 하는 기우가 없지 않으나, 우리 두 사람은 남북요인회담을 요구한 이상 좌우간 가는 것이 옳다고 본다.'라며 북한에서 온 서한을 즉각 공개했어요. 그러자 미군정의 하지 사령관은 김구와 김규식의 북행을 만류해요. 반면 정읍에서 남한만이라도 임시정부를 세워야 한다고 말해온 이승만은 북측의 제안에 아무런 반응을 보이지 않았고요.

김구가 김규식 등 민족자주연맹 대표단 16명은 4월 19일부터 26일까지 평양으로 올라가 남북협상을 벌여요. 그리고 외국군대 철수, 내전 반대, 모든 정당 사회단체가 참여하는 임시정부 수립, 남한 단독선거는 인정하지 않겠다는 내용의 통일 정부 수립에 합의했다고 발표해요. 하지만 북한이 남북협상에서 합의한 조약 내용을 하나도 이행하지 않으면서, 남북협상에 응했던 김구와 김규식은 국민의 지지를 상당히 잃게 돼요.

6 ── 국가권력의 횡포
제주 4·3 사건

광복을 맞이한 기쁨도 잠시 한반도에는 아픔과 슬픔이 동시에 찾아와요. 우리의 힘으로 나라를 되찾지 못했기 때문에 미국과 소련에 의해 38도선으로 분단되었거든요. 어제까지 자유롭게 왕래할 수 있었던 길이 가로막힌 이후 미국과 소련에 의해 1948년 5월 10일 남한만의 단독정부 수립을 위한 총선거가 열리게 돼요. 이 과정에서 총선거에 참여하지 않은 제주도 사람들을 국가가 보복하는 비극적인 제주 4·3 사건이 일어나요.

제주 4·3사건은 1947년 3월 1일부터 1954년 9월 21일까지 무려 7년에 걸쳐 주민들이 학살된 사건입니다. 그 시작은 제28주년 3·1 운동 기념 제주도대회였어요. 제주읍 북국민학교에서 삼일절 기념행사를 마친 주민들은 광복한 기쁨을 공유하기 위해 거리로 나와 태극기를 휘날리며 행진했어요. 하지만 그들이 마냥 행복한 것은 아니었어요. 광복 이후 제주도로 많은 사람이 건너오면서 일자리를 비롯하여 생필품이 매우 부족한 상황이었거든요. 또한 일제강점기 주민들을 괴롭히고 물건을 빼앗던 친일파 순사들이 다시 경찰이 되어 횡포를 일삼는 일에 분개하고 있었어요.

그런 가운데 관덕정 부근에서 행진의 질서를 유지하기 위해 파견된 기마경찰이 탄 말의 발굽에 어린아이가 차여요. 그런데 말 위에 있던 기마경찰이 어떤 구호 조치도 취하지 않고 그냥 지나쳤어요. 친일파 출신 경찰이 일제강점기 때와 똑같은 태도로 주민을 대하는 모습에 화가 난 사람들은 경찰에 돌을 던지며 강하게 항의했어요. 그러자 겁에 질린 경찰들이 군중을 향해 총을 난사하면서 주민 6명이 그 자리에서 목숨을 잃어요.

　　제주도 주민들은 경찰의 횡포에 항의하는 차원으로 3월 10일부터 민관 합동 총파업을 시작했어요. 이런 모습을 미국은 공산당이 일으킨 소동이라며 제주도를 사회주의가 장악했다는 뜻으로 붉은 섬이라 불렀어요. 그리고는 공산당을 진압한다는 명목으로 본토에서 응원 경찰을 대거 제주도로 파견해요. 이뿐만이 아니었어요. 공권력을 행사할 권리가 없는 극우 청년단체인 서북청년회 단원을 제주도로 보내 경찰·행정기관·교육기관 등을 장악하게 해요. 그리고는 아무 잘못도 없는 제주도 주민을 불법적으로 체포하여 가둬요.

　　이 과정에서 제주도 남로당 무장대 350명이 5·10 단독선거를 방해하기 위해 4월 3일 12개의 경찰지서와 서북청년회 단원의 집을 공격합니다. 그로 인해 제주도 곳곳에서 전투가 벌어지며 피해가 커지자 경비대와 남로당은 4월 28일 평화협상을 맺으며 사태를 종료하는 듯싶었어요. 그런데 5월 1일 우익청년단이 제주읍 오라리 마을을 불태워버려요. 미군정은 오라리 마을 방화를 남로당이 벌인 일로 몰아 남로당 무장대를 공격해요. 이런 가운데 경찰과 우익청년단의 횡포에 대한 반발과 두려움으로 제주도 주민들이 선거에 참여하지 않으면서 제주도 2개 선거구가 투표수 미달로 무효 처리되어버려요. 미군정은 6월 23일 재선거를 시도했지만, 이마저도 실패합니다.

비극적인 제주 4·3 사건

　총선거로 수립된 이승만 정부는 제주도가 선거에 참여하지 않은 것을 크게 문제 삼으며 더 많은 군대를 제주도로 보냈어요. 군대는 해안에서 5km 이상 들어간 산간지대 마을을 불 지르고 해안지역으로 내려가지 않은 주민들을 집단 사살했어요. 그로 인해 마을 95% 이상이 불에 타 폐허가 되고, 수많은 제주도민이 희생돼요. 1949년에는 산에서 내려와 귀순하면 과거 행적을 묻지 않고 살려 주겠다는 말을 믿고 내려온 1만여 명 중 1,600여 명이 총살당해요.

　이처럼 아무 죄도 없는 제주도민을 학살하는 행위는 1954년 9월 21일까지 계속되었어요. 공권력의 횡포로 희생된 제주도 주민의 숫자를 2만 5천~3만 명으로 추산하고 있어요. 2003년 노무현 대통령은 남로당 무장대와 토벌대의 무력 충돌과 진압과정에서 국가 권력에 의한 대규모 희생이 있었다고 인정하며, 유족과 제주도민에게 공식 사과문을 발표합니다.

7

대한민국 정부 수립

유엔 한국임시위원단의 감시 하에 남북한 총선거로 통일정부를 수립하고자 했지만, 소련과 북한의 반대에 부딪혀 남한에서만 실시했던 것 기억하시죠. 물론 남한 지역에서도 모두가 남한 단독선거를 찬성한 것은 아니었어요. 김구와 김규식 등 중도파는 통일된 정부를 만들기 위해 남북협상을 벌였고, 제주도에서는 남로당이 선거를 방해하기도 했죠. 하지만 남한 단독선거는 유엔의 감독 아래 순조롭게 진행되었어요.

유엔 한국임시위원단은 미군정 선거법에 따라 만 21세 이상의 남녀 모두에게 선거권을 부여했어요. 국회의원에 도전할 수 있는 피선거권은 만 25세 이상의 모든 국민에게 주어졌고요. 단 일본 정부에게서 작위를 받거나 일본 제국의회 의원이 되었던 사람에게는 피선거권을 부여하지 않았어요. 또한 판임관 이상, 경찰관·헌병·헌병보, 고등관 3등급 이상자, 고등경찰이었던 자, 공훈 7등 이상을 받은 자, 중추원의 부의장·고문·참의를 지낸 사람에게도 피선거권이 주어지지 않았어요. 이것은 반민족행위자를 용납할 수 없다는 확고한 우리의 의사가 반영된 것이었어요.

선거는 보통·평등·비밀·직접의 4대 원칙에 따라, 1선거구에서 1명을 선출하는 소선거구제로 진행되었어요. 인구 15만 미만 지역은 1개 구, 15만~25만은 2개 구, 25만~35만은 3개 구, 35만~45만은 4개 구를 배정한 결과, 남한 지역은 200개, 북한 지역 100개의 선거구가 확정돼요. 이것을 보면 남한 인구가 북한보다 두 배 많다는 사실을 알 수 있죠. 이것이 북한이 선거에 참여하지 않은 가장 큰 이유였어요. 북한이 100개의 선거구에서 승리한다고 해도 과반수를 차지하기 어려우니까요.

선거 과정에서 공무원을 제외하고는 누구든 자유롭게 선거운동을 할 수 있도록 자유가 주어졌어요. 하지만 남한 단독정부 수립을 반대하는 김구·김규식처럼 남북협상파와 중립계 정치인은 공식적으로 선거에 참여하지 않겠다는 의사를 밝혀요. 또한 좌익계들도 남한만의 단독정부 수립에 정통성을 부여하지 않기 위해 참여하지 않고 방해공작을 펼쳐요. 그래도 선거는 무사히 진행되어 1948년 5월 10일 우리 역사상 최초로 국민이 직접 헌법을 제정할 국회의원을 선택하는 역사적인 순간이 찾아와요.

대한민국 정부를 수립하기 위해 헌법을 만들고, 대통령을 선출하기 위해 구성된 최초의 국회를 제헌국회라고 해요. 헌법 제정을 목적으로 하는 국회라는 뜻이죠. 그래서 이들의 임기는 2년으로 제한을 두었어요. 그런데 정말 놀라운 일은 후보의 이름도 읽지 못하는 문맹자들도 후보의 사진을 보며 투표할 수 있게 배려한 결과 95.5%라는 높은 투표율을 보여요. 지금도 이때의 투표율을 넘어서지 못하고 있어요.

제헌 국회의원이 되기 위해 출마한 후보자가 942명이었어요. 그러나 제주도는 4·3 사건으로 선거가 이루어지지 않으면서 198명의 국회의원이 선출돼요. 당선된 제헌의원을 살펴보면 무소속이 85명 **전체 42.5%** 으로 가장 많이 당선되었고, 다음으로 대한독립촉성국민회가 55명 **27.5%** 이 당선돼요. 어느 정당도 국민의 전폭적인 지지를 받지 못하면서, 다양한 의견이 반영되는 헌법이 만들어질 수 있는 기반이 마련돼요.

당선된 국회의원들은 5월 31일 국회를 개원하고, 의장에 이승만, 부의장에 신익희를 선출해요. 그리고 다양한 나라의 헌법을 참고하고, 국민의 의사를 반영한 대한민국 최초의 헌법을 7월 17일 발표해요. 이후 헌법에 따른 간접선거로 이승만이 대한민국 대통령, 이시영은 부통령에 당선돼요. 1948년 8월 15일에는 대내외에 대한민국 정부 수립을 발표합니다. 유엔도 그해 12월 총회를 열어 대한민국을 한반도 내 유일한 합법정부로 승인해요.

8 실패한 반민특위

광복 이후 많은 사람이 원한 것은 통일정부 수립과 함께 반민족행위자를 처벌하는 것이었어요. 개인의 영달을 위해 같은 한국인에게 최악의 고통을 준 이들을 무슨 일이 있어도 처벌해야 한다고 생각하지 않은 사람이 없었어요. 하지만 미군정이 우리에게 반민족행위자의 죄를 물을 기회를 주지 않은 채, 관료로 임명해요. 그 이유로 미군정이 한국에 대해 잘 알지 못하는 상황도 있지만, 미국에 순응하고 협력할 사람을 곁에 두고 싶은 것도 있었어요.

우리의 힘으로 정부를 수립하고자 했던 독립운동가들은 미군정에 잘 협조하지 않았으니까요. 그래서 미군정은 민족을 배반했다는 약점을 가진 반민족행위자를 곁에 두어 활용해요. 그 결과 반민족행위자는 일제강점기 때보다 더 높은 관직을 차지하고 권력과 부를 움켜쥐게 됩니다.

대한민국 정부가 수립되자 반민족행위자들은 두려움에 떨었어요. 독립운동가들이 국회의원이 된 만큼 친일파를 처벌할 특별법을 제정할 수 있다는 조항을 헌법에 넣어두었거든요. 이에 따라 1948년 9월 22일 반민족행위처벌법이 제정되고, 그해 10월 23일

반민족행위특별조사위원회 **반민특위** 가 설치돼요. 반민특위를 담당할 조사위원은 각 도에서 1명씩 뽑은 10명의 국회의원 **위원장 김상덕, 부위원장 김상돈, 조중현, 박우경, 김명동, 오기열, 김준연, 김효석, 이종순, 김경배** 으로 구성되었어요. 국회는 반민족행위 특별조사기관설치법을 제정하고, 기소와 재판을 담당할 특별검찰부와 특별재판부를 구성하며 반민특위 활동을 지원했어요.

반민특위는 1949년 1월 중앙청의 사무실에서 취임식을 갖고, 본격적인 활동에 나섰어요. 7,000여 명을 반민족행위자로 선정하고, 이들이 해외로 도망가지 못하도록 만반의 준비를 갖추었어요. 예를 들어 1949년 미국으로 도피하려던 친일 기업가 박흥식과 반민특위 반대를 외치던 친일 언론인 이종형을 체포해요. 이어 이광수·최린·최남선 등 반민족행위자로 널리 알려진 이들도 연이어 체포합니다. 그러자 국민들은 신이 나서 반민족행위자를 제보하는 것을 넘어 반민족 활동을 증언하며 강력한 처벌을 요구했어요. 그제야 세상이 바뀐 것을 느낀 반민족행위자 일부는 겁을 먹고 자수하기도 해요.

그런데 독립운동가 출신 이승만 대통령이 반민특위 활동을 가로막을 줄은 아무도 몰랐어요. 이승만 대통령은 반민특위 활동을 비난하는 담화를 여러 차례 발표하는 것을 넘어, 반민족행위처벌법 개정안을 국회에 제출하며 반민특위 활동이 불법이라고 규정해요. 이에 특별재판부장이자 대법원장 김병로는 반민특위가 불법이 아니라는 성명을 발표하며 이승만 정부에 협조를 요청합니다. 그러나 이승만 정부는 오히려 반민족행위자를 노골적으로 도와줍니다. 반민특위 관계자를 암살하려는 계획을 묵인하거나, 군중을 동원하여 국회와 반민특위를 비난하는 시위를 뒤에서 몰래 지원해요.

반민특위가 서울시 경찰국 사찰과장 최운하를 반민특위 사무

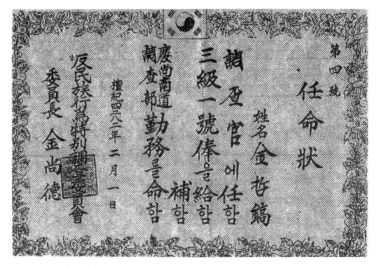

반민특위 조사관 임명장

실에서 시위를 배후에서 지시한 죄로 체포하자, 내무부 차관 장경근의 주도 하에 6월 6일 경찰이 반민특위 사무실을 공격해요. 또한 반민족행위자를 처벌하는 데 앞장서던 국회의원을 간첩 혐의로 체포하는 국회 프락치 사건을 조작하여 반민특위를 위축시켜요. 결정적으로 반민특위 활동이 사회를 불안하게 한다는 이유로 공소시효를 1949년 8월 말로 단축시킵니다.

이처럼 이승만 정부의 방해로 반민족행위자의 체포가 거의 이루어지지 못해요. 결국 1949년 10월 반민특위, 특별검찰부, 특별재판부는 해체되기까지 거둔 성과는 집행유예 5명, 실형 7명, 공민권정지 18명이 전부였어요. 그나마 실형받은 사람도 이듬해 봄 모두 풀려납니다. 이후 반민족행위자는 친일을 이념논쟁으로 바꾸어 독립운동가를 제거하고, 자신들을 대한민국 발전을 이끈 애국자로 둔갑하는 데 성공합니다.

농지개혁법의 득과 실

조선은 농업국가를 표방했고, 그에 맞는 정책을 꾸준하게 펼쳐왔어요. 그러나 세도정치와 일제강점기를 거치면서 많은 사람이 토지를 빼앗기고 힘들게 살아가야 했어요. 그들에게 가장 큰 꿈은 내 땅에서 농사지어 수확한 곡식으로 가족과 배부르게 먹고사는 것이었어요. 일제강점기 민족지도자들은 독립된 나라에서 농민들이 토지를 소유할 수 있게 토지 개혁 약속했어요. 다만 구체적으로 토지를 어떻게 분배할 것인지에 대한 차이만 있을 뿐이었어요. 그러나 안타깝게도 일제의 패망 이후 미국과 소련이 한반도를 분할 점령하면서 국민이 그토록 원하던 토지 개혁은 뒤로 미뤄지게 됩니다.

미군정은 일제가 한반도의 토지를 빼앗고 관리하던 동양척식주식회사를 신한공사로 개편해요. 그리고는 동양척식주식회사와 일본인 소유 농지를 귀속농지로 규정하여 신한공사에 귀속시킵니다. 또한 일제강점기 최대 70~80%까지 납부하던 소작료를 1/3로 제한하는 3·1제를 시행해요. 하지만 기존의 지주소작 관계를 인정하면서, 토지를 갖고 싶어 하던 한국인의 기대를 충족시키지는 못해요. 반면 북한은 1946년 3월 5일 지주가 소유하던 토지를 어떤 대

농지개혁법 제정 기사가 실린
《경향신문》

가도 지불하지 않고 빼앗는 다음 소유권을 농민에게 무상으로 분배하는 토지 개혁을 시행해요. 이것은 미소공동위원회가 열리기 전에 북한에 공산주의에 대한 지지 기반을 넓히기 위한 술수였어요. 나중에 북한은 개인의 소유권을 인정하지 않고, 모두 토지를 국유화시킵니다.

대한민국 정부도 수립되자마자 토지개혁에 대한 논의를 진행해요. 국가의 가장 큰 부분을 찾지 하는 토지개혁인 만큼 다양한 의견이 제시되면서, 농지개혁법이 시행되기까지 긴 시간이 걸렸어요. 1949년 1월 농지개혁법안이 제출된 1950년 3월 25일이 되어서야 법안과 시행령이 완성됩니다.

이승만 정부가 결정한 농지개혁법은 북한과 달리 유상매수 유상분배의 원칙을 따랐어요. 정부는 평균 생산량의 1.5배를 토지가격으로 책정한 다음, 지가증권으로 5년 동안 지주에게 토지대금을 지불하는 방식으로 토지를 사들였어요. 여기에는 지가증권이 기업을 설립하고 운영하는 자금으로 재투자되기를 바라는 마음이 들어 있었어요. 반면 소작농은 경작 가능한 면적의 토지를 먼저 받은 다음 정부가 매수한 농지가격과 동일한 금액을 현물로 5년 동안 내도록 했어요.

농지개혁에 문제가 없었던 것은 아니었어요. 농지개혁법 제정까지 시간이 오래 걸리면서 많은 토지가 개인 사이 거래로 소유권이 바뀌었어요. 그 결과 농지개혁으로 정부가 분배한 농지는 약 58만 정보로 1945년 소작지 면적의 약 40.4%에 불과했어요. 다시 말해 농지개혁법이 시행되기 이전에 많은 농지가 비싼 가격으로 소작농에게 판매되면서 농지개혁의 효과가 반감된 것이에요. 또한 6·25전쟁 기간 동안 농지개혁이 중단돼요. 농지분배는 전쟁 이전에 완료되었지만, 토지를 판 지주에 대한 보상과 농민들의 상환 등이 지연되거나 이루어지지 않은 것이죠.

또한 전쟁과 물가상승으로 지주들은 정부에서 받은 지가증권을 생활비로 사용하다 보니 산업자본으로 재투자되지 못해요. 농민들도 화폐가치가 떨어지는 상황에서 현물로 토지대금을 납부하다 보니 농사를 지을수록 손해를 보는 일이 많아졌어요. 결국 생활고를 견디지 못하고 정부에게서 산 토지를 되파는 일도 벌어져요. 그렇다고 농지개혁이 실패한 것만은 아니에요. 농지개혁은 지주와 소작농이라는 구조를 없애고, 근대적 토지소유를 확립하는 데 큰 역할을 해요. 무엇보다 농사짓는 사람이 농지를 가져야 한다는 경자유전의 원칙에 부합하는 농촌사회를 만들어요. 이것은 일한 만큼 대가를 가져가는 자본주의가 대한민국에 정착하게 되는 계기를 만들어줍니다.

10 ⎯⎯⎯⎯ 6·25 전쟁 발발 배경

제2차 세계대전이 끝난 이후 미국과 소련은 전쟁을 벌이지는 않지만, 정치·경제·외교 등 다양한 방면에서 대립했어요. 경쟁이 너무 심해서 전쟁이 일어나지 않는 것이 신기할 정도로요. 두 국가는 제2차 세계대전에서 강대국들이 맞붙는 전쟁이 어떤 결과를 가져오는지를 똑똑히 봤어요. 해가 지지 않는 나라라고 불리던 영국을 비롯한 여러 열강이 얼마나 초라해졌는지를요. 그렇기에 두 나라는 전쟁을 벌이지 않아요. 대신 약소국가를 이용하여 누구의 세력과 힘이 더 큰지를 겨룹니다. 그 첫 번째가 대한민국과 북한조선민주주의인민공화국 이에요.

물론 우리에게도 전쟁의 책임은 있어요. 같은 민족이 서로 싸웠다는 뜻으로 동족상잔이라 불리는 6·25 전쟁의 원인을 찾자면 광복 이전으로 올라가야 해요. 하지만 보통 남북한에 각각의 정부가 수립되고 난 후 서로를 불신하며 반목한 3년에서 원인을 찾아요. 대외적으로 미국과 소련의 경쟁이 가장 커요. 소련이 핵 개발에 성공하면서 직접적인 군사적 충돌이 지양되지만, 서로를 경계하는 수위는 매우 높았어요.

또한 중국에서 마오쩌둥이 이끄는 공산당이 본토를 차지하고, 장제스가 이끄는 국민당이 타이완으로 쫓겨나요. 그로 인한 사회주의와 자유민주주의의 대결이 더욱 치열해졌어요. 대내적으로는 38선 부근에서 남북이 크고 작은 군사적 충돌을 계속 일으키고, 서로를 비방하며 갈등을 키워나갔어요. 그런 가운데 대한민국 정부가 수립되면서 한반도에 주둔할 명분이 없어진 주한 미군이 1949년 6월 철수해요.

북한은 미군이 철수하면 전쟁을 통해 한반도를 통일하려고 마음먹고 있었어요. 1949년 3월 김일성은 박헌영 등 6명의 각료를 데리고 스탈린을 찾아가 남침을 위한 무기와 장비를 지원해 달라고 요청해요. 하지만 스탈린은 김일성의 요구를 거절합니다. 그 이유가 북한군이 남한군보다 절대적 우위에 있지 않으며, 무엇보다 미군이 남한에 주둔하고 있는 상황에서는 북한이 절대 이길 수 없다고 판단한 데 있어요. 하지만 스탈린은 미군 철수 이후에 어떻게 변할지 모를 상황을 대비하여 조·소군사비밀협정을 맺고는 전투기 등 무기와 120명의 특별군사고문단을 파견해요. 여기에 김일성도 중국과 조·중상호방위협정을 체결하여 북한이 침략받으면 중국 공산당이 같이 행동하겠다는 약속을 받아 내요.

그러나 북한 김일성이 전쟁을 일으키기로 결심하는 데 가장 영향을 준 것은 미국 국무장관 애치슨 선언이에요. 1950년 1월 12일 미국 신문기자협회에서 애치슨이 발표한 '아시아에서의 위기'라는 연설에 소련의 스탈린과 중국의 마오쩌둥의 영토적 야심을 저지하기 위해 미국의 방위선을 알류샨열도-일본-오키나와-필리핀으로 연결하는 선으로 정한다는 내용이 들어있었어요.

이 내용은 엄청난 반향을 일으켰어요. 미국의 도움 없이는 자주적인 국가운영이 힘들었던 대한민국과 타이완은 미국의 보호권에 들어가지 못했다는 사실에 너무도 크나큰 충격을 받아요. 반면 북

6·25 전쟁의 피난민들

한은 미국이 태평양 방위권에서 남한을 제외한 만큼 전쟁을 일으켜도 미국의 개입이 없으리라 판단해요. 혹시 미국이 대한민국을 뒤늦게 도와주려고 해도, 미군이 한반도에 도착하기 전에 전쟁을 끝내면 된다고 생각합니다.

　미군 철수와 애치슨 선언 발표 이후 김일성은 1950년 3~4월 스탈린을 다시 찾아가 남침을 허락받아요. 중국 마오쩌둥에게도 찾아가 남침계획을 알리고 허락과 지원을 약속받습니다. 당시 소련 바실리에프 중장에 의해 작성된 북한의 남침 전쟁 계획은 다음과 같아요. 남침 사실을 숨기기 위해 대한민국 정부에 평화통일을 위한 협의를 제안한다. 전쟁이 발발하면 2일 안에 서울 점령하고, 14일 안에 군산·전주·대구·포항을 잇는 선까지 진격한다. 24일이 지나기 전에 목포·여수·사천·부산 일대를 점령하여 전쟁을 끝낸다.

11 ——————— 6·25 전쟁의 전개

1950년 6월 25일 새벽 4시 북한은 선전포고 없이 38도선을 내려와 국군을 공격했어요. 이튿날 김일성은 남한 군대가 북침하여 어쩔 수 없이 내린 결정이라며 전쟁의 책임을 대한민국에 떠넘겨요. 그러나 누가 먼저 공격했는지가 당시에는 중요하지 않았어요. 왜냐하면 국군은 북한군을 상대로 제대로 싸우지도 못하고 후퇴만 계속했으니까요. 전쟁 발발 3일만에 서울을 빼앗긴 대한민국은 2개월 뒤에는 낙동강 일대를 방어선으로 삼아 간신히 버틸 뿐이었어요. 내일 당장 대한민국 정부가 망해도 이상하지 않다고 말할 정도로 매우 위급한 상황이었어요.

다행히 유엔안전보장이사회는 북한을 침략자로 규정하고, 미국 주도로 통합군사령부를 설치해요. 이에 따라 미국을 비롯한 16개국이 참전하는 유엔군이 대한민국을 지키기 위해 한반도로 속속 들어왔어요. 16개국이 참여한 유엔군의 총지휘는 미국의 맥아더가 맡았고, 이승만 정부는 국군의 작전권을 유엔군에게 넘겨요. 이로써 6·25 전쟁은 남과 북의 전쟁을 넘어 국제전쟁으로 확대됩니다.

유엔군 총사령관 맥아더는 많은 이들이 실패할 가능성이 크다며

인천상륙작전을 지휘하는 맥아더 장군

반대하던 인천상륙작전을 9월 15일 성공시켜요. 이어 28일에는 서울을 수복하고, 10월 1일에는 국군 3사단을 선두로 38도선을 넘어 북한 영토로 진격해요. 대한민국은 전쟁이 끝난 1956년부터 38선을 돌파한 10월 1일을 국군의 날로 지정하여 기념하고 있어요. 다시 1950년으로 돌아가서, 38선을 돌파한 다음 날 중국의 외교부장 저우언라이가 남한군의 북진은 문제없지만, 미군이 38선을 넘으면 한반도에 중국군을 파병하겠다는 경고를 보내요. 이것은 미국이 한반도를 넘어 공산주의 국가인 중국을 공격하지 않을까 걱정한 것이었어요.

반면 미국은 유엔군으로 전쟁을 수행하고 있는 만큼, 소련이 전쟁에 개입하지 못할 것이라 판단해요. 이 기회를 이용해 한반도의 공산주의 세력을 쫓아내고, 한반도를 미국의 영향권 아래 두고자 했어요. 실제로 국군과 유엔군은 거침없이 북쪽으로 진격하여 10월 10일에는 원산, 17일은 함흥과 흥남, 19일에는 북한의 수도 평양을 점령합니다. 소련의 스탈린이 김일성에게 중국으로 도망가서 망명 정부를 수립하라고 말할 정도로 북한의 패색이 너무도 짙었어요. 마침내 10월 하순에는 청천강 이북, 26일에는 제6사단이 압록강에 가까운 초산까지 진격해요. 군인들은 새해 첫날 통일된 나라에서 떡국을 먹을 거라며 희망에 찬 이야기를 나누기도 했어요.

11월 국군과 유엔군의 북진에 위기의식을 커진 중국이 30만 명의 군대를 북한에 파병하면서 상황이 확 바뀌어요. 유엔군은 중국이 참전하지 않을 것으로 판단하고 있어서, 중국군이 한반도에 들어오는 것조차 몰랐어요. 중국군을 패퇴하는 북한군으로 오인할 정도였죠. 중국군의 공격을 전혀 예상하지 못했던 유엔군은 제대로 대처하지 못하고, 결국 11월 28일 전면적인 후퇴를 결정해요. 이때 맥아더는 "전혀 새로운 전쟁이 시작되었다."라고 발표할 정도로 6·25전쟁의 양상이 급변합니다.

맥아더는 북한 지역에 있는 모든 부대에 38선으로 총퇴각하라고 명령해요. 그리고는 미국 정부에 승리하려면 중국을 공격해야 한다며, 원자폭탄 투하를 건의해요. 이를 두고 여러 차례 논의 결과 원자폭탄을 사용하면 소련이 개입하여 세계대전으로 발전할 수 있다며 맥아더의 주장을 받아들이지 않아요. 오히려 미국 트루먼 대통령은 맥아더를 해임하고 리지웨이를 임명하여 전쟁이 확대되는 것을 막아요.

그러는 상황에서 100만 명 이상 파병된 중국군의 인해전술로 서울을 다시 빼앗기고, 국군과 유엔군은 평택과 오산까지 밀려나요. 하지만 곧 전열을 정비한 국군과 유엔군이 반격에 나서면서 서울을 재탈환합니다. 이후 남북은 전쟁의 주도권을 서로 갖지 못하고, 휴전선 부근에서 밀고 밀리는 팽팽한 대치를 이어갑니다.

12 ──── 6·25 전쟁에서 벌어진 민간인 학살

6·25 전쟁은 안타깝게도 민간인의 희생이 많았어요. 그중에는 북한군이 아닌 대한민국 정부와 국군에 의해 억울하게 희생된 분과 그로 인해 고통받는 가족도 있어요. 우선 보도연맹으로 희생된 민간인이 있어요. 1948년 12월 '국가보안법' 시행에 따라 좌익사상에 물든 사람을 전향시켜 올바른 길로 인도한다는 명목으로 국민보도연맹이라는 반공단체가 만들어져요. 1949년 말에는 국민보도연맹에 가입된 사람이 30만 명에 달했어요. 이것은 남한 지역에 공산주의자가 많아서가 아니었어요. 지역마다 국민보도연맹에 가입시켜야 하는 할당제가 있어서 공산주의자가 아니더라도, 강제 또는 약간의 쌀을 받고 가입하는 사람도 많았어요.

　6·25 전쟁 초기 후퇴하던 대한민국 정부와 경찰들은 국민보도연맹에 가입한 사람들이 북한군과 협력하여 폭동이나 테러를 획책할 가능성이 있다며 마구 잡아들여 즉결 처형했어요. 이 과정에서 재판도 없이 희생당한 민간인의 수가 얼마나 되는지 아직도 정확하게 파악되지 않고 있어요. 이 역사적 사건은 영화 〈태극기 휘날리며〉에서 장동건의 여자친구가 국민보도연맹이었다는 이유로 처

형당하는 장면으로 나오기도 해요.

또 다른 민간인 피해로 노근리 양민 학살사건이 있어요. 1950년 7월 25일부터 29일까지 미군은 충청북도 영동 황간면 노근리 경부선 철로에 영동읍 주곡리, 임계리 주민 500여 명을 모이게 해요. 미군이 안전하게 피난시켜 준다는 말을 믿고 철로에 나온 사람들은 피난하던 도중 하늘에서 날아오는 전투기를 보게 돼요. 그리고 얼마 후 비행기에서 폭탄이 떨어지면서 많은 사람이 목숨을 잃어요.

이것은 피난민 속에 북한군이 있다고 오인한 미군이 벌인 민간인 학살이었어요. 이때 폭탄을 피해 일부 사람들은 철교에서 뛰어내려 굴다리로 숨어요. 하지만 미군은 굴다리 앞 야산에 기관총을 걸어놓고 7월 29일까지 굴다리를 빠져나오는 민간인을 쏘아 죽여요. 그로 인해 죽은 민간인의 수가 226명인데, 대부분이 노약자와 어린이였습니다.

민간인 학살 중에서도 가장 잘 알려진 사건은 한강 인도교 폭파예요. 6·25 전쟁이 발발하자마자 도망쳤던 이승만 대통령은 대국민담화로 북한군에게서 서울을 사수하는 것을 넘어 북진하고 있다고 거짓말을 해요. 대통령의 말을 철석같이 믿고 피난하지 않다가, 북한군이 서울에 들어오자 서울 시민은 서둘러 한강 인도교를 통해 피난길에 올라요.

다리 위에 발 디딜 틈 하나 없이 피난민으로 가득 차 있을 때, 북한군의 진격을 막기 위해 한강 인도교를 폭파하라는 명령이 내려와요. 당시 육군참모장 채병덕 소장의 지시 아래 공병감 최창식 대령이 1950년 6월 27일 한강 인도교를 폭파해요. 이 과정에서 500~800여 명의 시민이 희생됩니다. 이승만 정부는 국민의 비난을 회피하기 위해 최창식 대령에게 책임을 뒤집어씌우고 총살형을 집행해요.

마지막으로 1951년 2월 벌어진 거창 양민 학살사건도 있어요.

북한군을 막기 위한 한강대교 폭파 장면

1950년 12월 중국군의 개입으로 국군과 유엔군이 후퇴하자, 산으로 도망쳤던 북한군과 남로당이 유격 활동을 벌이기 시작했어요. 이들을 공비라고 부릅니다. 특히 지리산 일대는 공비가 많이 활동하는 지역이어서 낮에는 국군이 마을을 통제하고, 밤에는 인민군이 지배하는 모습이 연출되기도 했어요. 그런 가운데 공비를 토벌하기 위해 만들어진 육군 제11사단 9연대 3대대가 거창군 신원면 주민 800~1,000여 명을 신원국민학교로 모이게 해요.

그리고는 노약자와 아녀자 그리고 어린아이를 제외한 600여 명을 박산 골짜기에서 기관총으로 집단 학살하고 시신을 불태워버려요. 그리고는 무장 공비 187명을 처형했다고 허위 보고합니다. 국회가 사건 경위를 파악하기 위해 현지조사단을 보내자 국군은 무장공비로 위장한 부대를 보내 내쫓아버려요. 이 사건으로 국방장관 신성모는 해임되지만, 정작 민간인을 학살한 군인들은 1년 안에 모두 석방돼요.

13 기나긴 정전협정

1951년 5월 미국은 유엔주재 소련대사 말리크에게 비공식적인 경로로 휴전을 제의해요. 소련도 승산이 없는 6·25 전쟁을 더는 계속하고 싶지 않아서, 미국의 제안을 받아들여요. 1951년 6월 23일 소련이 유엔에 공식적으로 휴전을 제안하자, 중국과 북한도 휴전 협상에 나갈 의사가 있다며 환영합니다. 그 결과 전쟁이 발발한 지 1년 후인 1951년 7월 10일 정전회담이 시작돼요. 여기서 정전이란 양측의 합의에 따라 전투를 일시적으로 중단하는 것을 의미합니다.

정전 협상이 진행된다는 소식을 들은 이승만 정부는 절대 있을 수 없는 일이라며 강하게 반대해요. 그 이유는 정전 이후 유엔군이 물러나면, 북한군에 맞서 나라를 지킬 수 없는 약한 국력에 있었어요. 더 나아가 유엔의 도움을 받는 지금이야말로 통일할 수 있는 적기라고 판단했고요. 하지만 스스로 나라를 지킬 힘도 없고, 군 통수권과 작전권을 유엔에 넘긴 대한민국의 주장은 받아들여지지 않아요.

정전회담이 이루어진 첫 번째 장소는 개성의 유명한 음식점인

1953년 7월 28일 판문점에서 열린 첫 군사정전위원회 회의에서 블랙시어 브라이언 미 육군 소장과 리상조 조선인민군 소장

내봉장이었어요. 북한은 협상을 유리하게 끌고 가고자 내봉장 주변에서 연일 무력시위를 전개했어요. 이에 정상적으로 협상을 진행하는 것이 어렵다고 판단한 유엔은 새로운 장소를 북한 측에 요구해요. 그 결과 주변에 아무것도 없는 널문리 마을에서 정전 협상이 진행돼요. 이곳이 오늘날 판문점이라 불리는 곳이에요.

정전회담이 시작될 때는 모두가 금방 끝날 줄 알았어요. 그런데 예비회담 1회, 본회담 759회, 분과위원회 회담 179회, 참모장교 회담 188회, 연락장교 회담 238회가 열리며 무려 2년 가까이 회담이 진행돼요. 안타깝게도 정전회담이 이루어지는 동안에도 남과 북은 한 치의 땅이라도 더 확보하려고 치열한 전투를 벌였어요. 그로 인해 많은 인명이 희생됩니다. 정전회담이 이렇게 길어진 데에는 전쟁포로 처리를 두고 합의가 이루어지지 않은 것이 가장 큰 이유였어요. 정전회담에서 논의된 군사분계선 설정, 휴전 감시기구 구성은 1952년 5월에 타결되었는데 말이죠.

전쟁포로 문제에 대한 합의가 이루어지지 않자, 정전회담이 중단되어요. 그러나 1953년 소련 공산당 서기장 스탈린의 죽음과 한국전쟁의 정전을 공약으로 제시한 아이젠하워가 미국 대통령에 당선되면서 정전회담은 다시 진행돼요. 그러자 정전회담의 종결을 원하지 않은 이승만 정부는 정전 이후에도 미국이 대한민국 정부를 군사적 보호와 원조를 해줘야 한다고 강하게 요구해요.

하지만 미국은 아무런 실익도 거둘 것이 없는 한반도에서 하루라도 빨리 발을 빼고 싶어서, 이승만 정부의 요구를 무시해버려요. 이에 이승만 정부는 대한민국의 보호와 원조를 약속하지 않으면 유엔군에서 탈퇴하겠다고 미국을 강하게 압박해요. 말만이 아니라 단독으로라도 북한과 전쟁할 의지가 있다는 것을 보여준다면서 거제도에 있던 중국과 북한의 전쟁포로를 1953년 6월 18일 석방해버립니다.

거제도 전쟁포로 석방은 2년 동안 진행해 온 정전회담을 무산시킬 정도로 큰 파장을 일으켜요. 미국은 이승만 정부가 유엔의 결정을 무시한 단독 결정에 책임을 져야 할 것이라며 크게 화를 냈지만, 곧바로 태도를 바꿔요. 만약 미군 철수 후 대한민국이 전쟁을 계속 수행하다 망해버리면, 국제사회에서 미국의 영향력이 약화할까 걱정되었거든요. 그래서 대한민국에 미군을 주둔하고 원조하겠다는 한미상호방위조약을 체결하기로 대한민국 정부에 약속해요. 그 결과 1953년 7월 27일 국문·영문·한문으로 쓰인 5조 63항의 본 조약문과 11조 26항인 부록으로 구성된 정전협정이 체결돼요. 이로써 전쟁 발발 3년 1개월 만에 한반도에서 전투가 멈추게 됩니다.

14 독재가 시작되는 사사오입 개헌

이승만 정부는 6·25 전쟁을 유엔의 도움을 받아 대한민국을 지켜 냈어요. 정전협정 과정에서도 한미상호방위조약을 맺어 미국으로 부터 군사적 보호와 무상원조라는 경제적 실리를 얻어냅니다. 하지만 장기 집권을 위해 민주주의 정신에 위배되는 활동을 전쟁 중에 벌여요. 이승만은 전쟁 중인 1952년 간선제로서는 제2대 대통 령에 당선되기 어렵다고 판단해요.

그래서 직선제로 대통령을 선출하도록 헌법을 개정하고자, 경찰과 군대를 동원하여 국회에 출근하는 국회의원 50여 명이 타고 있는 통근버스를 헌병대로 강제 연행합니다. 그리고는 10명의 국회의원을 국제공산당에 관련되었다는 죄명으로 체포해요. 이승만 정부의 이와 같은 불법 행동으로 대통령 선거를 직선제로 바꾸는 동시에 국회를 양원제로 운영하는 발췌개헌을 강제로 통과시켜요.

전쟁이 끝난 1954년에는 이승만과 집권당인 자유당이 이승만 의 영구적인 집권을 위해 헌법을 다시 개정하려는 움직임을 보여 요. 대통령 출마 자격으로 재선에 의한 1차 중임만 가능하다고 명 시한 현행 헌법을 바꾸지 않는 이상 이승만은 대통령 선거에 출마할 수 없었거든요. 이외에도 개정하려는 헌법 내용에는 초대 대통령 3선 금지조항 삭제 외에도 국민투표제, 국무총리제 폐지, 부통령에게 대통령 지위 승계권 부여 등이 담겨 있었어요.

자유당은 헌법 개정안을 국회에서 통과시키기 위해 민의원 선거에 자유당 후보로 출마 자격으로 3선 금지조항 철폐 동의를 내걸어요. 그리고 무소속 국회의원이 헌법 개정안에 찬성표를 던지도록 금품 등을 제공하는 방법으로 포섭해요. 그 결과 당내 김두한을 제외한 전체 의원과 무소속 의원 136명이 헌법 개정안에 찬성한다는 서명을 받아내요. 이에 자신감을 얻은 자유당은 1954년 11월 18일 국회에 헌법 개정안을 상정하고 27일 비밀투표에 부쳐요.

헌법이 개정되려면 재적의원 203명의 2/3인 136표를 반드시 얻어야 했어요. 자유당으로서는 야당에서 일부 찬성표가 나오면 헌법 개정에 필요한 정족수인 136표를 거뜬히 넘을 것이라 예상하며 개표 결과를 기다렸어요. 그러나 개표가 끝나는 순간 자유당 관계자들은 고개를 푹 숙이며 깊은 한숨을 내뱉었어요. 투표 결과 재적인원 203명 중 202명이 투표하여 찬성 135표, 반대 60표, 기권 7표가 나왔거든요. 국회부의장 최순주가 투표 결과에 따라 부결을 선포하면서, 이승만은 다음 대통령 선거에 출마할 수 없게 됐어요.

자유당은 긴급히 회의를 열어 대책 마련에 나섰어요. 그리고는 다른 나라에서도 찾아볼 수 없는 억지 논리를 당론으로 결정해요. 자유당의 주장에 따르면, 헌법 개정에 필요한 정족수는 136표가 아니라 135표라는 거에요. 재적인원 203명을 2/3를 수학적으로 계산하면 135.333 나오는데 5 이하를 반 내림하여 계산해야 한다는 것이었어요. 사람을 소수점으로 계산하는 것이 상식적으로 이해가 되나요? 야당 의원들은 자유당의 억지 주장을 절대로 받아들일 수 없다며 국회에서 퇴장해요.

자유당은 야당의 반대에 아랑곳하지 않고, 헌법 개정 부결을 부

사사오입 개헌으로 난장판이 된 국회

정하는 번복가결동의안을 제출해요. 야당 국회의원 없이 투표가
진행된 결과 김두한과 민관식을 제외한 123명의 동의를 얻어 헌법
개정안을 통과시켜버립니다. 이로써 이승만은 아무런 법적 문제없
이 다음 선거에서도 대통령 후보로 출마할 자격을 갖게 돼요. 또한
나이가 많은 이승만 대통령이 임기 중 죽더라도, 부통령이 그 지위
를 승계할 수 있는 법적 장치도 만들어진 거죠.

　물론 이런 불법 행위를 규탄하며 자유당에서 탈당한 국회의원
수십 명과 야당이 이승만 정부와 집권당인 자유당의 횡포를 막기
위해 단일 야당을 만들려는 노력을 펼치면서 민주당과 진보당이
결성됩니다. 이후 1954년 사사오입 사건은 독재자들이 영구집권
을 위해 헌법을 마음대로 개정하는 선례가 되어, 민주주의로 나아
가는 데 있어 걸림돌이 됩니다.

15 — 조봉암을 억울하게 죽인 진보당 사건

자유당은 사사오입으로 헌법을 개정하여 이승만을 대통령 후보로 내세우는 데 성공해요. 하지만 이들도 통제할 수 없는 것이 국민의 마음이었어요. 그들도 이승만의 발췌개헌과 사사오입 개헌으로 민주주의가 훼손되어 독재국가로 나아갈까 걱정하는 국민이 많다는 것을 알았으니까요. 실제로 국민은 독재정권을 원하지 않고 있음을 대통령 후보 조봉암에게 투표하는 모습으로 보여줘요.

1956년 제3대 대통령 선거에서 '갈아봤자 별수 없다.'를 구호로 내세운 자유당의 이승만은 504만여 표를 얻으며 대통령에 당선돼요. 이때 1952년 제2대 대통령 선거에서 79만 표를 얻는 데 그쳤던 야당 후보 조봉암이 '이번에도 못 바꾸면 4년 다시 더 못 산다.'라는 구호로 216만 3,808표를 얻어요. 이에 이승만 정부는 큰 위기감을 느끼게 돼요.

조봉암과 이승만의 표 차이가 약 300만 표인데 자유당이 왜 걱정했는지 선뜻 이해되지 않죠? 여기에는 대통령 후보였던 신익희의 죽음과 연관이 있어요. 선거를 얼마 남겨두지 않은 시점에서 전남 지역으로 선거유세를 위해 이동하다 죽은 신익희 후보를 추모

진보당 사건 당시 법원의 판결을 듣고 있는 피의자들

하는 뜻으로 185만 명의 유권자가 무효표를 던져요. 만약 신익희
가 선거 직전 죽지 않고, 조봉암과 단일화를 이루었다면 이승만이
대통령에 당선되기 힘든 상황이 벌어졌을지도 모른다는 생각이 위
기감을 불러온 거죠.

　이승만 정부는 대통령 선거 이후 무서운 속도로 국민의 인기를
얻고 있는 조봉암을 제거하기로 마음먹어요. 이를 위해 1958년 1
월 9일 서울시 경찰국은 김달호·박기출·이동화 등이 정부를 혼란
하게 만들려는 목적으로 진보당을 창당했고, 북한 정부와 함께 대
한민국 정부를 전복할 계획을 세우고 있다는 보고를 올려요. 그리
고는 민의원을 선출하는 총선거가 있기 4개월 전인 1958년 1월 12
일 진보당 간부 10여 명을 체포하더니, 이틀 뒤인 14일 조봉암을
국가보안법위반 혐의로 체포합니다.

　검찰이 재판장에 제출한 기소장을 보면 진보당이 주장하는 평
화통일론이 대한민국의 존립을 위협하고 있다고 밝히고 있어요.
더불어 진보당이 주장하는 여러 정책이 북한이 주장하는 정책과
같은 것이 많은 것으로 보아 북한의 지령을 받아 만들어진 불법단
체라고 주장했어요. 그리고는 조봉암에게 간첩이라는 혐의를 덮어

써어요. 검찰과 별도로 육군 특무대도 독자적으로 조봉암과 진보당 사건을 수사했어요.

1958년 2월 20일 육군 특무대는 양이섭 사건 **또는 양명산 사건** 을 발표했어요. 양이섭은 1955년 미군 첩부기관에 고용되어 북한을 두 번 갔다 오고, 1956년부터 57년까지는 육군 특무정보기관인 HID 요원이 되어 북한을 10차례 갔다 온 인물이에요. 국가를 위해 활동한 양이섭을 육군 특무대는 이중간첩이라며 밝히며, 북한의 지령과 공작금을 조봉암에 전달한 사실을 포착했다고 발표해요. 조봉암이 강하게 부인했지만, 누구도 조봉암의 말에 귀를 기울이지 않았어요. 특히 이승만 대통령은 '조봉암은 벌써 조치되었어야 하는 인물'이라고 강조하면서 강한 처벌을 내려야 한다고 말해요.

조봉암과 진보당이 간첩이라는 검찰의 기소에 따라 1958년 3월 시작된 공판은 5개월에 걸쳐 진행돼요. 그러나 검찰이 제시한 증거자료 곳곳에서 허점이 계속 발견되면서 조봉암이 간첩과 접선했다는 혐의가 거짓임이 밝혀져요. 그럼에도 불구하고 조봉암은 1심 재판에서 징역 5년 형을 받아요. 이에 이승만 대통령이 1심 판결이 잘못되었다는 발표로 사법부를 압박합니다.

반공청년단을 자처하는 청년들도 법원에 난입하여 난동을 부리며 재판부를 협박하고요. 다시 열린 2심 재판에서 양이섭이 특무대의 협박에 허위 진술했다고 발표하지만 인정되지 못해요. 결국 3심 재판 결과 이승만 정부의 의도대로 1959년 조봉암은 처형돼요. 2011년 1월 20일 대법원은 과거의 재판이 잘못되었음을 인정하며 무죄판결을 내리며 명예를 회복시켜 줍니다.

16 — 이승만 정부의 몰락을 가져온
3·15 부정선거

1960년 3월 15일 제4대 대통령 선거와 제5대 부통령선거를 앞두고 이승만과 자유당은 민심이 떠나고 있는 현실에 깊은 고심에 빠져요. 여기에 쐐기를 박은 것이 1958년 5월에 치러진 제4대 민의원 선거였어요. 자유당은 서울 16개 의석 중 1개만을 가져오면서 이대로 가면 권력을 놓쳐버릴지도 모른다는 위기감을 갖게 돼요. 그리고 이 위기감은 3·15 부정선거로 이어지게 됩니다.

이승만 대통령은 선거에서 승리하기 위한 첫 번째 작업으로 최인규를 내무부 장관에 임명해요. 최인규는 장관에 취임하는 자리에서 "공무원들은 대통령 선거에 있어 선거운동을 해도 관계없다." 라고 발언하는 등 노골적으로 정부가 선거에 개입하겠다는 의사를 밝혀요. 그리고는 치안국장, 경찰국장, 도지사 등을 대폭 교체하여 정부 조직을 선거운동에 활용할 준비를 마칩니다. 이에 발맞춰 자유당은 6월 29일 전당대회를 통해 이승만을 대통령 후보, 이기붕을 부통령 후보로 지명해요.

선거에 돌입하자 내무부 장관 최인규는 "대통령에 충성하지 않는 공무원은 정부에 둘 수 없다."라며 공무원에게 부정선거에 개입하라고 노골적으로 강요해요. 자유당은 제4대 민의원 신도환을 새로 조직한 대한반공청년단 단장으로 삼은 뒤 기존의 9개 반공청년 단체를 흡수해요. 대한반공청년단에 가입한 사람 대부분이 조직폭력배였고, 이들은 거침없이 야당 선거운동을 방해하고, 시민을 위협하는 등의 방법으로 부정행위를 저질러요. 또한 임화수가 조직한 반공예술인단에 소속된 방송인과 예술인들은 이승만과 자유당을 선전하는 도구로 활용되었어요.

그런데 공무원과 폭력배 그리고 문화예술인을 선거운동에 동원하기 위해서는 막대한 비용이 필요했어요. 이에 정부의 기관장들은 산업은행, 서울은행, 제일은행에서 융자받는 형식으로 자금을 마련하여 자유당에 전달합니다. 1960년 1월 23일 경북 영일과 영주에서 열린 재선거는 3·15 부정선거의 연습 판이었어요. 투표 날 이전에 자유당 후보를 선택한 투표지가 투표함에 넣어져요. 무려 그 수가 전체 유권자의 40%였어요. 또한 투표 당일에는 3명·9명이 짝을 지어 투표장에 들어가게 했어요. 그리고 조장이 투표지에 어느 후보를 찍었는지 확인하게 하는 공개투표가 이뤄집니다. 지금으로서는 상상하기 어려운 일들입니다.

반면 야당이던 민주당은 조병옥을 지지하는 구파와 장면을 지지하는 신파 사이에 갈등이 해소되지 못하면서 자유당의 부정선거를 제대로 규탄하지 못해요. 1959년 11월 어렵게 조병옥을 대통령 후보로, 장면을 부통령 후보로 지명하며 선거 유세에 들어가요. 이듬해 조병옥은 이승만 정부에 대통령 선거를 앞당기지 말라고 당부하고 미국으로 치료받으러 갔다가 1960년 2월 15일 죽고 말아요. 이승만 정부는 조병옥의 죽음으로 이승만이 유일한 대통령 후보가 된 사실을 매우 좋아했어요. 이제 남은 일은 이승만이 대통령 임기 중 고령으로 죽을 경우, 대통령 지위를 승계할 부통령직에 이기붕을 반드시 당선시키는 일만 남았어요. 하지만 이기붕에 대한

3·15 부정선거 개표 장면 ⓒ학국학중앙연구원

국민 지지가 너무 낮아 쉬운 일이 아니었어요.

　이를 위해 자유당은 장면 부통령 후보의 한강 백사장 선거 연설을 취소시키는 등 전국적으로 선거운동을 방해해요. 이 과정에서 여수에서는 정치깡패의 테러에 의한 민주당원 56명이 다치는 일도 발생해요. 그리고 3월 15일 선거날 대리투표·사전투표·무더기 투표·3인조 공개투표가 이뤄져요. 또한 민주당 참관인의 투표소 입장과 참관을 막고, 투표장 주변에서는 자유당 완장을 찬 사람과 경찰 그리고 반공청년당이 이기붕을 선택하지 않으면 가만두지 않겠다고 협박했어요. 이와 같은 노골적인 부정선거 결과 이승만은 유효투표 수 88.7%인 960만 표, 이기붕은 79%에 해당하는 830만 표를 득표하면서 대통령과 부통령으로 당선이 됩니다.

17 ── 독재정권을 무너뜨린
4·19 혁명

광복 이후 국민 스스로 정부를 수립하고, 북한의 침략을 막아내어 나라를 지켜냈다는 경험은 한국인에게 주인의식이라는 개념을 자리 잡게 해줍니다. 여기에 의무교육의 확대로 민주주의의 중요성을 인지하는 선진 시민의식을 갖춘 학생과 청년들이 대폭 늘어나요. 한 예로 1945년 약 150만 명이던 학생이 1960년 450만 명으로 증가했고, 글자를 읽고 의미를 해석할 줄 아는 문자 해득률이 22%에서 78%로 증가합니다.

여기에 미국의 무상원조가 급격하게 줄어들면서 경제적으로 삶이 어려워진 국민은 이승만 정부에 불만을 품었어요. 시민의식을 가진 국민들이 이승만 정부의 횡포에 불만을 가진 상황에서 벌어진 3·15 부정선거는 그동안 참아왔던 국민의 분노를 터트려버려요. 이제 학생과 시민들은 부정선거를 저지르는 자유당과 이승만 정부를 비판하는 것을 넘어 행동으로 맞서는 움직임을 보여요.

선거가 있기 전인 2월 28일부터 학생들은 부정선거를 규탄하는 시위를 벌였어요. 3·15 부정선거 이후에는 민주당이 선거 결과에 승복하지 못하고 무효를 선언합니다. 특히 마산에서는 민주당 의

1960년 4월 19일 민주주의를 외치며 거리로 나선 학생들의 모습

원 정남규를 필두로 수천 명의 시민과 학생이 가두행진하며 부정 선거에 항의했어요. 경찰은 민주당 간부 6명을 체포하는 등 시위대를 무력으로 강제 해산해요. 그럼에도 시민 1만여 명이 다시 모여 마산시청에서 시위를 벌입니다.

이 과정에서 실종되었던 김주열 고등학생의 시신이 4월 11일 마산시 신포동 중앙부두 앞 바다에서 오른쪽 눈에 최루탄이 박힌 채 떠오릅니다. 누가 봐도 공권력에 희생된 김주열의 죽음에 마산 시민과 학생은 거리로 나와 항의 시위를 벌였어요. 그런데 이승만 정부는 사과가 아닌 마산 시위가 공산주의자에 의해 조종되고 있다고 말도 안 되는 담화를 발표합니다.

반민특위부터 발췌개헌, 진보당 사건 등 이승만 정부를 비판하는 사람과 단체를 숙청하는 데 공산주의를 사용해 온 것을 시민은 다 알고 있었어요. 그런데 어린 학생의 죽음마저도 공산주의 소행으로 조작하는 이승만 정부의 행태를 국민들은 더는 보고만 있을 수 없었어요. 4월 18일 오후 1시 고려대학교 학생 3천 명은 '4·18 선언문'을 낭독한 뒤, 국회의사당으로 가서 연좌 농성을 벌였어요. 그런데 이승만 정부는 오후 7시 종로 천일백화점 앞에서 대한반공청년단 소속 유지광 등 70여 명의 폭력배를 동원하여 돌아가는 학생들을 폭행했어요. 이 과정에서 50여 명의 학생이 다치자, 언론은 이 사실을 전국에 보도합니다.

4월 19일 고등학생과 대학생 등 10만여 명이 국회의사당과 경무대로 행진하며 규탄 시위를 벌였어요. 이승만 정부는 시위대를 향해 발포를 명령했고, 이 과정에서 경찰이 쏜 총탄에 많은 학생과 시민이 죽거나 다쳐요. 그럼에도 시위대가 해산하지 않자, 이승만 정부는 서울에 계엄령을 선포하고 육군참모총장 송요찬을 계엄사령관에 임명합니다. 그런데 시위는 서울에서만 일어난 것이 아니었어요. 부산·광주·인천 등 전국에서 부정선거를 규탄하는 시위가 일어났고, 이를 진압하는 과정에서 수많은 사상자가 발생했어요.

그럼에도 이승만 정부는 4월 20일 시위대를 비판하는 담화를 발표하다가, 23일 되어서야 이기붕이 부통령 당선 사퇴를 고려해 보겠다고 발표해요. 다음날인 24일 이기붕은 모든 공직에서 물러나고, 이승만 대통령은 자유당 탈당을 발표하는 꼼수로 정권을 유지하려는 모습을 보여요.

이에 대학교수단 258명은 25일 서울대 교수회관에 모여 재선거를 실시하라는 시국 선언문을 발표하자, '이승만 물러가라.'라는 구호 아래 전국 수십만 명이 시위에 동참했어요. 결국 이승만 대통령은 26일 10시 30분 라디오를 통해 하야 성명을 발표했고, 그날 오후 2시 국회는 이승만 하야를 승인합니다. 4월 27일 이승만이 하와이로 망명하면서, 제1공화국은 11년 8개월 만에 국민의 힘에 의해 막을 내리게 됩니다.

18 ── 장면 내각과 5·16 쿠데타

이승만 사임 이후 외무부 장관 허정이 수석 국무위원이 되어 과도정부 수반이 돼요. 허정 과도정부는 전 내무부장관 최인규와 치안국장 이강학, 자유당 부위원장 한희석 등을 구속하며, 부정선거에 대한 시민의 불만을 잠재우고자 했어요. 하지만 그동안 저지른 부정행위를 자진 신고하도록 하는 등 이승만 정부와 자유당 간부를 보호하려는 모습도 보여요.

이것은 허정 과도정부가 이승만 정부에서 활동하던 사람들로 이루어진 결과이자 한계였어요. 그래도 민주화를 염원하는 국민을 의식하지 않을 수 없었죠. 그 결과 내각책임제와 국회양원제 그리고 대통령 간선제를 골자로 하는 개헌이 이뤄지게 돼요. 이는 대한민국 역사상 처음으로 공권력이 개입되지 않은 합헌적인 개헌이라는 의미를 갖게 됩니다.

개정된 헌법에 따라 7월 29일 제5대 민의원 선거와 제1차 참의원 선거가 진행돼요. 그 결과 민주당이 민의원 233석 중 175석, 참의원 58석 중 31석을 얻으며 이끄는 여당이 됩니다. 민주당의 윤보선과 장면이 대통령과 국무총리가 되면서 제2공화국이 출범하자,

국민은 새로운 세상을 꿈꿨어요. 하지만 집권당이 된 민주당은 국민의 요구를 담아내는 정치를 펼치지 못했어요. 이승만 정권의 잘못을 철저하게 묻지 않고, 미온적으로 대처했거든요. 그동안 끊임없이 요구되던 언론 민주화 운동과 노동조합 운동 그리고 학생들의 남북 문화교류 제안 등 각계각층에서 쏟아지는 요구에 제대로 대처하지 못해요. 오히려 어설프게 반공법으로 대응하려다 국민의 저항에 부딪히고 말아요.

이런 상황에서 박정희 소장과 김종필 중령을 중심으로 한 육사 8기생이 제2공화국이 출범한 지 보름만인 1960년 9월에 쿠데타를 모의해요. 그리고 1961년 5월 16일 새벽 제2군 부사령관 소장 박정희는 250여 명의 장교와 3,500명의 병력을 동원한 쿠데타를 일으킵니다. 해병대와 공수부대가 한강대교에 도착하는 것을 시작으로 무장한 여러 군부대가 서울로 향해요.

이들은 장도영 육군참모총장의 지시로 출동한 헌병 제7중대 병력과 약간의 총격전을 벌인 것 외에는 특별한 저항을 받지 않고 서울 시내 진입에 성공합니다. 이들은 곧바로 육군본부와 서울시청과 서울시 경찰국 그리고 중앙방송국을 오전 4시 30분 이전에 점령해버려요.

아직 많은 사람이 잠에서 깨기도 전에 서울의 주요 기관을 점령한 박정희와 쿠데타 세력은 혁명공약 6가지를 라디오방송으로 발표한 뒤, 비상계엄령과 혁명공약을 선포해요

1. 반공을 국시의 제일로 삼고 반공태세를 재정비 강화한다.
2. 미국을 위시한 자유우방과의 유대를 공고히 한다.
3. 모든 부패와 구악을 일소하고 청렴한 기풍을 진작한다.
4. 민생고를 시급히 해결하고 국가 자주경제의 재건에 총력을 경주한다.
5. 국토통일을 위하여 공산주의와 대결할 수 있는 실력을 배양한다.
6. 양심적인 정치인에게 정권을 이양하고 군은 본연의 임무로 복귀한다.

5·16 쿠데타를 주도한 박정희

　미국은 박정희 쿠데타를 부정적으로 인식하며, 배타적인 모습을 보였어요. 박정희 쿠데타 세력에 미국은 민주당 정부를 지지하고 있으며, 한국군의 작전지휘권이 유엔군 사령관에 있음을 밝혀요. 그렇지만 미군을 직접 동원하여 문제를 해결하기보다는 한국군을 이용한 쿠데타 세력을 진압하고자 했어요. 이때 군 통수권을 가진 윤보선 대통령은 정적이던 장면 총리를 제거할 기회로 인식하고 쿠데타 진압에 반대해요.

　이 과정에서 박정희 쿠데타를 반대하던 1군 사령관 이한림이 18일 체포되고, 육군사관학교 생도들은 쿠데타를 지지하는 가두행진을 벌여요. 결국 장면 총리는 내각 총사퇴를 발표하고, 정권을 군사혁명위원회에 넘겨요. 이튿날인 19일 박정희는 국가재건최고회의를 통해 권력을 장악하고, 20일 미국 정부에게서 쿠데타를 인정받아요. 이에 박정희는 혁명내각을 발표합니다.

19 장준하의 막사이사이상 수상

필리핀의 R.막사이사이는 제2차 세계대전에서 일본군에 맞서 싸우고, 대통령이 되어서는 토지분배와 부정·비리를 근절하기 위해 노력한 인물이에요. 그런데 안타깝게도 1957년 필리핀 세부의 한 대학에서 연설을 마치고 수도로 돌아오던 중 비행기 사고로 죽어요.

미국 록펠러 재단은 살아 있는 동안 존경받는 모범을 보인 막사이사이의 공적을 기리기 위해 50만 달러를 기부해요. 이 기금을 바탕으로 그의 생일인 8월 31일마다 종교, 국가, 인종, 계급에 상관없이 아시아를 위해 공헌한 사람에게 막사이사이상을 수여하고 있어요. 우리나라에서는 장준하가 막사이사이상을 최초로 수여받아요.

장준하는 1944년 일본군에 징집되지만, 자대 배치 후 6개월 뒤 탈영해요. 한국인으로서 독립군과 싸운다는 것은 장준하에게 있어 절대 용납할 수 없는 일이었거든요. 탈영 이후 김준엽의 도움으로 대한민국임시정부 한국광복군 간부훈련반에 입교하여 훈련받은 장준하는 대한민국임시정부가 있는 충칭으로 향해요. 2개월 동안 추위와 배고픔으로 여러 번의 죽을 고비를 넘기고 충칭에 도착한 장준하는 이범석이 이끄는 한국광복군 제2지대에 배속돼요. 이

막사이사이상 수상한 장준하를 다룬 기사

곳에서 미국 OSS와 국내진공작전을 위한 훈련을 받지만, 안타깝게도 일본의 갑작스러운 패망으로 작전이 취소돼요. 광복 이후 장준하는 대한민국임시정부 주석 김구의 비서로 국내로 돌아옵니다.

장준하는 1953년 통일과 민주주의 그리고 경제발전 등 대한민국이 앞으로 나아갈 바를 제시하는 내용의 월간종합잡지《사상계》를 발행해요.《사상계》는 전쟁으로 어려운 상황에서도 창간호가 3천 부가 발간될 정도로 큰 인기를 누렸어요. 이런 노력에 힘입어 장준하는 1962년 한국인 최초로 막사이사이 언론 문학 부문 수상자가 돼요.

수상 이유로 '지식인들의 국가재건 참여를 촉진하기 위해 불편부당한 잡지를 발간함에 있어 성실성을 나타냈고, 금전상의 이익이나 정치적 권력을 잡기 위해서가 아니라 한국의 새로운 세대를 계몽해 그들로 하여금 보다 자유로운 사회를 건설하는 길을 찾게 했다.'라 제시돼요. 이후에도《사상계》는 박정희 정부의 잘못도 과감하게 비판하면서 발행 부수가 10만 부를 넘길 정도로 큰 인기를 누려요. 하지만 1970년 박정희 정부는 《사상계》가 김지하의 시 〈오적〉를 게재한 것을 문제 삼아서 폐간시켜요.

장준하는 《사상계》 외에도 개인적으로 "박정희는 일본군 장교로 독립군에게 총부를 겨누었다. 과거 공산주의 남로당 조직책으로 있을 당시 조직원 동료를 팔아 자기 목숨을 살린 사람이다. 국민을 물건으로 취급하여 우리나라 청년을 월남에 팔아 정권을 유지하고 있다."라며 박정희 정부에 대한 비판을 계속 이어갔어요. 그로 인해 1966년 대통령 명예훼손 혐의로 복역하게 됩니다.

이때 장준하는 정치인이 되어 박정희 정부의 독재를 막아야 한다고 생각하며 감옥에서 동대문 을구 국회의원 선거에 출마해요. 감옥에서 선거운동을 펼치지 못했음에도 장준하는 1967년 제7대 국회의원으로 당선이 됩니다. 하지만 얼마 후 박정희 대통령에 의해 국회가 해산되고 1972년 유신체제가 출범하게 돼요.

이에 장준하는 개헌 100만인 청원 서명운동에 나섰고, 10여 일 만에 30만 명의 서명을 받아내요. 다급해진 박정희 정부는 긴급조치를 발표하여 장준하를 구속하고, 15년 형을 선고해요. 이 소식에 미국을 비롯한 국내외에서 장준하를 석방하라는 압력이 밀려오자 박정희 정부는 구속한 지 11개월만인 1974년 12월 3일 석방해요.

하지만 1975년 8월 17일 경기도 포천 약사봉에서 장준하가 실족사로 죽어요. 아들 장호권은 장준하의 시신이 너무 멀쩡하고, 누가 끌고 갈 때 생긴 것처럼 겨드랑이에 멍이 있었다고 밝혔어요. 여기에 장준하가 추락하는 모습을 봤다는 증언이 거짓임이 드러나며 의문사가 제기됩니다. 2004년 장준하의 죽음을 다시 진상조사를 하지만, 자료 부족으로 죽음의 원인을 파악하는 것이 불가능하다는 결론이 발표됩니다.

20 ─── 제3공화국 출범과 한일협약

1962년 12월 17일 국가재건최고회의는 직선제로 대통령을 선출하도록 헌법을 개정해요. 그리고 부통령제를 없애고 국무총리제를 시행해요. 또한 국회의원 선출에 있어서도 비례대표제를 도입해요. 또한 구정치인 정화법을 발표하고, 구악 일소라는 명분으로 이정재 등 폭력배를 처벌하며 국민의 지지를 많이 받았어요.

하지만 1963년 2월에는 김종필 주도로 민주공화당을 창당하는 과정에서 주가조작, 정치자금 횡령 등 박정희와 관련한 4대 의혹이 터져요. 무엇보다 혁명공약에서 군인으로 돌아가겠다는 약속과 달리 박정희는 전역해서 공화당 총재직과 대선후보를 수락해요. 이 모습에 실망한 많은 국민이 박정희에게 등을 돌렸어요. 그래도 대통령 선거에서 민주정의당 윤보선 후보를 15만여 표의 근소한 차이로 승리하면서 제5대 대통령에 당선돼요.

박정희 정부는 '선 건설 후 통일'을 외치며 경제성장을 강조했어요. 그러나 도로·항만·철도 등 기간산업 육성 등 기업이 성장하는데 지원할 자금이 턱없이 부족했어요. 그래서 베트남에 군인을 파병하고 독일에 광부와 간호사 파견하는 등의 방법으로 해외에서 자금을 들여오려는 여러 노력을 펼쳐요. 그중의 하나가 지금도 찬반 논쟁이 뜨거운 한일기본조약이 있습니다.

태평양전쟁 이후 미국은 동아시아에 영향력을 확대하는 전진기지로 일본을 활용하기 위해 전쟁에 대한 책임을 제대로 묻지 않았어요. 그 결과 일본은 여러 동아시아 국가에 고통과 피해를 준 사실은 잊고, 원폭 투하로 자신들이 피해자가 되었다는 잘못된 인식을 하게 돼요. 그로 인해 대한민국과 수교를 맺는 협상 테이블에서 한국에 남겨놓은 재산을 돌려달라거나, 과거의 잘못은 일본 군벌이 저지른 일이어서 지금의 일본 정부와는 상관이 없다는 등 도저히 이해할 수 없는 이야기만 늘어놓아요. 당연히 한일양국은 수교가 맺어지지 못해요.

그런 가운데 1961년부터 64년까지 한국·미국·일본 삼국 모두가 정권이 바뀌어요. 미국의 새로운 정부는 아시아에 영향력을 더욱 확대하고자 했고, 일본 정부는 한반도가 공산화되면 일본이 위험해진다는 부산적기론을 주장했어요. 박정희 정부도 일본과 수교를 맺어 미국에게서 권력을 확실하게 보장받고자 했어요. 이처럼 한·미·일 삼국은 서로의 이해관계를 확인하고 한일 국교 정상화를 위한 협상을 하게 됩니다. 이 과정에서 박정희 정부는 일본에게 사죄와 과거 배상금을 요구하는 대신 경제협력이라는 이름으로 수교를 맺으려고 해요.

중앙정보부장 김종필은 일본 외무대신 오히라 마사요시에게 무상 원조 3억 달러, 유상원조 2억 달러, 민간차관 1억 달러 이상을 제공 받는다는 약속을 받아와요. 일본의 사과와 배상금을 거론하지 않은 만큼 양국은 비밀리에 협상을 진행했어요. 하지만 둘이 나눈 비밀 메모가 알려지면서 국내에서 연일 규탄대회가 열렸어요. 박정희 정부는 김종필을 공화당 의장직에서 물러나게 하여 국민의 반발을 줄이고자 했지만, 서울에서만 18개 대학교 학생 1만 5천 명

한일협정에
서명하는
박정희 대통령

이 거리로 나와 한일기본조약 반대 집회를 여는 등 국민들의 저항
이 크게 일어나요.

이에 박정희는 계엄령을 선포하고 한일기본조약 반대를 외치
는 학생과 시민을 탄압했어요. 1964년 제7차 회담에서 일본 대표
다카스기 신이치의 "일본은 조선을 나아지게 하려고 식민지로 지배
했다. 일본의 노력은 결국 전쟁으로 좌절되었지만, 조선을 20년 정
도 더 가지고 있었으면 좋았을 것이다."라는 망언도 아무 문제 삼지
않았어요.

결국 1965년 2월 20일 서울에서 한일기본조약이 가조인되고,
6월 22일 일본 수상관저에서 한일기본조약이 조인돼요. 이 외에
도 부속 협정으로 '청구권 · 경제협력에 관한 협정', '한일어업협정',
'재일교포의 법적 지위와 대우에 관한 협정', '문화재 · 문화협력에
관한 협정'이 체결돼요. 이 소식에 학생과 시민 4만여 명이 효창운
동장에 모여 반대 시위하지만, 박정희 정부는 역사적 아픔과 국민
의 요구를 무시한 채 7월 14일 여당 단독으로 비준 동의안을 통과
시킵니다.

21 베트남 파병의 양면

1954년 제네바 극동 평화회의로 베트남은 북베트남베트남민주공화국과 남베트남베트남공화국으로 분단돼요. 베트남 두 정부는 1956년 통일을 위한 선거를 실시하는 데 합의하지만, 남베트남을 장악한 응오딘지엠이 선거를 거부해요. 그런 가운데 남베트남에서 공산당 조직인 베트남 민족해방전선이 결성되어 내전을 일으킵니다. 미국은 1962년 1만 1천여 명의 비전투원을 파견했지만, 응오딘지엠이 쿠데타로 사망하면서 혼란이 더 가중돼요. 1964년에는 북베트남 어뢰정이 미구축함을 공격하는 통킹만 사건으로 미군이 전투병을 파병하면서 베트남전이 발발하게 돼요.

미국은 베트남 전쟁을 승리하기 위해 대한민국 정부에 파병을 요구해요. 박정희 정부는 1964년 '월남공화국 지원을 위한 국군부대의 해외 파견에 관한 동의안'을 국회에서 통과시킨 후 이동외과병원 요원 130명, 태권도 교관단 10명 총 140명을 베트남에 파병합니다. 이후에도 미국은 추가 파병을 요구해오자, 박정희 정부는 육군과 해병대로 구성된 비둘기부대를 창설하고는 2천여 명의 병력을 1965년 2월 베트남에 파병합니다.

베트남 파병에 나선 군인들 ©한국학중앙연구원

　미국이 박정희 정부에 파병을 요구한 배경에는 1965년 말까지 약 20만여 명의 병력을 베트남에 파병하면서 발생한 막대한 비용을 감당하지 못했기 때문이에요. 여기에 반공연대와 자유주의 수호를 내세워 한국을 베트남전에 참여시키면 미국에서 일어나는 반전 여론을 잠재우는 데 큰 도움이 될 것이라 믿었기 때문이에요.

　박정희 정부도 미국의 무상원조가 감소하고 있는 상황에서 베트남 전쟁에 군대를 파병하면, 미국의 지원이 다시 늘어날 것이라 기대했어요. 그래서 한국군의 전투력을 각인시키기 위해 1965년 10월 해병대 청룡부대와 육군 수도사단 맹호부대를 베트남에 파병합니다.

　실제로 1966년 한국이 베트남에 파병하자, 미국 정부는 군사·경제 지원사항을 명시한 브라운 각서를 전달해요. 14개 조항으로 이루어진 브라운 각서에는 한국군 현대화를 위한 실질적인 장비 지원, 추가 베트남 파병 비용의 미국 부담, 북한의 대남도발 봉쇄를 위한 지원과 협조, 경제 차관 제공, 군사원조 이관 중지, 베트남에서의 한국의 물자·용역 조달 우선 배정, 해외 근무 수당 인상 등이 담겨 있었어요. 한국은 브라운 각서 이후 육군 제9사단 백마부대 및 맹호부대의 보충연대인 제26연대 혜산진부대를 추가로 파병해요. 또한 전투 근무지원을 위해 제100군수사령부 십자성부대 및 근접항공 및 공중수송을 지원하는 공군지원단 은마부대를 창설합니다.

한국은 베트남 전쟁에 군대를 파병하면서 많은 변화를 겪게 됩니다. 우선 베트남에 파병된 국군과 노동자에게 지급된 외화는 국가 경제발전에 큰 도움을 주었어요. 또한 베트남에 많은 물자를 수출하면서, 1970년에는 수출 10억 달러를 달성하게 됩니다. 무엇보다 미국에서 받은 차관으로 경제개발 5개년 계획을 실현하고, 국군을 현대화시켜요.

그러나 베트남전으로 인한 피해도 컸어요. 많은 군인이 희생되었고, 베트남에 아픔을 남기기도 해요. 대한민국은 1964년부터 1973년까지 미국 다음으로 가장 많은 30만여 명을 파병했어요. 이것은 그만큼 희생도 커서 약 5천여 명의 군인이 사망하고, 1만 1천여 명이 부상을 입어요. 또한 미군이 뿌린 고엽제로 인해 5만여 명의 고엽제 피해자가 발생합니다.

베트남에도 여러 피해를 주었어요. 파병 군인과 근로자들이 베트남 여성 사이에서 낳은 아이를 버리고 옵니다. 한국인과 베트남 여성 사이에서 태어나 라이따이한이라고 불리는 사람들은 부모 없이 자라야 했어요. 이들은 베트남 사회에서의 차별로 인한 경제적 빈곤으로 지금도 힘들게 살아가고 있습니다. 이외에도 무고한 베트남 양민을 학살하기도 합니다.

경제개발 5개년 계획

광복과 6·25전쟁 이후 대한민국은 세계에서 높은 실업률과 물가로 가장 가난한 나라였어요. 미국의 무상원조 없이는 생존하기 어려울 정도였습니다. 그런데 문제는 1950년대 후반부터 미국이 무상원조를 계속 줄이며, 자조self-help 를 요구했어요. 이에 이승만 정부는 1958년 경제개발 3개년 계획안을 마련했고, 제2공화국 장면 정부도 정부 주도의 경제개발 5개년 계획을 세워요. 하지만 5·16 쿠데타로 시행되지 못합니다.

박정희 정부는 1962년 제1차 경제개발 5개년 계획1962~1966 을 발표해요. 주요 내용은 에너지 공급원 확대, 농업생산력 증대, 기간산업 확충과 사회간접자본 충족, 수출증대로 국제수지 개선이었어요. 이에 필요한 막대한 자금을 마련하기 위해 일반은행 국유화 및 통화개혁을 단행했지만, 성과를 거두지 못해요. 그래서 외자 유치로 경제개발에 필요한 자금을 마련하면서, 연평균 8.5%의 경제 성장합니다. 하지만 외자 의존도가 60%에 달하는 문제점도 갖게 됩니다.

제2차 경제개발 5개년 계획1967~1971 은 미국과 서독에서 파견한 전문가의 자문을 받아 진행돼요. 주요 내용은 식량 자급, 화학·철강 및 기계 공업을 통한 공업 고도화, 고용증대와 인구팽창 억제, 영농 다각화 및 국민소득 증대, 과학 및 경영 기술 진흥과 인적자원 배양이었어요. 연평균 경제성장률이 목표치인 7%를 넘는 10.5%가 되었으나, 여전히 외자도입 증가와 국제수지의 만성적 적자라는 문제점을 보입니다. 특히 이 시기는 유신체제로 넘어가는 시점이었던 만큼 박정희 정부는 2차 계획을 1년 6개월 단축하고, 경부고속도로를 건설하겠다며 선거전략으로 사용했어요.

제3차 경제개발 5개년 계획1972~1976 은 성장·안정·균형의 조화를 강조했어요. 주요 목표로 쌀 등 주곡 자급, 농어촌 생활환경 개선, 공업 고도화, 지역개발 촉진 및 인구 분산을 제시했어요. 특히 1973년에는 철강·비철금속·기계·조선·전자·석유화학 등 경공업 위주에서 벗어나 부가가치가 높은 중화학공업을 통한 고도성장을 목표로 내세웠어요.

하지만 1973년 10월 이후 제1차 석유파동으로 경제위기가 닥치면서 어려움을 겪게 돼요. 1975년 한국 경제의 외환시장은 너무도 악화하여 국가부도 위기설이 대두되면서, 경제 관료들은 해외에서 직접 돈을 빌리러 다녀야 했어요. 그러나 다행히도 1976년 중동 건설 붐이 일면서 외환이 국내로 유입되고, 종합무역상사의 성장으로 수출 무역수지 개선이 이루어집니다.

제4차 경제개발 5개년 계획1977~1981 은 성장·형평·능률을 강조했어요. 3차와 같이 수출과 공업화를 강조하며 연평균 목표 성장률 9.2%로 달성해요. 또한 경제개발의 부작용을 최소화하고 국민생활의 안정을 목표로 사회개발도 강조했습니다. 이때도 1979년 제2차 석유파동이 일어나면서 위기에 처하게 돼요. 더욱이 박정희 대통령이 김재규가 쏜 총에 죽으면서 정치적으로 혼란에 빠진 대한민국은 큰 위기를 맞게 됩니다. 그 결과 1980년 성장률이

포항제철 시찰에 나선 박정희 대통령

－5.7%로 떨어지고, 물가와 실업률이 같이 높아지는 스태그플레이션이 일어나요.

제1차에서 제4차까지 진행된 경제개발 5개년 계획은 단기간에 대한민국을 공업국가로 경제 성장할 수 있는 토대를 마련해 주었어요. 그로 인해 21세기 대한민국은 세계적인 경제 대국으로 성장합니다. 하지만 한정된 자원을 공업 분야에 집중하면서 저임금과 쌀값을 낮게 유지하는 저곡가 정책을 계속 유지해요. 그로 인해 대한민국은 소득 양극화와 노동자의 인권이 무시되는 결과를 가져오게 됩니다.

이 외에도 산업 간, 직종 간, 지역 간 불균형이라는 문제점도 발생하고요. 경제개발 5개년 계획은 1980년대 들어서면 경제사회발전 5개년 계획으로 이름을 바꾸고 계속 이어졌어요. 1996년 대한민국이 경제협력기구OECD에 가입하면서 정부가 시장에 개입하는 경제개발 5개년 계획은 끝을 맺게 됩니다.

23 — 노동운동가 전태일의 분신

'저희들은 근로기준법의 혜택을 조금도 못 받으며 더구나 2만여 명을 넘는 종업원의 90% 이상이 평균 연령 18세의 여성입니다. 기준법이 없다고 하더라도 인간으로서 어떻게 여자에게 하루 15시간의 작업을 강요합니까? **중략** 영세민의 자녀들로서 굶주림과 어려운 현실을 이기려고 하루에 90원 내지 100원의 급료를 받으며 하루 16시간의 작업을 합니다.'

이 글은 1969년 12월 19일 전태일 1948~1970 이 박정희 대통령에게 보낸 편지의 일부에요. 편지의 내용을 모두 보지 않더라도 당시 노동자의 근무 여건이 얼마나 열악했는지를 알게 해주죠. 전태일이 박정희 대통령에게 요구한 것은 1일 14시간의 작업시간, 한 달에 두 번 일요일에 쉬기, 건강진단, 시다공 수당을 70원 내지 100원으로 50% 인상해 달라는 것이 전부였어요. 그런데 이마저도 받아들여지지 않자, 전태일은 분신자살로 노동자들의 인권개선을 촉구합니다.

1960년대는 경공업 위주로 경제성장을 추진하던 시기입니다.

근로기준법을 부르짖은
전태일 열사

이것은 낮은 자본과 기술력의 대한민국이 유일하게 가지고 있는 풍부한 노동력이라는 장점을 살리기 위한 어쩔 수 없는 선택이었어요. 대한민국의 현실을 반영한 경제정책이었지만, 문제는 경공업을 육성하기 위해 노동자에 대한 저임금 정책 및 노동 조건의 개선이 없었다는 것이었어요. 그로 인해 농촌에서 도시로 이주한 어린 노동자들은 제대로 된 휴식도 보장받지 못한 채 낮은 임금을 받으며 살아가야 했습니다.

대구 출신의 전태일도 다른 청년들처럼 서울로 상경하여 1965년부터 동대문 평화시장의 삼일사에서 견습공으로 일을 시작했어요. 그는 미싱사를 거쳐 1967년에는 재단사가 돼요. 이것은 굉장히 빠른 승진으로 전태일이 누구보다 부지런히 일하며 살아갔음을 보여줍니다. 하지만 전태일은 개인의 승진과 임금인상보다는 옆에서 저임금 노동에 착취당하는 어린 여공들을 바라보는 게 마음이 아팠습니다.

어린 여공을 도우려고 여러 방면으로 알아보던 전태일은 '근로기준법'이 있다는 사실을 알게 돼요. 그런데 법에서 노동자의 권리를 보장하고 있는 것과 달리 현실에서는 법이 적용되지 않는 모습에 전태일은 크게 분노합니다. 개인의 문제가 아니라고 생각한 전태일은 동료 재단사들을 설득하여 '바보회'를 조직하여 평화시장의 근로조건을 개선하려는 활동을 벌여요. 이런 전태일의 활동을 사업주들은 그냥 보지 않았어요.

전태일을 비롯한 바보회 동료들이 해고당하면서, 결국 바보회도 해체되고 맙니다. 이후 공사장에서 막노동하며 생계를 유지하던 전태일은 1970년 9월 다시 평화시장으로 돌아와요. 노동조건을 개선하려는 의지가 사라지지 않은 전태일은 삼동친목회를 조직하여 노동실태를 다시 조사합니다. 더 나아가 여러 신문사에 '평화시장 피복제품상 종업원 근로개선 진정서'를 투고해요. 이런 노력으로 신문사가 관심을 갖게 되자, 업주와 근로감독관은 전태일에게 노동환경 개선을 약속해요. 하지만 산업현장에서 변화된 것은 아무것도 없었어요.

전태일은 삼동친목회원들과 근로기준법을 고발하기 위해 1970년 11월 13일 평화시장에 모여요. 이들은 '근로기준법' 화형식을 통해 근로기준법이 노동자의 권리를 보장하지 못하고 있다는 현실을 세상에 알리고자 했어요. 하지만 경찰에 의해 강제로 해산되자, 전태일은 몸에 휘발유를 끼얹고 불을 붙였어요. 뜨거운 불길로 극심한 고통을 겪으면서도 전태일은 "근로기준법을 준수하라. 우리는 기계가 아니다. 노동자들을 혹사하지 말라." 등의 구호를 외치고 숨을 거둬요.

전태일의 죽음에 많은 대학교에서 농성과 시위가 벌어지고, 개신교와 천주교는 공동 추모예배를 열었어요. 그 결과 노동자의 처우와 인권이 점차 개선됩니다. 그리고 전태일이 남긴 일기와 편지 그리고 진정서를 바탕으로 한 《전태일 평전》 등 여러 책으로 간행되고, 2005년에는 전태일이 분신한 청계천 6가 버들다리 위에 전태일 반신 부조가 설치됩니다.

24 — 새마을운동의 역사

1970년 4월 22일 박정희 대통령은 전국 지방 장관 회의에서 "우리 스스로 우리 마을은 우리 손으로 가꾸어나간다는 자조·자립 정신을 불러일으켜 땀 흘려 일한다면 모든 마을이 멀지 않아 잘살고 아담한 마을로 그 모습이 바꾸어진다고 확신한다."라는 말을 해요. 그리고 이듬해 '근면·자조·협동'을 표어로 내건 새마을운동을 시작합니다.

1972년에는 박정희 대통령이 작사·작곡한 〈새마을 노래〉는 한국인 모두가 알고 따라 부를 정도로 새마을운동과 함께 보급돼요. '새벽종이 울렸네. 새 아침이 밝았네. 너도나도 일어나 새마을을 가꾸세~'로 시작하는 〈새마을 노래〉는 지금 40대 이상의 성인이라면 가사를 보지 않고도 부를 정도로 대중가요처럼 불렸습니다.

새마을운동은 공업 중심의 경제개발로 도시와 농촌 사이의 소득격차가 많이 벌어지는 문제를 해결하는 과정에서 나왔어요. 1970년대까지 농업에 종사하는 국민이 많았던 만큼, 박정희 대통령은 유신체제로 나아가는 데 국민의 지지를 끌어올리고자 농촌문제를 적극적으로 해결하려는 모습을 보여줘야 했어요. 그래서 새마을운동은 유신체제와 함께 시작되었고, 박정희 정부의 경제성장과 지역개발을 상징하게 됩니다.

1970~71년 박정희 정부는 전국 33,267개 마을에 시멘트 336포를 무상 지원하며, 마을 길과 공동 빨래터 및 우물 설치 등을 내건 마을 공동사업을 실시했어요. 성과를 높이기 위해 마을 사이에 경쟁을 붙여서 성과가 좋은 마을 16,600개에는 시멘트 500포와 철근 1톤을 지급했어요. 이것은 새마을운동이 보급되는 데 매우 큰 역할을 해요. 지방단체장은 승진을, 지역 주민은 지역 명성을 높이려는 마음으로 앞다투어 새마을운동에 참여했거든요.

새마을운동에 대한 국민의 호응도가 높아지자, 1972년 새마을운동중앙협의회가 설립돼요. 이듬해인 1973년에는 중앙정부와 지방정부, 국가기관과 국민을 연결하는 조직을 구성해요. 행정안전부의 과거 이름인 내무부 지방국 안에 별도로 새마을지도과와 새마을담당관 및 계획분석관을 두었어요. 이들은 마을마다 새마을지도자를 위촉하여 교육을 실시하고, 책임을 부여하며 성과를 요구했어요.

새마을운동은 주택개량과 상수도 설치 등 단순히 생활환경 개선에 그치지 않았어요. 의식을 개혁한다는 목표 아래 농민과 근로자 그리고 학생을 대상으로 새마을 교육을 실시했어요. 이때 주로 다루어졌던 내용이 근검절약과 협동 그리고 퇴폐풍조 근절이었어요. 1974년부터는 농촌을 벗어나 공장 새마을운동으로 확대하고, 1976년부터는 지역·학교·직장에 거점을 둔 도시 새마을운동을 전개해요. 이제 새마을운동은 농촌 지역에 국한되지 않고 사회 전반적으로 영향을 미치는 운동으로 발전하게 됩니다.

하지만 1970년 후반으로 갈수록 새마을운동의 성과는 떨어졌어요. 아무래도 정부 주도의 사업으로 지자체 단체장들이 성과를 과시하기 위해 강제로 밀어붙이다 보니 주민들의 참여도가 점점

새마을 정신 깃발 아래의
농민들

줄어들 수밖에 없었거든요.

　1980년대는 전두환 정부는 출범과 함께 새마을운동을 민간 주도로 전환해요. 하지만 실상을 들여다보면 전두환 정부가 새마을운동을 통해 국민을 통제하고 권력을 유지하는 수단으로 사용하면서 여전히 정부의 입김이 강하게 영향을 미치고 있었어요. 1980년대 말이 되면 민주화 운동의 영향으로 새마을운동이 많은 비판을 받아요.

　특히 1988년 5공 청문회에서 새마을운동중앙본부의 비리 사실이 드러나면서 정부 지원이 축소·폐지돼요. 1989년 새마을운동중앙본부의 명칭을 새마을운동중앙협의회로 변경하여 부정적 이미지를 바꾸려는 노력을 기울여요. 2000년에는 새마을운동중앙회로 이름을 다시 바꾸고 유엔의 비정부기구NGO로 가입하여 아시아와 아프리카의 저개발 국가에 새마을운동을 보급하고 있어요. 2013년 새마을운동 기록물은 유네스코 세계기록유산으로 등재됩니다.

25 ── 통일의 근간이 되는
7·4 남북공동성명

제2차 세계대전 이후 냉전체제로 모든 국가는 주요 정책을 결정할 때 이념 문제를 제일 중요하게 생각했어요. 하지만 1960년 후반부터 이념보다 자국의 이익을 더 중요하게 생각하는 나라가 더 많아집니다. 미국은 베트남 전쟁 이후 아시아 국가들의 분쟁에 직접 개입하지 않겠다는 닉슨 독트린을 발표하고, 사회주의 국가인 중국과 수교를 맺어요. 소련도 미국과 핵탄두와 탄도 요격미사일 등 전략무기를 감축하는 전략무기제한협정 SALT 을 맺어요. 이 시기를 휴식이라는 뜻의 프랑스어를 사용하여 데탕트라고 부릅니다.

데탕트는 반공을 내세워 정권을 획득하고 유지하고 있는 박정희 정부에 큰 부담감으로 다가왔어요. 미국은 박정희 정부가 북한과의 갈등을 유발하여 한반도에 군사적 긴장감을 높이는 정책을 펴고 있다고 비난해요. 그리고 긴장 완화를 명분 삼아 주한 미군 1개 사단을 철수시켜 버립니다. 그로 인해 박정희 정부는 약해진 국방력으로 노리고 혹시라도 전쟁 도발을 일으킬지도 모를 북한을 경계하는 동시에 국제사회에서 외교적으로 고립되는 현상도 막아야 했어요. 그래서 박정희 정부도 데탕트에 동조하는 모습을 보이

234

1972년 5월 3일 김일성과 이후락 중앙정보부장 접견 ⓒ남북대화사료집

기 위해 북한과의 관계 개선을 위한 접촉을 시도하게 돼요.

우선 1970년 박정희 대통령은 8·15 경축사에서 "북괴가 무력에 의한 적화통일을 포기한다면, 인도적 견지와 통일 기반 조성에 기여할 수 있는 현실적 방안을 제시할 용의가 있고, 남과 북의 체제 중 어느 쪽이 더 국민의 복리를 증진시킬 수 있는지 선의의 경쟁을 하자."라고 말해요. 이후 1971년 대한적십자사 최두선 총재가 북한과 접촉하는 등 1년 동안 25차례의 만남을 가져요. 이 과정에서 실권자였던 중앙정보부장 이후락이 평양을 방문하고, 북한 박성철 부수상이 서울에서 박정희 대통령을 만나 회담을 가져요.

마침내 1972년 서울과 평양에서 남북공동성명이 발표돼요. 7·4 남북공동성명에는 무장도발 중지, 남북조절위원회 구성 등 다양한 내용이 담겨 있었어요. 그중에서도 가장 중요한 부분은 자주·평화·민족 대단결이라는 부분이에요. 외세에 의존하거나 간섭받지 않고 평화적인 방법으로 이념과 제도의 차이를 넘어 한민족으로서 민족적 대단결을 도모하자는 통일 원칙이 남북 동의 하에

세워진 것입니다. 이것은 오늘날까지도 남북한 모두가 통일 원칙으로 삼고 있어요.

미국 국무부는 7.4 남북공동성명을 환영한다는 답변을 즉각 내놓아요. '한국 지도자들에 의한 이와 같은 노력은 대단히 고무적이며 한반도의 평화와 안전을 위한 전망에 유익한 영향을 미칠 수 있을 것이다. 우리는 한국의 지도자들이 현재 수행하고 있는 작업이 성공하기를 간절히 빌고 있다.'라고요. 하지만 박정희 정부는 국제사회의 변화와 상관없이 한반도는 특수한 상황이어서 언제든지 북한이 전쟁을 일으킬 수 있다고 강조했어요. 그렇기에 대한민국은 여전히 반공을 유지해야 한다고 국민을 설득합니다.

7·4 남북공동성명은 통일을 위해 자주·평화·민족대단결이라는 기본원칙을 제시하여 우리가 나아갈 바를 분명하게 제시하고 있어요. 하지만 그 이면에는 남과 북 모두 독재체제를 구축하기 위한 수단으로 삼았다는 한계점도 있어요. 박정희 정부는 북한과 평화로운 관계를 맺음으로써 미국에게서 유신체제를 보장받고자 했어요. 그 증거로 박정희 대통령은 입법·사법·행정의 모든 권한을 독점하여 영구히 집권하려는 유신체제를 7·4 남북공동성명 발표 3개월 후에 시작하거든요.

북한의 김일성도 일인 독재체제를 완성하기 위한 수단으로 7·4 남북공동성명을 활용했어요. 북한도 7·4 남북공동성명 이후 국가의 모든 권한을 주석에 부여하는 사회주의 헌법을 제정하고, 김일성이 주석에 취임하며 일인 독재국가로 만듭니다. 그럼에도 자주·평화·민족대단결만큼은 그 가치가 변하지 않고, 오늘날에도 이어지고 있습니다.

26 ——— 모든 권력을 한곳에 모은 유신체제

1970년대 초 박정희 대통령과 집권당인 공화당은 장기집권을 할수 없다는 불안감을 느끼게 돼요. 미국이 데탕트 이후 박정희 정부의 반공정책을 지지하지 않고, 주한미군 2만 명을 한반도에서 철수시켜요. 그로 인해 국민들은 안보에 대한 불안이 높아지면서 박정희 정부를 불신하게 됩니다. 여기에 높은 경제성장률이 둔화하고, 빈부격차 등 여러 사회문제가 대두돼요. 몇 가지 사례를 볼까요.

1970년 11월 노동자 전태일이 열악한 노동조건 개선을 촉구하며 분신해요. 1971년 8월에는 정부의 무계획적인 도시정책과 졸속 행정으로 기본적인 상하수도 시설이 없는 열악한 곳으로 이주하여 살던 주민들이 관공서를 파괴하고 방화하는 광주대단지 사건을 일으켜요. 이런 일련의 사건들은 박정희 정부의 지지율을 낮추게 됩니다. 그 결과 1971년 4월에 이루어진 대통령 선거에서 부정선거를 동원했음에도 불구하고, 박정희는 45세의 김대중에게 95만 표, 약 7.9% 차이로 간신히 승리를 거둬요.

박정희는 낮은 지지율로 인해 국정운영을 하는 데 많은 부담을 갖게 돼요. 무엇보다 4번째 대통령 후보로 출마하는 것에 대한 국민의 반응도 걱정되었어요. 아무래도 과거 이승만 대통령이 영구 집권하려다 4·19 혁명으로 하야한 사건이 안 떠오를 수 없었겠죠. 그래서 7·4 남북공동성명 발표로 한반도에 전쟁이 아닌 평화를 실현하고, 미국의 지지와 지원을 끌어내는 데 박정희 밖에는 없다는 인식을 국민에게 각인시키는 데 성공해요. 이를 바탕으로 박정희 대통령은 측근 몇몇과 비밀리에 헌법개정을 추진해요. 당시 국무총리였던 김종필조차도 헌법개정을 발표 며칠 전에 통보받을 정도로 은밀하게 추진됩니다.

1972년 10월 17일 박정희 대통령은 계엄령을 선포하고, 신문과 통신을 검열했어요. 그리고는 헌법의 일부 조항을 효력 중지시키는 동시에 정당과 정치 단체의 활동을 중지시켜 버려요. 이 과정에서 박정희 정부는 국회도 해산시켜요. 그리고는 10월 27일 박정희 정부는 유신헌법 개정안을 공고하고, 11월 21일 국민투표에 붙여요. 그 결과 헌법개정 찬성이 91.5%로 반대 7.7%보다 압도적으로 높게 나와요. 불과 얼마 전 김대중 대통령 후보에게 어렵게 이긴 것과는 너무도 다른 결과였어요.

이것은 박정희 정부는 유신헌법을 '조국의 평화적 통일 지향, 민주주의 토착화, 실질적인 경제적 평등을 이룩하기 위한 자유경제 질서확립, 자유와 평화수호의 재확인'이라고 선전한 데 있어요. 그러나 무엇보다 7·4 남북공동성명이 유신헌법 개정을 찬성하게 하는 데 큰 영향을 미쳤어요.

1972년 12월 15일 국민의 직접선거로 대통령을 선출할 통일주체국민회의 대의원 선거가 실시돼요. 그리고 12월 23일 박정희는 제8대 대통령이 되어 유신헌법 공포와 함께 제4공화국의 출발을 알립니다. 이때 발표된 유신헌법은 전문과 12장 126조 및 11조의 부칙으로 구성되어 있어요. 내용을 살펴보면 임기 6년인 대의원으로 구성된 통일주체국민회의가 간선제로 대통령을 선출해요. 그

10월 유신헌법을 공포하는 장면

러면 임기 6년에 연임제한이 없는 대통령은 국회의원의 1/3을 추천하고, 국회해산권과 헌법을 일시 정지할 수 있는 긴급조치권을 가지게 돼요. 또한 대법원장 및 대법관을 임명하는 권한도 부여받고요.

반면 국회의 권한을 축소하여 연간 개회 일수를 150일 이내로 제한하고, 국정감사권은 삭제해요. 여기에 대통령의 비상조치와 특별선언에 어떤 문제 제기나 이의도 할 수 없게 막아버려요. 이것은 대통령이 행정의 수반을 넘어 입법과 사법까지 장악하게 되었음을 보여주는 것이었어요.

1973년에는 박정희 정부에 비협조적인 판사를 재임용에서 탈락시켜요. 위헌판결권을 폐지하고, 고문 등에 의한 자백을 근거로 처벌할 수 없다는 조항도 삭제해버려요. 이처럼 유신헌법을 기반으로 수립된 유신체제는 대통령이 행정·입법·사법권을 장악하여 민주주의와 국민의 기본권을 인정하지 않는 반민주적 정치체제였어요.

27 ── 100만 인 서명운동과
인민혁명당 사건

박정희 정부는 자신을 위협할 수 있는 세력을 반공이라는 이름으로 압력을 행사하며 제거했어요. 1960년 4·19 혁명 이후 민주주의를 지향하는 여러 사회운동단체가 만들어져요. 이들은 이승만 정부의 독재에서 벗어난 만큼 대한민국을 진정한 민주주의 국가로 만들고자 했습니다. 그러나 박정희 정부는 교원노조, 사회당, 통일민주청년동맹, 민주민족청년동맹 등 여러 사회단체의 주요 인물을 '특수범죄처벌에관한특별법'으로 체포하고 투옥하며 탄압했어요. 이처럼 민주주의로 향하는 움직임을 막으려는 대표적 사건으로 1964년과 1974년 두 번에 걸친 인민혁명당 사건과 개헌 청원 100만인 서명운동이 있어요.

1964년 한일회담에 반대하는 학생들의 시위가 거세지자, 박정희 정부는 계엄령을 선포해요. 그리고는 학생 시위의 배후에 북한 정부의 지령을 받은 지하조직 인민혁명당이 있다는 발표를 합니다. 중앙정보부장 김형욱은 이와 관련하여 41명을 구속하고 검찰에 송치해요. 담당 공안부 검사 이용훈, 김병리, 장원찬 세 명은 체포된 사람들이 증거불충분이라 기소할 수 없다며 사표를 제출해

박정희 정권의 대표적인 간첩조작사건인 인혁당재건위사건의 재판 장면
ⓒ민주화운동기념사업회

요. 그리고 얼마 뒤 체포된 사람들이 발가벗긴 채 물과 전기로 고문을 당했다는 사실이 밝혀집니다. 하지만 예정된 수순에 따라 도예종 등 15명이 반공법 위반으로 징역형이 내려져요.

유신체제 이후에는 서울대 문리대 학생들의 시위를 시작으로 전국에서 민주화 운동이 일어나요. 1973년 11월 5일 민주수호국민협의회는 15인의 이름으로 시국선언을 발표해요. 12월에는 장준하가 개헌 청원 100만인 서명운동을 발기하자, 함석헌·백기완 등 각계인사 30명이 참여하여 개헌청원운동본부를 조직합니다. 개헌을 요구하는 서명운동이 시작한 지 10일 만에 30만 명이 동참할 정도로 빠르게 확산하자, 김종필은 12월 26일 급히 특별연설을 해요.

유신체제에 대한 근본적인 도전은 허용되는 자유의 행위를 이탈하는 행위라고 말이에요. 29일에는 박정희 대통령이 개헌 청원 100만인 서명운동에 대하여 일부 지각 없는 인사들이 사회혼란을 조성하려는 불순한 움직임으로 매도하며 중지를 요구하는 담화문을 발표합니다.

대통령의 경고에도 서명운동이 계속 진행되자, 1974년 1월 8일 박정희 정부는 긴급조치 1호를 발동해요. 그리고는 유신헌법에 대한 비방과 개정 및 폐지를 주장하는 것을 금지해요. 긴급조치를 위반하면 영장 없이 체포되어 15년 이하의 징역형이 내려졌고, 언론기관은 이와 관련한 보도를 할 수 없게 통제당했어요. 그 결과 장준하와 백기완이 체포되는 등 박정희 정부의 가혹한 탄압으로 개헌청원 100만인 서명운동은 좌절됩니다.

중앙정보부장 신직수는 해체된 뒤에도 활동하던 인민혁명당의 지시를 받은 전국민주청년학생총연맹 **민청학련**이 정부 전복 및 국가변란을 기도했다고 발표해요. 그리고 1974년 4월 3일 긴급조치 제4호를 발동하여 관련 인물을 체포합니다. 비상보통군법회의는 체포된 서도원, 도예종, 송상진, 우홍선, 하재완, 이수병, 김용원, 여정남 등 8명에게 1974년 7월 사형선고를 내려요. 그리고 이듬해인 1975년 4월 9일 사형을 집행해요. 이것을 제2차 인민혁명당 **인혁당** 사건이라고 해요.

2002년 9월 의문사진상규명위원회는 인혁당 사건은 중앙정보부의 조작 사건이라고 발표합니다. 2005년 12월 국정원 과거사건 진실규명을 통한 발전위원회도 중앙정보부가 공권력을 남용한 고문 등 가혹행위와 인민혁명당 사건을 조작했다는 사실을 인정하고요. 과거 정부의 잘못을 바로잡고, 억울하게 희생된 분들의 명예를 되찾기 위한 노력으로 2007년 1월 23일에도 도예종 등 제2차 인혁당 사건으로 희생된 8명에게 무죄를 선고합니다. 2010년 3월에도 진실화해를 위한 과거사 정리위원회는 1차 인혁당 사건의 불법 구금 등 여러 잘못을 밝혀내며 바로잡아요.

서울지하철 개통

28

지하철은 말 그대로 도심지 지하의 전용 차선으로 운행되는 도시 전철을 이야기해요. 현재 우리나라는 서울지하철 1호선의 개통을 시작으로 서울특별시에는 9개의 노선이 운행되고 있어요. 부산광역시는 4개, 대구광역시는 3개, 인천광역시는 2개, 광주와 대전광역시는 각각 1개로 모두 20개의 노선이 만들어져 운행되고 있어요. 2019년 통계에 따르면 서울지하철 수송 인원은 27억 2,625만 명이며, 하루 평균 지하철 수송 인원이 746만 9,180명이에요. 이 외에도 부산 2억, 대구 1억, 인천·광주·대구는 1,700만 명 이상이 이용합니다. 이처럼 우리나라 지하철은 세계에서도 손꼽힐 정도로 많은 인원을 수송하는 대중교통이에요.

대한민국 주요 도시에서 시민의 발이 되어주는 지하철은 이제는 없어서는 안 되는 중요한 교통수단입니다. 그렇다면 지하철은 언제 만들어져 운영되었을까요? 최초의 지하철은 1863년 영국 런던시 중심가인 비숍로의 패딩턴에서 패링던 스트리트 6.4km를 운행한 것으로 기록되어 있어요. 1892년 미국 시카고에서 지하철이 건설되는데, 이때의 전차는 모두 증기 철도였어요. 오늘날처럼 전기로 운행하는 것은 1890년 런던 지하철부터입니다.

아시아에서 지하철이 운행된 것은 1927년이에요. 일본 도쿄 아사쿠사에서 우에노 사이의 2.2km를 운행한 지하철이 아시아 최초였어요. 그럼 우리는 언제부터 지하철이 운행되었을까요? 1974년입니다. 아무래도 일제의 식민지와 6·25전쟁을 거치면서 지하철이 만들어지는 시기가 늦어요. 하지만 일본과 중국에 이어 아시아 3번째로 지하철이 운영된 나라입니다.

대한민국 최초의 지하철인 서울지하철 1호선 건설이 논의된 것은 1960년대 후반이에요. 경제개발 5개년 계획으로 도시는 빠르게 성장하고 발달하면서, 많은 농어촌의 청년들이 도시로 상경했어요. 이를 이촌향도라고 합니다. 그로 인해 서울은 주택문제와 교통 체증 등 여러 사회문제가 발생하게 돼요. 1968년 서울시는 도로교통 체증이 심각해지자, 도로 확장을 위해 서울의 전차를 없애버려요. 그런데 전차가 사라지자 도시노동자들이 이용할 대중교통수단이 급격하게 부족해지게 돼요. 결국 서울시는 이를 해결하려는 방안으로 지하철 건설을 추진하게 됩니다.

1970년 6월 8일 지하철건설본부가 발족하여 사업 타당성을 검토했어요. 그리고 마침내 1971년 4월 12일 청량리역에서 서울역을 잇는 9개 역 7.8km 구간의 공사가 시작됩니다. 짧은 노선이었지만, 지하철을 건설할 기술과 자본이 부족해서 일본에서 94억 엔의 차관과 기술협력을 받아야 했어요. 그렇게 총 330억 원이 투입되어 3년 4개월만에 완성된 서울지하철 1호선은 지하 15m 땅속 7.8km를 18분만에 주파했어요. 당시로서는 엄청난 일이었지만, 막상 서울지하철 1호선 개통식은 큰 환호를 받지 못했어요.

1974년 8월 15일 오전 11시 서울지하철 개통식이 열리는 청량리역 앞은 불안해하고 침통한 표정을 짓은 사람들로 가득 차 있었어요. 이날 광복절 기념행사에서 박정희 대통령의 부인 육영수 여

서울지하철 1호선 완공 및 개통

사가 재일교포 문세광에 의해 피격되어 죽었기 때문이에요. 서울시장은 육영수 피격 사건으로 자리에서 물러나면서 서울지하철 개통식은 조용히 진행됩니다. 그래도 첫 열차인 108호가 운행을 시작하면서 대한민국의 지하철 역사가 시작됩니다. 개통 당시 지하철 노선은 서울역·시청·종각·종로3가·종로5가·동대문·신설동·제기동·청량리 9개로 기본 구간 요금은 30원이었어요. 2005년에 동묘역이 추가되면서 현재는 10개 역이 있습니다.

　서울지하철은 청량리역~성북역, 서울역~인천·수원 간 철도가 복선전철화되어 연결되면서 지금은 대한민국에서 가장 긴 지하철 노선이 되었죠. 그래서 서울역에서 청량리역 구간은 서울교통공사가 운영하고, 그 외의 구간은 코레일에서 운영하고 있습니다.

29 ── 최초의 국산 자동차 포니

우리나라 자동차 역사는 대한제국 황실에서 자동차를 도입하면서 시작돼요. 일제강점기 경제적 어려움으로 자동차 이용률은 매우 낮았고, 한반도에서 운행하는 자동차는 모두 수입차였어요. 광복 당시 국내 자동차는 총 7,326대 밖에 없었어요. 그것도 버스와 화물차가 4,795대로 개인이 타고 다니는 승용차는 얼마 되지 않았어요. 그러나 국내에서 자동차를 생산하려는 의지는 매우 높았습니다.

국제차량제작주식회사가 미국에서 받은 지프차를 개조하여 만든 시발자동차가 1955년 10월 산업박람회에 모습을 보여요. 시발자동차는 국산화율이 56%나 되었으며, 사람들에게 인기가 좋아서 중고차가 더 높은 가격으로 되팔리기도 했어요. 이에 힘입어 국제차량제작주식회사는 한 달에 시발자동차를 천 대 생산하는 공장을 세우고 정부의 승인을 기다리던 중 5·16 쿠데타로 계획이 좌절돼요.

박정희 정부는 제1차 경제개발 5개년 계획과정에서 국제차량제작주식회사가 아닌 새나라자동차를 소형자동차 공급자로 선정해요. 국산화율이 5%에 불과한 새나라자동차가 선정된 것은 중앙정보부장 김종필이 일본에서 재일교포인 박노정에게 정치자금 지

국내 자동차 1호 현대자동차의 포니

원을 대가로 자동차 판매에 대한 특혜를 약속했기 때문이었어요. 하지만 1963년 외화 부족으로 부품 수입을 할 수 없게 되면서 새나라자동차는 문을 닫게 돼요.

새나라자동차가 문을 닫으면서 국내 자동차 생산이 타격을 입었지만, 기아·아시아·현대 자동차 등 새로운 기업이 자동차 산업에 계속 진출했어요. 이들 기업은 외국 자동차의 부품을 구입하여 자동차를 조립·생산·판매하는 방식으로 운영되었는데, 이것을 CKD complete Knock Down 라고 해요. 이 방식은 자동차 생산기술을 습득하는 데 많은 도움을 주었을 뿐만 아니라, 관세의 혜택도 있어서 자동차 회사들은 빠른 성장을 할 수 있게 됩니다.

1973년 박정희 정부는 1980년대까지 우리 기술로 제작한 국산자동차 50만 대를 생산 및 수출하여 1억5천 만 달러를 달성한다는 목표를 세워요. 이를 위해 엔진 배기량 1,500cc 이하 국산화율 95%의 소형자동차를 1975년부터 매년 5만 대 이상 양산할 수 있는 회사에 금융·세제 및 행정 지원하겠다고 발표합니다. 이에 기아 산업은 일본 마쯔다 모델을 기초하여 국산화율을 80%까지 올린 브리사를 생산해요. 신진자동차와 미국 GM이 합작한 새한자동차회사는 일본 이스즈의 모델로 한 제미니를 생산합니다.

현대자동차는 다른 기업과는 달리 독자적으로 국산 자동차를 생산하기 위해 일본 미츠비시에서 엔진과 변속기 등 자동차의 핵심기술을 도입해요. 왜냐하면 아직은 엔진을 자체 생산할 능력이 없었거든요. 그리고 당대 최고의 자동차 디자이너인 이탈리아의 조르제토 쥬지아로에게 국산 자동차 디자인을 맡겨요. 이런 노력의 결과 1974년 현대자동차는 국제자동차박람회에 최초로 국산 자동차 모델 포니를 출품해요. 그리고 이듬해인 1975년 12월 31일 포니를 생산합니다. 이것은 세계에서 16번째이면서 아시아에서는 일본 다음인 두 번째로 자동차 고유 모델을 갖는 순간이었어요.

포니는 출시되자마자 매우 높은 인기를 얻었어요. 최초의 국산 자동차라는 것도 있었지만, 일본 자동차를 모델로 한 기존 차들과는 완전히 다른 디자인으로 사람들의 마음을 빼앗았거든요. 가격이 228만 9천이었던 포니는 판매 첫해에 1만 726대가 팔려요. 이 수치는 당시 국내 승용차 시장 점유율 43.6%였으니 얼마나 높은 인기를 누렸는지 알겠죠.

또한 포니는 외국에 수출된 최초의 국산 자동차로 1976년부터 남미·중동·아프리카 등에 수출돼요. 첫 국산 자동차 포니는 내구성도 좋아서 1975년 12월 31일 생산된 차량이 지금도 운행할 수 있다고 해요. 그러나 무엇보다 국산 자동차 1호라는 점에서 2013년 8월 27일 산업기술 유물로 인정받아 국가 등록문화재로 지정됩니다.

북한군의 판문점 도끼 만행 사건

1970년 중반 이후로 북한은 경제적 위기를 겪게 돼요. 대한민국보다 우위에 있던 경제가 나빠지는 가운데 중공업 우선 정책으로 인한 부작용으로 식량난까지 겪어요. 반면 대한민국의 경제는 나날이 빠른 속도로 성장했어요. 또한 군사적으로도 베트남 참전 대가로 국군의 무기가 현대화되면서 북한은 긴장할 수밖에 없게 돼요. 이에 북한은 주한 미국을 철수시키기 위해 휴전협정을 평화협정으로 바꾸어 전쟁상태를 종식하자고 주장해요. 하지만 북한의 속셈이 여실히 보이는 만큼 받아들이지 않아요. 결국 북한은 대내외적으로 자신들의 건재함을 보여주기 위해 1976년 판문점 공동경비구역에서 국군과 미군을 도끼로 살해하는 만행을 저지릅니다.

판문점 공동경비구역에서 '돌아오지 않는 다리'라고 불리는 사천교의 초입에 설치된 3초소는 북한 측으로 들어가는 통로 입구에 있었어요. 그런데 근처 커다란 미루나무로 인해 사천교와 3초소를 한눈에 바라볼 수 없었어요. 그로 인해 3초소의 안전과 북한군의 동태를 제대로 파악하기 위해 유엔군은 미루나무를 제거하기로 결정해요.

1976년 8월 6일 한국인 노무단 노무자 6명과 유엔사 경비병 4명이 미루나무를 베기 위해 현장으로 나갔어요. 그러자 북한 경비병이 나무를 자를 수 없다며 제지해요. 북한군과의 마찰을 피하고자 일단 철수한 유엔군은 8월 18일 오전 10시 30분 경비병력 10명과 노무자 5명을 데리고 다시 현장에 나가요. 미루나무 가지를 정리하는 도중 북한군 장교 2명과 병사 9명이 트럭을 타고 나타났어요. 그리고는 북한군 박철 중위가 작업을 멈추라고 경고하며, 이를 어기면 상응하는 대가를 치르게 될 것이라고 위협을 가했어요.

북한군에 밀릴 수 없던 유엔사 작업반은 북한군의 경고를 무시하고 작업을 계속 이어갔어요. 그러자 북한의 추가 병력이 계속 내려오더니, 11시경이 되니까 미루나무 근처에 북한군 30여 명이 포진하고 있었어요. 북한군 박철 중위는 작업을 멈추지 않으며 죽이겠다고 다시 위협했으나, 작업 책임자였던 미군 보니파스 대위는 이를 무시하고 계속 작업하라는 지시를 내려요.

그 순간 박철 중위의 "죽여!"라는 소리가 울려 퍼지면서, 보니파스 대위의 머리가 도끼로 가격당해요. 이후 4분 정도 북한군의 일방적인 폭력행위가 이어지면서, 유엔군과 노무사들은 살기 위해 필사적으로 도망쳐야 했어요. 폭력행위가 끝난 후 피해 상황을 조사해보니 미국 장교 2명이 죽고, 한국군과 미군 9명이 부상을 입었어요. 또한 유엔사 3초소가 완전히 부서지고, 유엔사 트럭 3대의 유리창도 부서져 있었어요.

유엔군 사령관 스틸웰은 즉시 이 내용을 미국 백악관에 전달했고, 19일 미국은 앞으로 벌어지는 모든 사태에 북한이 책임져야 한다는 성명을 발표해요. 그리고는 주한미군의 전투태세를 강화하고 오키나와의 미군 전투기를 한국에 배치합니다. 또한 준 전시상태로 간주하며 데프콘-3를 발령하고요. 북한도 이에 맞서 비상 체제로 돌입하고, 방송을 통해 연일 미국을 비난했어요. 박정희 대통

판문점 공동경비구역 안에서 미루나무 가지치기 작업 중 발생한 '도끼 만행 사건' 모습

령도 19일 제3사관학교 졸업식 훈시에서 판문점 도끼 만행 사건을
거론하며 북한의 도발에 즉각 응징하겠다는 결의를 보여요.

　유엔군은 한국과의 논의 끝에 사태의 원인이 된 미루나무를 잘
라버리기로 결정해요. 미 2사단 병력과 한국군 제1공수특전단을
중심으로 8월 21일 미루나무를 절단해요. 이 과정에서 북한이 반
격하면 개성과 연백평야까지 국지전을 벌이겠다는 계획까지 세웠
어요. 그러나 북한 측이 '판문점 공동경비구역 내에서 사건이 발생
한 데 대해 유감스럽게 생각한다. 이러한 사건들이 또다시 재발하
지 않도록 쌍방이 노력을 경주해야 할 것이다.'라는 메시지를 전달
하면서 사건은 일단락됩니다.

31 — 공권력의 횡포를 보여준 YH무역 사건

YH무역회사는 충북 옥천 출신의 장용호가 뉴욕 대한무역투자진 흥공사 한국무역관 부관장으로 있으면서 가발 산업의 성장 가능성을 보고 세운 기업이에요. 1965년 서울 왕십리에서 10여 명의 소규모 공장에서 출발한 회사는 1970년 종업원이 4천 명이 넘는 대기업으로 성장해요. 1969년에는 400만 달러 수출로 국무총리상을 수상하고, 1970년에는 1천 만 달러 수출로 철탑산업훈장을 받으며 대한민국을 대표하는 기업이 됩니다. 장용호도 1971년과 1972년 종합소득세 납부실적이 8위, 7위를 할 정도로 대성공을 거듭니다. 이후 회사를 동서에게 넘긴 장용호는 뉴욕지사장으로 활동하며 미국에서 생활해요.

YH무역회사가 성장하면서 늘어난 노동자들은 여러 차례 노조를 설립하기 위해 노력했고, 마침내 1975년 전국섬유노조 산하 YH노조를 결성해요. 이들은 준법투쟁을 통해 1975년 추석 보너스로 2~3천 원 받고, 연말에는 노사협의를 통해 상여금 50%에 합의하는 등 일정 부분 성과를 거둬요. 그러나 이런 모습은 오래가지 못했어요. 1979년 4월 30일 YH무역회사가 폐업하겠다고 공고했거든요.

신민당사에서 농성하는 YH 노동자들

　사실 갑작스러운 일이 아니었어요. 사장은 회사 자본을 빼돌려 YH해운을 설립하는 등 방만한 경영을 지속하고, 기숙사 등 아무런 기반 시설도 없는 충북 옥천에 공장을 설치하는 등 여러 문제점을 계속 보였어요. 그러면서도 경영악화를 핑계로 1978년 5월에는 근로자를 550명으로 줄여요. 여기에 설립자 장용호는 본사에서 제품을 싸게 구입한 후, 대금결제를 지불하지 않고 잠적해버려요. 부실 경영과 개인횡령으로 회사채무가 1979년에는 40억 5천 만 원까지 늘어나요.

　그럼에도 YH무역회사 노동자는 기업의 정상화를 위해 최저 생계비도 못 미치는 임금을 받으며 일했어요. 동시에 청와대와 재무부 등 관공서와 은행 등을 다니며 회사 정상화를 위해 도와달라는 진정서를 보냅니다. 그러나 돌아온 것은 강성노조 때문에 회사 인수가 이루어지지 않는다는 회사의 대응이었어요. 회사 경영진은 여기서 멈추지 않고 일감을 제공하지 않는 방식으로 노동자 스스로 그만두게 했어요. 1979년 8월 8일에는 기숙사의 전기와 수도를 끊어버린 후 10일까지 퇴직금과 해고수당을 수령하지 않으면 법원에 공탁하겠다는 통보를 보내요.

　YH노조는 종교와 인권 단체에 도움을 요청하는 한편, 마포에 있는 신민당사를 찾아가 진상을 조사하여 억울함을 풀어달라는 요청을 해요. 신민당 김영삼 총재는 당사는 누구에게나 개방되어 있으며 최선을 다해 돕겠다고 발표해요. 이에 8월 9일 새벽 YH노조 여성 노동자 187명은 4층 강당에 모여 '정상화 아니면 죽음이다.'라는 머리띠를 두르고 농성에 들어가요. 신민당도 국회에 보사위원회 보건사회부, 노동부, 국가 보훈처, 환경청 소관 사항을 심의했던 국회상임위원회 소집을 요청하고 대정부 비난 성명을 발표합니다. 하지만 돌아온 것은 보사위 소집건 무산과 경찰기동대의 신민당 포위였어요.

　8월 11일 새벽 2시 '101호 작전'이라 불린 경찰의 농성진압작전이 시작됐어요. 천여 명의 경찰이 당사로 진입해 여성 노동자의 머리채를 잡고 마구 때리며 신민당 당사 밖으로 연행했어요. 이 과정에서 신민당 국회의원과 당원 그리고 취재하는 기자들까지도 경찰의 폭행을 당해야만 했어요.

　그러나 가장 안타까운 소식은 22살의 노조 상무집행위원 김경숙이 목숨을 잃은 것이었어요. 경찰은 그녀가 자해했다고 했으나, 2008년 과거사정리위원회는 후두부에 쇠 파이프 및 날카로운 것으로 가해 당했다는 사실을 밝혀냅니다. 당시 미국 국무부도 한국 경찰의 폭력성을 비난하며 적절한 문책을 바란다고 논평할 정도였어요. 그리고 YH노조를 도운 문동환 목사, 고은 시인 등도 박정희 정부에 구속됩니다.

32 ─── 유신체제의 종말을 가져온 부마민주항쟁

1979년은 박정희 정부에 위기가 연달아 밀려온 해였어요. 정치적으로는 1978년 제10대 총선에서 김영삼이 이끄는 야당 신민당의 선전에 집권당인 공화당은 고전을 겪어야 했어요. 외교적으로는 미 하원 프레이저 위원회에서 박정희 정부의 부정부패가 폭로되면서 인권외교를 표방하는 미국 카터 행정부와 불편해집니다. 경제적으로는 중화학공업의 과잉 중복투자로 경제적 부담이 커지는 상황에서 1978년 제2차 오일쇼크까지 맞게 돼요.

박정희 정부는 1979년 4월 긴축재정을 펼쳐 경제적 타격을 최소화하려고 했지만, 중소기업의 연쇄적인 부도를 막지 못해요. 이것은 서민들이 경제를 어렵게 만들면서 박정희 정부에 대한 불만이 계속 높아지는 결과를 가져와요. 사회적으로도 민주노조를 결성하려는 움직임이 늘어나면서 정부와 충돌이 커졌고요.

이 과정에서 경공업이 많이 몰려 있던 부산지역은 전국보다 부도율이 2.4배나 높을 정도로 경제적 타격을 심하게 받게 돼요. 여기에 YH노조가 경찰에 의해 강제해산되는 모습은 부산 시민들에게 남의 일처럼 느껴지지 않았어요. 그들도 기업부도로 인해 생존권이 위협받는 상황이 크게 다르지 않았으니까요. 그런 상황에서 신민당 총재 김영삼이 의원직에서 제명되었다는 소식이 들려와요. 이에 신민당 국회의원 66명이 박정희 정부에 항의하며 전원 사퇴하자 부산 시민과 학생의 분노가 치솟아 오르게 됩니다.

박정희 정부를 규탄하는 움직임은 1979년 10월 15일 부산대학교에서 민주선언문이 배포하면서 시작돼요. 16일 500여 명의 학생이 거리로 나가 반정부 시위를 외치자, 순식간에 시위대가 5천 명으로 규모가 늘어나요. 여기에 동아대학교 학생 천여 명도 합류하여 시위를 외쳐요. 학생들의 대규모 시위에 경찰이 무력을 동원한 강경 진압을 펼치면서 광복동과 남포동에서 학생 백여 명이 다치고, 수백 명이 연행돼요. 그럼에도 학생들은 이튿날인 17일에도 거리로 나와 반정부 시위를 벌여요. 이 모습에 고교생을 비롯하여 자영업자와 회사원 등 많은 시민이 오후부터 시위에 동참하면서 시위대 수가 5만 명을 넘어서게 됩니다.

이들은 정치탄압 중단과 유신정권 타도를 외치며, KBS 부산방송국 및 도청과 세무서 등 관공서를 공격했어요. 18일에는 마산 지역까지 시위가 확산하여, 경남대학교 학생과 시민 8천여 명이 시내에 집결하여 관공서 등 여러 주요 기관을 파괴했어요. 그로 인해 19일에는 마산 시내가 무정부 상태가 됩니다. 부산과 마산에서 일어난 반정부 시위는 유독 경찰서와 세무서를 향한 공격이 많았어요. 또한 "부가가치세를 철폐하라!"라는 구호가 나왔다는 점에서 부마민주항쟁을 민주주의 운동과 더불어 경제적 어려움을 호소하는 도시 하층민의 봉기로 파악하기도 합니다.

박정희 정부는 부마민주항쟁이 계속 거세지자 강경대응해요. 18일 자정을 기해 부산 일대에 비상계엄을 선포해요. 이에 부산지구 계엄사령부는 각 대학에 당분간 휴교 조치를 내리고, 야간 통행금지 시간을 2시간 연장한다는 8개 항목의 포고문을 발표합

거리로 나온 부산 지역 대학생들

니다. 그리고는 공수부대를 동원하여 시위대를 진압하는 과정에서 1,058명의 시위자를 연행하고, 66명을 군사재판에 회부해요. 20일 정오에는 마산과 창원 일대에 위수령을 발동하여, 505명을 연행하고 59명을 군사재판에 회부해요.

또한 통행금지가 2시간 연장되고, 경남대학과 경남산업전문대학에는 무기한 휴교 조치가 취해져요. 24일에는 군·검 합동반을 편성하여 깡패를 소탕한다는 명목으로 시위대 132명을 검거하고, 23명을 구속합니다. 이와 같은 강경진압으로 부마민주항쟁은 진압되는 듯 보였어요. 하지만 부산과 마산 시민뿐만이 아니라 전국의 많은 시민이 박정희 정부의 반인권적인 진압과정을 보면서 민주화에 대한 열망을 품게 됩니다. 그리고 얼마 뒤 박정희 대통령이 김재규에게 죽자, 민주화를 바라는 서울의 봄이 열리게 됩니다.

33 — 박정희 대통령의 죽음 10·26 사건

1979년 부마민주항쟁과 관련하여 박정희의 측근은 강경론과 온건론으로 크게 나누어져 대립했어요. 대통령 경호실장 차지철은 부마민주항쟁에 대한 강경진압을 주장했고, 중앙정보부장 김재규는 온건한 입장을 취했어요. 이때 박정희 대통령은 차지철을 지지하며 부마민주항쟁을 강경하게 진압해요. 부마민주항쟁을 강제 진압한 이후인 10월 26일 저녁, 박정희 대통령은 궁정동 안가에서 연회를 열어요.

이 자리에는 김재규와 차지철 외에도 청와대 비서실장 김계원·가수 심수봉·모델 신재순이 참석해 있었어요. 연회장소에서 조금 떨어진 안가 별채에는 김재규의 초청을 받은 정승화 육군참모총장이 머물고 있었습니다. 그리고 잠시 후 김재규가 쏜 총에 박정희 대통령과 차지철 경호실장 등 5명이 죽어요. 이것을 10·26 사건이라고 불러요.

김재규가 왜 총으로 대통령을 쏴 죽였는지는 아직도 논란이 많지만, 이유를 크게 4가지로 분류해요. 첫 번째는 김재규와 박정희·차지철 사이의 유신세력에 반대하는 세력에 대한 인식과 대응의

박정희를 암살한 중앙정보부 부장 김재규

차이에서 온 사건으로 이해해요. 두 번째는 민주주의 회복을 위한 김재규 본인의 신념이 가져온 결과로 인식합니다. 세 번째는 차지철에 대한 김재규의 개인적인 증오와 미움으로 벌어진 우발적 사건으로 봅니다. 네 번째는 25일 아시아협회 주최의 만찬회에서 주한미군 사령관 존 베시 육군참모총장이 한 발언을 근거로 미국이 개입한 사건으로 보기도 해요.

당시 군수사부는 다음과 같이 발표를 하면서, 김재규의 박정희 대통령에 대한 증오와 미움으로 벌어진 사건으로 해석했어요.

'중앙정보부장 김재규가 정보업무 수행과정에서의 무능을 박정희 대통령에게 몇 차례 힐책을 받았다. 이 과정에서 자신이 대통령에게 올리는 보고나 건의가 차지철 경호실장에 의해 번번이 제동이라 걸리면서 박정희와 차지철에 대한 불만이 높아졌다. 그러던 중 10월 26일 박정희가 연회를 열자, 이때를 이용해 암살할 계획을 세웠다. 암살 직후 쿠데타를 일으킬 목적으로 정승화 육군참모총장과 중앙정보부 차장보 김정섭을 궁정동 별관에 대기시켰다. 5시 40분 김계원 대통령 비서실장에게 차지철 살해를 암시했고, 그는 묵인했다. 박정희와 차지철에게 부마사태에 대한 책임을 추궁당하던 김재규는 2층에서 권총을 가지고 연회장에 들어섰다. 그리고 박정희와 차지철에게 각각 2발씩 쏘아 죽였다.'

그러나 김재규가 민주주의를 위해 계획한 사건이라는 주장도 만만치 않았어요. 김재규가 장준하 유가족을 도와주는 등 평소에도 민주주의 인사를 도와주었고, 법정에서 자신이 재벌과 공무원 등의 부정을 잘 알고 있으므로 부정과 부패를 청산할 기회를 달라고 호소했다는 점을 근거로 삼아요. 하지만 오전까지도 박정희의 환심을 사기 위해 노력하고, 신민당 공작에 애쓴 점을 설명하기는 어려워요.

또한 우발적인 사고라고 하기에는 사전에 육군참모총장 정승화와 제2차장보 김정섭을 본관에 대기시킨 것도 설명하기가 어려워요. 다시 말해 김재규가 박정희 대통령을 죽인 것이 계획적인지 아니면 우발적인 사고인지조차 결론 내리기가 어렵습니다. 그렇다 보니 김재규가 어떤 이유와 목적으로 권총을 쐈는지는 더욱 알 수가 없어요. 하지만 분명한 것은 10월 26일 김재규가 박정희 대통령을 죽이면서 유신체제는 막을 내렸다는 것이에요. 그리고 육군참모총장 정승화가 김재규와의 연대를 거부하면서 김재규는 권력을 잡지 못하고 처형되었다는 점입니다.

박정희 대통령의 죽음을 알게 된 전두환 보안사령관은 김재규를 대통령 살해범으로 체포해요. 그리고 최규하 대통령 권한대행은 27일 새벽 4시 전국에 비상계엄을 선포합니다. 12월 유신헌법 절차에 따라 대통령에 선출된 최규하는 긴급조치 9호를 폐지하는 등 유신체제 해체해 나가요. 하지만 12·12 쿠데타로 최규하의 노력은 오래가지 못해요.

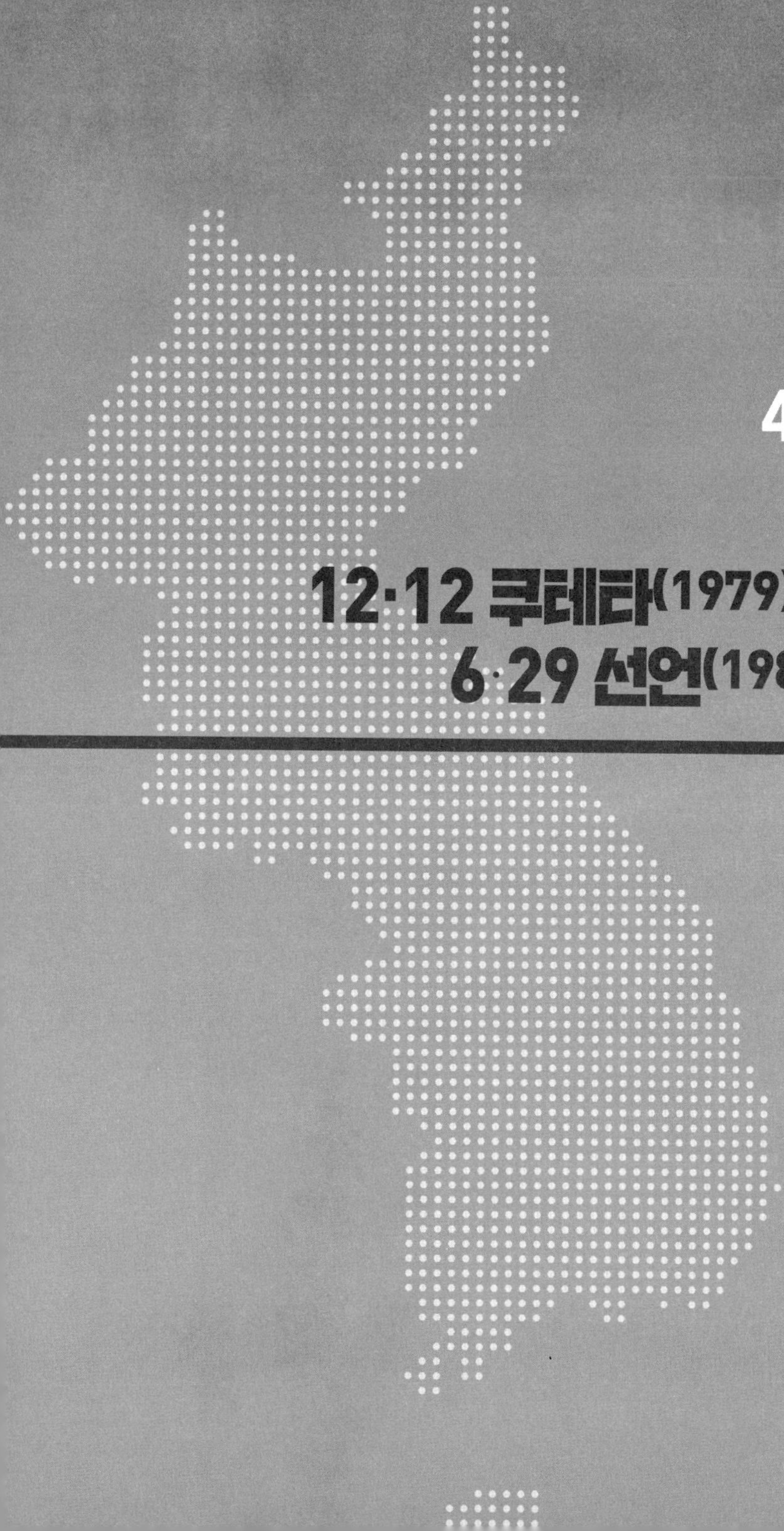

4장

●

12·12 쿠테타(1979)~
6·29 선언(1987)

1 ── 민주화의 희망을 꺾은 12·12 쿠데타

1979년 10월 26일 박정희 대통령이 중앙정보부장 김재규가 쏜 총탄에 죽으면서, 대한민국은 큰 혼돈에 빠져요. 군통수권자이자 모든 권력을 틀어쥐고 있던 박정희 대통령의 죽음이 어떤 파장을 가져올지 아무도 예상할 수 없었어요. 최규하 과도정부는 급히 제주도를 제외한 전국에 비상계엄으로 선포하고, 정승화 육군참모총장을 계엄사령관에 임명했어요. 정승화는 혼란을 최소화하면서 만일의 사태를 대비하기 위해 참모차장 윤성민과 수경사령관 장태완 그리고 특전사령관 정병주를 중심으로 지휘계통을 개편해요. 그리고 박정희 정부 때 권력의 핵심이었던 중앙정보부와 대통령 경호실을 축소 개편합니다.

10·26 사건을 수사하는 계엄사 합동수사본부장이자 보안사령관 전두환은 정승화의 군지휘 개편에 불만이 컸어요. 그래서 자신과 뜻을 함께하는 군부 내 사조직이던 하나회를 동원하여 정승화를 제거하고 권력을 장악하기로 마음먹어요. 전두환은 김재규가 박정희 대통령을 시해하는 장소에 정승화가 있었다는 사실을 빌미로 체포하여 제거하는 계획을 세우고 하나회를 소집해요. 11월 중

광화문을 점령한 쿠데타 군

순 국방부 군수 차관보 유학성, 1군단장 황영시, 수도군단장 차규헌, 9사단장 노태우가 전두환의 쿠데타에 합류해요. 이후 20사단장 박준병, 1 공수여단장 박희도, 3 공수여단장 최세창, 5 공수여단장 장기오와도 접촉하여 쿠데타에 합류시켜요. 이때 전두환과 쿠데타를 공모한 군인들을 신군부라고 불러요.

　전두환은 보안사 대공처장 이학봉과 보안사 인사처장 허삼수, 육군본부 범죄수사단장 우경윤에게 정승화 육군참모총장 연행계획을 수립하도록 지시해요. 그리고 12월 12일 방해가 되는 정병주 특전사령관, 장태완 수경사령관, 김진기 육군헌병감을 연희동 요정으로 유인하는 오후 6시 30분에 쿠데타를 시작해요. 같은 시간 신군부 세력은 경복궁 내 수경사 30경비단에 집결하고 있었어요.

　우선 전두환은 정승화의 연행을 합법적으로 성공시키기 위해 최규하 대통령을 찾아가 허락을 요구해요. 하지만 거절당하고 말아요. 이 시각 보안사 인사처장 허삼수와 육군본부 범죄수사단장 우경윤이 보안사 수사관 7명과 수경사 33헌병대 병력 65명을 이끌고 육군참모총장 공관에 도착해요. 이들은 최규하 대통령의 재가를 받았다는 거짓말로 정승화 육군참모총장을 연행하고자 했어요. 정승화가 대통령에게 확인해보겠다며 이재천 부관에게 확인 전화를 걸게 하자, 다급해진 이들은 이재천 부관에게 총을 쏴요. 공관에서 총성이 울리자, 외곽에서 주둔하고 있던 33경비단 병력이 초소를 무력으로 점거하고는 정승화 총장을 강제로 보안사 서빙고분실에 가둬요.

정승화 육군참모총장이 연행되었다는 소식을 접한 장태완과 정병주는 수도권 인근의 병력을 동원하여 신군부에 맞서고자 합니다. 그러자 쿠데타에 가담한 신군부가 산하 군대를 동원해요. 밤 11시 1·3·5 공수여단과 9사단 등에서 차출한 5천여 명의 병력과 2기갑여단 소속 탱크 35대가 중앙청과 국방부 그리고 육군본부를 무력으로 장악합니다. 장태완과 정병주 등 여러 육군 장성이 이들을 저지하고자 노력하지만 실패하면서 모두 체포되고 맙니다. 이때 동원된 노태우의 9사단은 전방에 있는 부대여서 자칫 북한군이 남침할 경우 대한민국을 큰 위기로 빠뜨릴 수도 있는 일이었어요.

결국 신군부가 모든 군 기관을 장악한 사실을 알게 된 최규하 대통령은 새벽 5시 10분 정승화 총장의 연행을 허락하는 문서에 서명해요. 그리고 오전 9시 9사단장 노태우와 50사단장 정호용이 각각 수경사령관과 특전사령관에 취임하면서 신군부는 쿠데타를 성공하게 됩니다. 그리고 이들은 전두환을 대통령으로 하는 제5공화국의 중심 세력으로 활동하게 됩니다.

2 — 서울의 봄과 5·18 광주민주화운동

신군부의 쿠데타에 반대하는 전국 각지의 대학생이 '계엄철폐'와 '유신세력 척결' 등을 외치며 시위를 벌였어요. 1980년 5월 15일에는 서울역 광장에서 30개 대학교 10만여 명의 학생이 모여요. 그런데 이날 대학생 대표들은 16일부터 시위를 일시 중단하고 시국의 추이를 관망하면서 새로운 전략을 모색하기로 결의해요. 이때 신군부는 정권을 장악하기 위해 17일 비상계엄령을 전국으로 확대해요.

이 과정에서 전국대학총학생회장단 회의에 참여했던 서울 지역 대학생회장단 전원이 연행되고, 김대중을 비롯한 26명의 재야인사와 김종필 등 구 공화당 정치인들이 체포됩니다. 10·26 사건에서 5월 17일 비상계엄 전국 확대조치가 시행되기까지를 1968년 체코슬로바키아에서 있었던 민주화 운동인 프라하의 봄에 비유하여 서울의 봄이라 불러요.

전라남도 광주에서도 5월 16일 3만여 명의 학생과 시민이 비상계엄 해제와 전두환 퇴진을 요구하는 시위를 벌였어요. 신군부는 시위를 주도한 사람을 연행하고, 학교에 휴교령을 내려요. 이에 맞서 학교에 들어가려던 전남대 학생 200여 명은 계엄군에게 돌을 던지며 항의해요. 같은 시각 금남로에서도 김대중 석방과 전두환 퇴진을 외치는 시위가 열려요. 이에 계엄군은 시위대를 향해 과잉 진압을 벌여요. 이 모습에 화가 난 시민들이 동참하면서 시위대가 5천 명을 훌쩍 넘자, 계엄군은 장갑차까지 동원해요. 그리고는 총에 칼을 부착하고는 시위대를 무차별 공격했어요. 이 과정에서 관공서와 공공건물이 폐쇄되고, 중·고등학교는 임시 휴교 조치가 내려집니다.

20일 오후 시내 중심가에는 계엄군의 횡포에 맞서려는 시민 3만여 명이 거리를 꽉 메웠어요. 또한 시민들이 동원한 250여 대의 차량이 경적을 울리며 도청을 향해 항의했어요. 이날 밤에는 20만 명에 육박하는 시민들이 계엄군과 경찰의 저지선을 뚫고 시청 건물을 장악합니다. 이 과정에서 파출소와 방송국이 방화되거나 파괴돼요. 광주시민의 저항이 점점 커지자, 계엄군은 외부로 통하는 모든 시외전화를 끊어버리며 외부와 차단하고, 시위대의 소식을 차단하기 위해 지역 신문사의 편집을 중단시켜요.

그리고 밤 11시 도청 등 건물 옥상에서 시위대를 향해 조준 사격을 가했어요. 계엄군의 발포로 시민의 희생이 커지자, 일부 시민은 무기 탈취를 위해 시 외곽 지역으로 빠져나갔어요. 이들은 화순·해남·나주 등 인근 지역에 광주의 상황을 알리고, 지서와 경찰서 및 군부대를 공격하여 무기를 가지고 광주로 돌아옵니다.

21일 오후 3시 시민들에게 무기가 지급되면서, 총과 실탄으로 무장한 시민군은 계엄군에 맞서 총격전을 벌였어요. 또한 방위산업체인 아세아자동차 공장에서 80여 대의 대형버스와 장갑차 등을 몰고 나와 맞섰어요. 계엄군에 의해 많은 시민이 죽고, 부상자가 속출하자, 광주시민은 자발적으로 치료에 필요한 피를 공급하기 위해 병원으로 달려가요. 이처럼 광주시민이 똘똘 뭉쳐 맞서자, 계엄

진압군과 대치한 광주시민들 ©5·18 기념재단

군은 외곽으로 철수한 뒤 광주를 다른 지역과 차단·봉쇄해버려요.

22일 사태수습시민대책위원회를 결성한 시민들은 무력 충돌을 지양하고 계엄군과 협상하기로 결정해요. 24일에는 질서를 회복하자는 전단지를 배포하고 무기와 차량을 회수하며 평화적으로 시위를 종결하려고자 합니다. 하지만 계엄군과 광주에 파견된 공수부대는 시민군뿐만 아니라 민간인 살상을 멈추지 않았어요. 결국 25일 시민들은 민주수호궐기대회를 열어 최후의 일인까지 싸울 것을 맹세하며 계엄군에 굴복하지 않기로 다짐합니다.

26일 새벽 계엄군은 탱크를 앞세우고 시내로 진입해요. 시민대책위원회가 제시한 타협안을 무시하고는 27일 자정 2만 5천 명의 전투 부대를 투입하여 수많은 시민을 학살해요. 5·18 광주민주화운동 이후 1988년 노태우 정부는 민관군 모두 191명이 사망하고 중경상자가 852명이라고 주장하지만, 유족들은 사망자만 2천 명이 넘는다며 진상조사를 요구합니다.

3 ━━━ 김대중 내란음모 조작 사건

1980년 신군부 세력은 박정희 전 대통령의 죽음 이후 거세지는 민주화의 바람을 끄기 위해 민주화운동 세력 제거에 나서요. 그중에서도 김대중을 제일 먼저 숙청해야 할 대상으로 꼽습니다. 신군부는 1980년 5월 17일 24시 비상계엄을 전국에 확대하는 과정에서 민주화운동 인사와 학생운동 지도부를 붙잡아요. 이 과정에서 김대중은 동교동 자택에서 무장한 계엄사령부 합동수사본부 요원들에게 연행됩니다.

5월 22일 계엄사령부는 김대중이 10·26 사건을 이용하여 정권을 획득하기 위해 대중선동-민중봉기-정부 전복이라는 계획을 세웠다고 발표해요. 구체적인 증거로 복직 교수와 복학생을 사조직에 편입하여 각 대학을 연계하는 과정에서 김대중의 모습을 음각한 메달과 볼펜을 나눠주었다고 제시해요.

이에 따라 7월 4일 김대중을 비롯한 24명을 내란음모, 국가보안법, 반공법, 외국환관리법 및 계엄포고령 위반 등의 혐의로 계엄보통군법회의에 송치해요. 이 과정에서 신군부 세력은 김대중이 전남대학교 복학생 정동년에게 자금을 제공하는 등의 방법으로 광주

내란음모 사건 재판받는 김대중

에서 폭동을 일으켜 정부를 전복하려던 것을 일망타진했다고 발표해요.

그러나 8월 14일 김대중은 내란음모 사건 재판이 열리는 날 주동자로 지목된 24명을 처음으로 마주해요. 김대중은 자서전에 이당시를 이렇게 기록합니다.

'이 사건에 연루된 24명은 비로소 한자리에 얼굴을 볼 수 있었다. 나와 문익환, 예춘호, 이문영, 고은 씨 등은 내란음모 혐의로 육군교도소에, 다른 사람들은 계엄법 위반 혐의로 서울 서대문구치소에 수감되어 있었다. 저들은 내게 내란음모, 내란선동, 계엄법 위반, 계엄법 위반 교사, 국가보안법 위반, 반공법 위반, 외국환관리법 위반 등 혐의를 씌워 기소했다.'

다시 말해 신군부가 내란음모죄를 뒤집어씌우기 위해 사건을 무리하게 조작했음을 보여줍니다.

9월 17일 19차 공판에서 김대중은 신군부의 계획대로 사형 선고를 받게 돼요. 이 자리에서 김대중은 이렇게 최후 진술을 합니다.

"내가 처형당한다는 것은 처음부터 각오하고 있는 것입니다. 나는 여기서 이 기회를 빌려 공동 피고 여러분께 유언을 남기고 싶습니다. 내 판단으로 머지않아 1980년대에는 민주주의가 회복될 것입니다. 나는 그걸 확실히 믿고 있습니다. 그때가 되거든 먼저 죽어 간 나를 위해서든, 또 다른 누구를 위해서든 정치적인 보복이 이 땅에서 다시는 행해지지 않도록 부탁하고 싶습니다."

　1981년 1월 23일 대법원은 김대중 사형과 함께 체포된 24명 중 11명에게 10년 이상의 중형을 선고해요. 그러나 이 결정은 대내외적으로 큰 반발을 가져와요. 미국 지미 카터 전 미국 대통령과 레이건 행정부를 비롯하여 교황 요한 바오로 2세까지 대법원의 판결을 비난했어요. 쿠데타 동지였던 노태우도 대법원의 결정이 가지고 올 파장이 우려된다고 전두환에게 말해요. 결국 각계각층의 강한 반발에 전두환 대통령은 한 발짝 뒤로 물러나 김대중의 사형을 무기징역으로 감형시켜요.
　1982년 3·1절 특별사면으로 김대중은 무기징역에서 20년형으로 다시 감형돼요. 그해 12월 10일 노신영 전 국가안전기획부장이 김대중이 복역하는 청주교도소를 찾아와요. 그는 김대중에게 2~3년 가족과 미국 망명하라고 권유해요. 12월 23일 건강이 너무 악화하여 서울대학병원으로 이송된 김대중은 결국 2년 7개월의 옥고 끝에 미국으로 강제로 망명하게 됩니다.
　1995년 5·18 민주화운동에 관한 특별법이 만들어지면서 김대중 내란음모 사건 및 광주민주화운동의 피해자에 대한 정치·법률적 구제가 가능해져요. 당시 김대중은 대통령 재임 중이라는 이유로 재심을 미루다가, 대통령 퇴임 이후인 2003년 서울고등법원에 재심을 청구합니다. 그리고 2004년 1월 내란음모죄로 사형선고를 받은 지 25년만에 무죄를 선고받아요.

4 ━━━━━━ 신군부의 언론통폐합

전두환과 신군부 세력은 집권하기 위한 구상한 여러 시나리오 중 하나가 1980년 3월에 등장한 'K-공작계획'이에요. 신군부는 자신들에게 우호적인 언론기관은 남기고, 비판하는 언론기관은 폐지하고자 했어요. 쿠데타로 정통성이 결여된 신군부는 무엇보다 여론을 통제하는 것이 중요했거든요. 이를 위해 1980년 2월 보안사에 정보처를 부활시켜 민간 정보를 수집해요. 이를 토대로 7대 중앙일간지, 5대 방송사, 2대 통신사의 사장과 주요 간부의 약점을 잡아 회유하는 작업에 들어가요. 또한 신군부에 부정적인 기사를 작성하는 언론인의 개인 신상을 조사해요. 7월에는 창작과 비평 등 172종의 정기간행물을 폐간시켜요.

이에 언론인들은 제작을 거부하거나 언론검열 철폐 유인물을 제작하여 배포하며 맞섰어요. 《동아일보》, 《동양통신》, 《한국일보》 등은 언론자유결의문을 채택하고, 5월 20일 기자협회는 검열 거부를 결의해요. 하지만 신군부는 아랑곳하지 않고 보도검열에 협조하지 않는 300명 이상의 언론인 해직 명단을 만들어요.

이 명단은 보안사 정보처장 권정달과 이광표 문교부장관을 거쳐 7월 말 각 언론사에 통보돼요. 그로 인해 10월 말에는 900명 이상의 언론인이 해직되어 버려요. 해직된 언론인 중 일부는 취업제한을 받는 것을 넘어 충주문화방송 사장처럼 삼청교육대에 입소해 순화교육을 받아야 했어요. 또는 경찰서나 남영동 대공분실에 끌려가 가혹행위를 당하는 일도 많았습니다.

1980년 11월 14일 신군부는 언론기관의 난립으로 언론기업이 부실화되고, 건전 언론풍토를 저해한다고 발표해요. 그리고 이튿날 언론통폐합에 대한 구체적 방안을 제시해요. 이에 따라 공영·민영 방송구조는 공영방송체제로 바뀌고, 지방지는 10개로 통합 개편돼요. 그 결과 동양방송TBC 과 문화방송MBC 이 통합되고, 삼성 계열의 TBC는 KBS2가 되는 등 신문사 11개, 방송사 27개, 통신사 6개 등 44개 언론 매체가 통폐합돼요.

나중에 발견된 내부 문건에 따르면 신군부가 자신들에게 우호적 성향의 언론은 육성하고, 야당이나 특정 정치인을 지지하는 언론은 없애려고 했음이 밝혀져요. 여기에는 신군부의 언론통폐합 조치를 이용하여 동종 시장 내의 경쟁자를 줄여 독과점적 구조를 만든 뒤, 안정적인 이윤을 추구했던 일부 언론사 경영진의 책임도 있었어요.

1980년 12월 16일 전두환 정부는 언론기본법을 제정해요. 이 법은 언론의 공적 책임을 다하지 못하는 정기간행물은 문화공보부 장관이 등록을 취소하거나 발행을 정지할 수 있도록 규정하고 있어요. 또한 일부 언론 기업에 외국 자금의 유입을 제한하고 상업 광고 방송을 금지시켜 정부의 광고 없이는 존립하지 못하도록 하여 통제할 발판을 만들기도 해요.

이 외에도 전두환 정부는 언론의 취재 보도 내용에 직접 개입하기 위해 공안 기관원을 언론사에 상주시켰어요. 문화공보부 내에는 홍보 조정실을 만들어 기사의 크기와 내용 등 보도 내용과 형식

언론통폐합 기사가
나온 《동아일보》

까지 규제한 정부 보도지침을 각 언론사에 내려보냈어요. 당시 중
앙일간지 보도지침 이행률이 평균 77.8%나 되었는데, 이것은 전두
환 정부의 언론탄압이 얼마나 심했는지를 잘 보여줍니다. 전두환
정부는 언론에 제재만 가하지는 않았어요. 적극적으로 협조하는
언론사에는 구독료 외에도 각종 명목의 자금을 지원해주었어요.

　예를 들어 연합통신에 대지 매입 자금을 무이자로 대출해주고,
《서울신문》에는 시내버스 광고사업 대행권을 주기도 했어요. 이외
에도 전두환 정부는 최대의 단일 광고주로 1985년 이후 연간 100
억 이상의 광고비를 지출하며 언론을 장악합니다. 당시 전두환 정
부가 언론을 장악하고 통제하는 것을 보여주는 용어로 '땡전뉴스'
가 있어요. 저녁 9시 뉴스 시작을 알리는 종이 울리면, 아나운서가
"전두환 대통령은~"으로 시작하는 뉴스를 제일 먼저 보도했는데
이를 땡전뉴스라고 불렀어요.

5 인권을 짓밟은 삼청교육대

'훈련장에 도착해 군복으로 갈아입은 순간부터 총을 찬 군인들이 몽둥이로 마구 때렸어. 눈 감고 귀 막고 그렇게 매질을 당했다니까. 연병장으로 가는 계단을 기어서 내려가라고 시키고는 느리다고 또 때렸지.'

이 글은 고등학교 재학 중 삼청교육대 대상자로 신고당해 한 달 동안 유치장에 있다가 강원도 화천 제11공수여단 62연대 산하 유격훈련장에 입소한 김 모 씨 증언이에요.

이 외에도 공장에서 일을 마치고 퇴근하는 도중 경찰과 군인들의 불심검문에서 팔에 흉터가 있다는 이유로 끌려가 4주간 순화교육 명목으로 폭행당하고 6개월간 근로봉사를 했다는 홍 모 씨의 증원도 있어요. 이들 외에도 삼청교육대에 끌려가 갖은 고생을 겪었다는 사람들의 증언은 너무도 많습니다. 그럼 이들이 끌려간 삼청교육대는 어떤 곳이었을까요?

신군부는 1980년 5월 17일 비상계엄 발령 후 5월 31일 국가보위비상대책위원회 국보위 를 설치해요. 여기서 국민적 기대와 신뢰를 구축한다는 명분을 내세우며 불량배 소탕계획을 세워요. 삼청계

무고한 시민을 불량배로 본 삼청교육대

획 5호라 불리는 이 계획은 신군부가 처음으로 만들어낸 것은 아니었어요. 이미 박정희가 5.16 쿠데타 직후 병역미필자에 대한 사회적 구제와 국토의 개발을 목표로 운영했던 국토건설단을 모델 삼아 만든 것이었어요. 박정희 정부는 국토건설단 운영과정에 많은 문제가 발생하여 해체했지만, 신군부는 아랑곳하지 않고 계획대로 진행해요.

국가보위비상대책위원회 상임위원장 전두환의 재가를 받은 삼청계획 5호는 7월 29일 계엄사령부에 하달돼요. 이에 따라 계엄사령부가 내무부와 법무부를 지휘·감독하여 불량배를 검거하고 분류 심사하면, 군부대가 이들에게 순화교육과 근로봉사를 시켜요. 1980년 8월 4일 계엄 포고 제13호 발령 이후 1981년 1월 25일 계엄 해제 전까지 총 5회에 걸쳐 연인원 80만 명의 군인과 경찰이 투입되어 6만 755명의 불량배를 체포해요. 법관의 영장 발부 없이 말이에요.

이들은 A, B, C, D 4등급으로 분류되었어요. A등급은 군사재판 또는 검찰에 인계된 3,252명이 있었어요. B등급은 순화교육 후 근로봉사를 받고, C등급은 순화교육 후 사회복귀 되는데 총 3만 9,742명이 있었습니다. D등급은 훈방조치되는 사람들로 1만 7,761명이었어요. 그런데 순화교육 대상자인 불량배로 체포된 사람 중에는 980명의 학생과 319명의 여성이 포함되어 있었어요. 또한 전과 사실이 없는 사람이 전체 피검자의 35.9%였어요. 이것은 아무 죄도 없이 붙잡혀 인권이 무시된 채 고통을 받아야 하는 사람이 존재했음을 보여줍니다.

B와 C등급으로 분류된 사람은 1980년 8월 4일부터 1981년 1월 21일까지 전후방 26개 부대에서 11차례에 걸쳐 교육이 실시됐어요. 4주간의 교육 기간이 원칙이지만, 죄질이 가볍거나 반성의 기미가 보이면 2주 후에 퇴소하기도 했어요. 하지만 이는 극히 일부로 삼청교육대에 붙잡혀 온 사람들은 고된 육체훈련을 받아야 했어요. 이 과정에서 구타와 욕설 그리고 얼차려가 아무 이유 없이 가해지면서 큰 고통을 받아야 했어요. 순화교육이 끝나면 B등급은 전방 20개 사단에서 근로봉사에 투입되고, C등급은 전술도로 보수, 진지 구축 및 보수공사, 자재 운반, 통신선 매설 등의 작업에 동원되었어요.

국가보위비상대책위원회는 삼청교육을 마친 퇴소자에게 전과를 지우겠다고 약속했지만, 지켜지지 않았어요. 오히려 이들의 기록은 경찰서에 인계되는 것을 넘어 전산으로 자료화돼요. 그리고는 1982년 1월 15일부터 1988년 6월 28일까지 범죄사건이 벌어지면, 이들은 용의자가 되어 가장 먼저 경찰의 조사를 받아야만 했어요. 행정기관에서도 내무부의 지시에 따라 동·면사무소별로 순화 교육 이수자 사후관리 기록 카드를 작성하고 생활환경을 관찰했어요.

1988년 국정감사에서 국방부는 삼청교육대로 54명이 사망했다고 발표해요. 2007년에는 국방부 과거사진상규명위원회가 삼청교육대는 불법이며 각종 인권유린이 있었음을 시인합니다.

6 정통성을 스스로 부정한 전두환 정부

전두환을 중심으로 한 신군부 세력은 5·18 광주민주화운동을 진압하고, 그들이 세워놓은 시나리오에 따라 정권 장악에 나서요. 5월 31일 전국 비상계엄 하에서 국가를 보위하기 위한 국책사항을 심의 의결하여 대통령의 자문에 응하거나 대통령을 보좌한다는 명분으로 국가보위비상대책위원회를 설치해요. 하지만 실질적인 설치 이유는 입법·사법·행정 기관을 실질적으로 장악하기 위해서였죠.

국가권력을 완벽하게 장악했다고 판단한 전두환은 1980년 8월 16일 최규하 대통령을 강제로 하야시켜요. 대한민국 역사상 이승만과 윤보선에 이어 세 번째 대통령 하야였어요. 8월 22일 대통령으로 취임하기 위해 전두환은 육군 대장으로 전역합니다. 그리고 8월 27일 유신헌법에 따라 통일주체국민회의를 통해 그해 9월 제11대 대통령에 취임해요. 이 과정에서 국민의 의사는 하나도 반영되지 못했어요.

대통령이 된 전두환은 헌법개정심의위원회으로 하여금 헌법 개정안을 만들도록 지시해요. 그리고 10월 22일 국민투표를 거쳐 헌법 개정안을 확정하고 27일 공포합니다. 대한민국 정부 수립 이후 8번째 헌법개정이었어요. 개정안의 내용을 살펴볼까요.

우선 헌법 개정안에는 제5공화국의 출범의 이유를 밝히면서 7년 단임제의 대통령을 선거인단이 선출하도록 했어요. 박정희 정부의 유신헌법과 비교했을 때 대통령 중임이 제한되었지만, 임기는 훨씬 길어졌어요. 입법 기관인 국회에 관해서는 비례대표의 근거 조항을 신설하고, 국회의원의 임기를 4년으로 조정하였어요. 사법기관에도 대법원장에게 일반법관의 임명할 권리를 부여하고, 대법원의 구성을 2원제로 운영하도록 합니다. 부칙으로 과도입법기관인 국가보위입법회의를 규정하여 소급적으로 참정권을 제한하는 특별입법의 근거를 밝혀요.

헌법개정이 되자 국회를 해산하고, 국가보위입법회의로 하여금 국회 권한을 대행하도록 해요. 전두환 대통령이 임명한 81명의 의원으로 구성된 국가보위입법회의는 제11대 국회가 개원하기까지 156일 동안 215개의 안건을 접수하여 100% 가결해요. 이것은 논의와 협의보다는 지시를 법령으로 만드는 것에 더 가까웠어요.

이때 만들어진 법령 중에는 11월 5일 공포한 '정치풍토 쇄신을 위한 특별조치법'도 있었어요. 이를 근거로 전두환 정부는 구정치인들의 정치활동을 금지시켜요. 또한 국가보위입법회의가 제정한 법률에 따라 행해진 재판 및 예산 등에 이의를 제기할 수 없도록 했어요. 그 결과 전두환 정부는 반발하는 세력을 제거하고 각 부문을 확실하게 장악하게 됩니다.

전두환 대통령은 자신을 총재로 한 민주정의당을 1981년 1월 15일 창당해요. 그리고는 민주정의당 후보로 다시 대통령 선거에 출마해요. 야당인 민주사회당과 사회당 그리고 신정당은 선거인단이 선출하는 방식으로는 당선 가능성이 없다며 대통령 후보를 내지 않아요. 결국 전두환은 단독출마하는 모양새를 보이지 않기

전두환 정부의 취임식

위해 민주정의당 산하의 구색정당인 민주한국당, 한국국민당, 민
권당에서 대통령 후보를 내게 해요. 그 결과 5,278명의 선거인 중
2,639표를 받으며 전두환은 1981년 3월 3일 제12대 대통령으로 취
임해요.

　전두환 정부는 출범하면서 박정희 정부와 거리를 두려는 모습
을 보이기 위해 헌법개정과정에서 5·16 혁명정신 관련 내용을 삭
제해요. 또한 박정희에 대한 추모 행사에도 깊이 간섭해요. 이것은
군대를 동원한 쿠데타로 정부를 수립했다는 공통점으로 인해 독재
자로 비칠까 걱정된 모습에서 나온 행동이었어요.

　그런데 전두환 정부는 대한민국 임시정부를 계승하는 모습도
보이지 않아요. 독립운동가이자 고려대학교 교수였던 김준엽이 대
한민국의 법통을 대한민국 임시정부에서 찾아야 한다는 제안을
거부해버리거든요. 쿠데타로 수립한 전두환 정부가 역대 정부를
계승하지 않겠다고 밝힌 것은 스스로 정통성을 부정하는 일이었
어요.

7 — 정치적 무관심을 유도한 3S 정책

전두환 정부는 비정상적인 방법으로 출범한 사실을 국민에게 감추기 위해 많은 노력을 기울였어요. 또한 자신들의 뜻대로 국정을 운영하고자 국민이 정치에 관심을 갖지 못하게 하는 여러 정책을 펼칩니다. 이를 통틀어 3S 정책이라고 불러요. 3S 정책은 영상 Screen · 스포츠 Sports · 성문화 Sex 의 약칭으로 전두환 정부를 상징하는 문화정책으로 기억되고 있어요.

대표적으로 프로 스포츠의 시작과 정치 분야를 제외한 나머지 분야의 검열 완화, 통행금지 해제 등이 있어요. 3S 정책이 정치에 대한 국민의 관심을 다른 방향으로 돌리려는 데 있었지만, 기존의 한국 사회의 모습을 많이 바꾸어놓기도 해요. 또한 역설적으로 민주주의에 대한 열망과 자유 의식을 고취하는 역할도 하게 됩니다.

전두환 정부가 일으킨 변화를 살펴볼까요. 우선 1982년 1월 5일 자정을 기해 통행금지가 해제돼요. 1945년 미군정 치하에서 통행금지가 시행된 지 36년만의 일이었어요. 이제 시민들은 통금시간을 어기지 않기 위해 집으로 뛰어가거나, 경찰서 유치장에서 밤을 지새울 일이 없어지게 돼요. 대신 기존에 없던 심야극장과 심야

프로야구 개막식 장면

다방이 만들어지고, 거리에는 늦은 밤까지 운영하는 포장마차가 줄지어 서 있는 풍경이 나타나요.

스포츠 분야에서도 1982년 출범한 프로야구를 시작으로 이듬해 프로축구, 프로씨름이 출범해요. 전두환 대통령은 1982년 3월 27일에는 동대문야구장에서 열린 야구 개막전에서 직접 시구하는 모습을 국민에게 보여줘요. 이것은 박정희 정부와 달리 대한민국이 자유로워졌다는 모습을 국민에게 각인시키기 위해서였어요. 하지만 포수가 공을 전두환 대통령에게 전달하려고 마운드에 다가가려다 경호원에게 제지당하는 모습이 방송으로 중계돼요. 이것은 전두환 정부도 박정희 정부와 크게 다르지 않음을 보여주는 하나의 사례가 됩니다.

전두환 정부는 체육부를 신설하고, 초대 장관으로 노태우를 임명해요. 그리고 10·26 사건으로 중단된 올림픽 유치를 다시 추진하자, 불안정한 정치상황과 올림픽을 개최할 경제적 여건이 되지 않는다며 여러 반대 의견이 제시되었어요. 그러나 정주영 전국경제인연합회 회장이 서울올림픽 유치 민간추진위원장을 맡아 상황을 반전시키며 1981년 9월 30일 제24회 하계올림픽 개최지로 선정됩니다.

영화계에도 변화가 찾아왔어요. 박정희 정부 시절에는 영화사는 허가제였어요. 유신헌법 이후 허가받은 12개 영화사는 3편의 국내 영화를 제작해야 1편의 외화를 수입할 수 있었어요. 영화 검열도 심하여 유신체제를 위협할 수 있는 내용은 영화에서 삭제되었어요.

이처럼 폐쇄적인 영화 시장을 전두환 정부는 1985년 영화법을 개정하여 허가제를 등록제로 바꿔요. 이제 많은 사람이 다양한 영화를 만들 수 있는 합법적인 수단이 마련돼요. 하지만 여전히 정부의 검열은 이루어졌어요. 그래서 영화사들이 정부의 검열을 피하려고 만든 것이 에로 영화였어요. 그 결과 대중을 자극하여 인기를 얻는 〈애마부인〉 같은 에로 영화가 많이 제작돼요.

가요계는 전 정부처럼 여전히 검열이 이루어졌어요. 노래가 우울하거나 슬프면 퇴폐적이며 사회 기강을 어지럽힌다는 명목으로 금지곡이 되었어요. 몇 가지 사례를 살펴보면 바니걸스가 부른 〈막간 아가씨〉를 작사한 박영호가 월북했다는 이유로 금지곡이 돼요. 〈화류춘몽〉이란 곡은 퇴폐적이고 비참한 생활을 묘사했다는 이유로 금지곡이 되고요. 민요였던 〈장타령〉도 거지를 노래하는 등 현실에 부적절하다는 내용이라는 이유로 금지곡에 추가됩니다.

이처럼 전두환 정부는 겉으로는 국민의 자유를 존중하는 정책을 펼치는 것처럼 보였지만, 실상은 정반대였어요. 국민의 관심을 정치에서 멀어지게 하려는 목적이 더 컸죠. 그래서 정부의 정책을 비난하거나, 흔들어놓을 수 있는 일은 어떤 것도 용납하지 않았어요.

8 광주·부산·대구·서울 미문화원 방화 사건

전두환 정부 시기에는 미문화원에 대한 방화와 점거 등 폭력적인 행위가 여러 차례 일어났어요. 이것은 민주화를 향한 바람이 12·12쿠데타로 꺾이고, 삼청교육대 등 인권을 무시하는 정책에 대한 반발이었어요. 무엇보다 민주화를 간절하게 원하는 학생들의 활동이기도 했습니다.

1980년 12월 9일 전라도 광주에서 벌어진 미국문화원 방화 사건은 5·18 광주민주화운동에 대한 미국의 침묵에 대한 항거에서 시작되었어요. 광주 시민군이 계엄군에게 진압되기 직전인 1980년 5월 26일 광주 민주화항쟁 대학생대책본부는 광주시민을 지원하기 위해 부산 앞바다에 미 항공모함 두 대가 정박해있다고 가두방송을 했어요.

하지만 미국은 어떠한 행동도 하지 않았고, 무고한 많은 시민은 미국의 도움을 기다리다가 죽어가야 했습니다. 자유민주주의를 수호한다고 자부하던 미국의 이중적인 태도에 화를 참지 못한 가톨릭농민회 전남연합회 광주분회장이던 정순철과 여러 대학생은 휘발유와 시너를 가지고, 미국문화원으로 향했어요. 직원들의 퇴근을 확인한 이들은 광주미문화원 지붕에 구멍을 뚫고 휘발유를 뿌린 뒤 불을 질러버립니다.

미국이 신군부가 5·18 광주민주화운동을 군대를 동원하여 강경진압하는 것을 미국이 용인했다는 사실이 알려진 가운데, 전두환 대통령이 1981년 미국을 방문해요. 전두환 정부를 인정하는 미국의 태도에 실망한 부산 고신대 학생 문부식과 김은식 등은 1982년 3월 18일 부산미문화원으로 향했어요. 이들은 미국이 신군부의 쿠데타를 방조하고 광주 학살을 용인했다며, '미국은 더 이상 남조선을 속국으로 만들지 말고, 이 땅에서 물러가라.'라는 유인물을 살포했어요. 그러고 나서 부산미문화원에 불을 질렀어요. 이 과정에서 문화원에서 책을 보던 동아대학교 학생 장덕술이 사망하게 돼요.

이에 전두환 정부는 현상금을 내걸며 체포에 열을 올려요. 이때 가톨릭 원주교육원 원장 최기식 신부와 한강성당 주임 함세웅 신부가 은신해 있던 학생 일부를 설득해 자수시켜요. 그러나 전두환 정부는 학생들을 설득한 최기식 신부도 국가보안법 위반 및 범인은닉 혐의로 검거해요. 이는 훗날 종교계의 민주화 운동으로 발전하는 계기가 됩니다.

1983년 9월 22일 대구미문화원 정문에서 폭발물이 터지는 사건이 발생해요. 이 과정 신고자였던 17살 허병철 학생이 죽고, 경찰과 경비원 5명이 중경상을 입어요. 치안본부는 전국 경찰에 비상경계 근무령을 내리고, 외국 공관과 주요 시설에 대한 경계 강화를 지시해요.

한편 대구 경찰청 수사 당국은 택시 기사의 신고내용에 따라 신원 미상의 50대 남성을 쫓았으나 잡지 못해요. 조급해진 경찰은 74만여 명을 용의선상에 올려놓고 수사해도 아무 소득이 없자, 경북대학교 학생 5명이 금서를 보유하고 있다는 이유로 용의자로 체포해요. 이것만으로는 범인으로 단정 짓기 어려웠지만, 이들은 유죄

부산 미문화원 방화를 진압하는 장면

판결을 받아요. 이후 2010년 진실·화해를 위한 과거사 정리위원회는 이 사건을 가혹행위로 자백받은 반인권 사건으로 판단했고, 2020년 무죄를 선고합니다.

1985년 5월 23일에는 서울지역 5개 대학 73명의 학생이 서울 미문화원을 기습적으로 점거해요. 이들은 '광주 학살 책임지고, 미국은 공개 사죄하라.'라는 대자보를 창문에 붙이고는 주한 미국대사와의 면담을 요구하며 단식 농성에 들어갔어요. 이들은 26일 농성을 자진 해산했으나, 경찰에 연행되어 20명이 구속돼요. 재판과정에서 리처드 워커 주한 미국대사는 5·18 광주민주화항쟁에 미국의 책임이 없다고 해명하기도 합니다.

이처럼 5.18 광주민주화운동을 총칼로 짓밟은 전두환 정부에 대한 반발은 계속 이어졌어요. 국내의 언론과 정치인 등이 민주화운동을 외면하자, 학생들은 미국을 비롯한 세계 각국에 대한민국의 민주화 열망을 알리려는 노력을 기울인 거죠. 이런 노력은 훗날 6월 민주항쟁으로 이어지게 됩니다.

9 ──────── 교복 자율화

학생이라는 사실을 알려주는 교복은 1880년대 근대학교가 설립되면서 등장했어요. 1886년 이화학당은 학생들의 교복으로 다홍색 무명 치마저고리를 입게 했어요. 그리고 얼마 뒤 흰색 저고리에 검정 치마로 바뀝니다. 오늘날 생각하는 교복의 모습은 아니지만, 여학생이라는 신분을 보여주기에는 충분했어요. 1907년에는 숙명여학교가 자주색 원피스와 분홍색 보닛을 입게 하며 서양식 교복이 들어와요. 물론 얼마 후인 1910년 자주색 치마저고리의 한복으로 바뀌지만요.

일제강점기인 1920년대는 남학생 교복은 양복으로, 여학생은 한복으로 입게 했어요. 그러다 1930년대 들어서면서 남녀 모두 양장의 모습을 갖게 됩니다. 1940년대가 되면 태평양전쟁으로 전시 체제로 한반도를 경영하던 일제는 국민의 의복을 합리화하고 간소화한다는 명목으로 국민복령을 제정해요. 이에 따라 남학생들은 군복과 색상이 비슷한 카키색 제복을 입어야 했습니다. 반면 여학생들은 교복 대신 몸뻬라고 불리는 노동복 바지를 입어야 했어요.

1945년 광복은 교복에도 영향을 미쳤어요. 자유라는 개념이 반

1960년 후반 교복을 입은 학생들 ⓒ국가기록원

영되면서 학교마다 각기 다른 교복을 제정하고 학생들에게 입혔습니다. 그러나 1968년 문교부의 중학교 평준화 시책이 실시되면서 남자 중학생은 검정 상하의를 입고, 여학생은 흰색 윙 칼라를 교복으로 입게 돼요. 계절에 따라 교복 색상도 바뀌어서 여름에는 흰색 상의를 입었고요.

박정희 정부 시절 교복에 대한 비판이 제기되었어요. 교복이 일제의 잔재이며, 학생의 개성을 무시하고 획일화한다고요. 또한 교복을 만드는 업체와 학교 사이의 구매 비리도 연이어 터져요. 결국 문교부는 1977년 중고생의 교모와 교복을 폐지하는 방안을 검토해요. 하지만 교복 폐지에 대한 반발도 만만치 않아서 시행되지는 않아요. 결국 수정안으로 1978년 9월 교복은 존속하되, 학교가 교복을 스스로 선택할 수 있는 재량권을 주겠다고 밝혀요.

10·26 사건으로 박정희 대통령이 죽자, 대한민국 사회에 민주화의 열풍이 불어요. 그중의 하나가 획일적인 교복 폐지와 두발 자유화였어요. 중고등학생들의 요구에 새로 취임한 김옥길 문교부 장관은 1979년 12월 21일 학원자율화정책과 함께 '중고교 교복,

모자 자율화 방침'을 발표합니다. 이것은 신군부가 일으킨 12·12 쿠데타에 대한 국민의 저항을 줄이려는 방편 중 하나였어요. 그러나 실제로 교육현장에 반영되지는 못했어요. 국민의 민주화에 대한 저항을 꺾고, 정권을 장악하는 데 있어 교복과 두발 자유화는 우선순위가 낮았거든요.

전두환이 제12대 대통령에 취임하고 권력이 안정되었다고 생각한 1982년 1월 4일 드디어 교복과 두발 자율화 정책이 발표돼요. 이로써 약 70년만에 일제식 검정 교복과 통일된 두발 규정이 사라집니다. 1982년 3월 신학기부터 두발 자유화가 시범 실시되고, 1983년 3월 2일에는 전국적으로 중고등학교에서 학생들이 교복이 아닌 자유복을 입고 등교해요.

하지만 교복 자율화에 대하여 가정과 학교 현장에서는 불평과 불만의 소리가 나왔어요. 부모들은 사복을 구입하는 비용이 많이 들어서 경제적 부담이 된다며 교복을 다시 입히자고 주장했어요. 학교에서는 교사들을 중심으로 사복 착용으로 학생을 지도하기 힘들다는 의견을 제출하고요. 또한 사회적으로도 일부 학생들이 브랜드의 비싼 옷을 입고 등교하면서 빈부격차를 느끼게 한다는 비판도 쏟아졌습니다.

이에 1985년 교복과 자유복을 모두 허용하는 교복 자율화에 대한 보완 조치가 취해져요. 1986년부터 학교별로 기능성 및 활동성에 적합한 디자인의 교복을 선택하여 학생에게 입힐 수 있게 말이에요. 그 결과 1990년대 이후 학교장들은 주어진 재량에 따라 학생에게 교복을 다시 입게 하는 추세로 바뀌게 됩니다.

10 ── 이산가족 찾기 특별 생방송

1945년 광복하면서 38선으로 분단되고, 1950년 6·25 전쟁으로 휴전선을 경계로 한반도가 갈라지면서 많은 이산가족이 발생했어요. 이들은 보고 싶은 가족을 만나기 위해 여러 노력을 기울였지만 큰 성과를 거두지 못해요. 교통과 통신이 발달하지 않은 시대라는 점도 있지만, 이산가족 중에는 어른들을 잃고 단편적인 기억만 가지고 성장한 고아들도 많았기 때문이었어요. 또한 당장 배고픔을 면하고, 가족의 생계를 책임지기 위해 일하는 것이 우선이어서 가족을 찾을 엄두를 내지도 못하는 사람도 많았습니다.

시간이 흘러 노인이 되거나, 가정을 이룬 이산가족은 자녀들에게 흩어진 가족을 만나게 해주고 싶은 마음이 점점 더 커져만 갔어요. 이런 모습을 확인한 KBS는 1983년 6월 30일 밤 10시 15분 〈이산가족을 찾습니다〉 라는 방송을 내보냈어요. 이것은 컬러 텔레비전이 보급되면서 사람의 얼굴을 생생하게 확인할 수 있을 정도로 발전한 대한민국의 성장이 있었기에 가능한 일이기도 했어요.

당시 〈이산가족을 찾습니다〉 프로그램은 95분으로 기획되어 있었어요. KBS 본관 공개홀 메인 스튜디오에 유철종·이지연 진행자가 자신의 신상명세를 적은 메모판을 가슴에 들고 있는 이산가족의 사연을 소개했어요. 이를 텔레비전으로 본 이산가족이나 지인들이 방송사로 전화하거나 직접 찾아오면 가족 여부를 확인하는 절차를 거쳐 스튜디오에서 만날 수 있도록 주선해주었어요. 만약 서울에서 멀리 떨어져 스튜디오에 나올 수 없는 이산가족은 KBS 지역국에 나와 화면으로 상봉할 수 있도록 했어요. 이런 모습은 전화로는 서로의 모습을 확인할 수 없는 한계를 극복한 획기적인 모습이었어요.

최초로 이산가족이 상봉한 사례는 1·4후퇴 때 부산에서 헤어졌던 사촌 남매 8명을 만난 신영숙 씨였어요. 이런 모습에 더 많은 이산가족이 방송국을 찾아와 자신도 가족을 찾을 수 있게 해달라고 부탁해요. 그로 인해 95분으로 예정되었던 방송을 차마 중단할 수 없던 KBS는 방송 시간을 연장하여 4시간 45분 동안 진행해요. 850명이 〈이산가족을 찾습니다〉 방송에 출연했고, 이중 36건의 상봉이 이루어져요. 이 모습을 지켜보던 많은 사람이 눈물을 흘리며 만남을 축하해주었고, 아직 가족을 만나지 못한 사람들은 자신도 방송에 나오고 싶다며 KBS를 찾아왔어요.

이튿날인 7월 1일 KBS 중앙홀은 많은 사람으로 발 디딜 틈이 없었어요. 방송에 출연했던 사람들은 혹시라도 찾아올 가족을 기다렸고, 홀 밖에서는 출연을 신청하려는 사람들로 인산인해를 이루었어요. KBS는 프로그램은 계속 진행하기로 결정하고, 이산가족에게 신청서를 받았어요. 1일과 2일 사이에만 1만 4,780건이 접수되었고, 10일에는 10만 건을 훌쩍 넘었어요.

더 많은 이산가족을 만날 수 있도록 7월 7일부터는 KBS1 라디오에서도 이산가족 만남 프로그램을 진행하고, 해외에서 신청한 이산가족의 사연도 소개했어요. 이렇게 연장된 프로그램은 11월 14일까지 138일 동안 이어졌어요. 이 기간 5만 3,536건의 이산가

KBS 특별 생방송 <이산가족을 찾습니다> 상봉 장면 ⓒ한국방송공사

족 사연이 소개되었고, 1만 189건의 상봉이 이루어집니다.

'이산가족을 찾습니다' 프로그램은 세계 유명 언론에서도 깊은 관심을 가졌어요. AP, UPI, 로이터, AFP 등 세계 4대 통신과 각국의 언론들은 연일 6·25 전쟁으로 헤어진 대한민국의 현실과 이산가족의 상봉을 보도했어요. 이를 통해 전쟁이 얼마나 끔찍한 피해를 주는지 세계인들은 알게 돼요. 또한 〈이산가족을 찾습니다〉 프로그램은 제6차 세계 언론인대회에서 '1983년도의 가장 인도적인 프로그램'으로 선정돼요. 1984년에는 세계평화협력회의에서 방송 기관으로는 처음으로 '골드 머큐리애드 오서램상'을 수상합니다. 그리고 2015년 10월 9일에는 유네스코 기록유산으로 등재됩니다.

11 ── 대통령을 죽이려 한 아웅산 테러

1983년 10월 8일 전두환 대통령은 미얀마, 인도, 스리랑카, 브루나이 아시아 4개국과 호주, 뉴질랜드 오세아니아 2개국을 방문하는 17박 18일의 공식 해외 순방에 나서요. 이들 나라 중 미얀마는 외교를 통해 얻을 실리가 없다며 순방 계획에 없었어요. 그러나 전두환 대통령이 강력하게 방문을 추진하면서 나중에 추가됩니다. 미얀마 양곤에 도착한 전두환 대통령은 미얀마 대통령 우 산유의 영접을 받는 것을 시작으로 일정을 순조롭게 소화했어요.

미얀마 도착 이튿날인 9일에는 전두환 대통령이 오전 10시 30분 미얀마의 독립영웅 아웅 산 장군의 묘소를 참배하기로 되어 있었어요. 이를 위해 서석준 부총리를 비롯한 수행 공무원들과 경호원들은 미리 현장에 도착하여 행사준비 및 예행연습을 하고 있었어요. 그러던 중 전두환 대통령이 차량 정체로 약 30여 분 뒤에 도착한다는 연락이 와요. 이들은 전두환 대통령이 방문하기 전 애국가 예행연습을 한 번이라도 더 하려고 준비하는 순간 폭탄이 터져요.

이것은 전두환 대통령이 오전 10시 30분에 도착한다는 정보를

아웅산 국립묘소에서 발생한 폭파 사건 ©중앙일보

가지고 있던 폭탄 테러 용의자 중 한 명인 신기철이 폭탄 스위치를 작동했기 때문이에요. 그는 10시 28분 애국가가 흘러나오자 전두환 대통령이 도착한 줄 알고 준비한 폭탄을 터트리면서 대통령 수행원 17명과 미얀마인 7명이 숨져요. 주변에 있던 50여 명도 크고 작은 부상을 입습니다.

이때 부총리 겸 경제기획원장관 서석준, 외무부장관 이범석, 상공부장관 김동휘, 동자부장관 서상철, 대통령 비서실장 함병춘, 민주정의당 총재 비서실장 심상우, 청와대 경제수석 비서관 김재익, 재무부차관 이기욱, 주 버마대사 이계철, 해외협력위원회 기획단장 하동선, 대통령 주치의 민병석, 농수산부차관 강인희, 과학기술처차관 김용한, 청와대 공보비서관 이재관 등 공식 수행원과 동아일보 기자 이중현, 경호원 한경희, 정태진이 순국합니다. 장교 정복을 입고 있던 이기백 국방부 장관은 옷에 있는 휘장과 약장 덕분에 겨우 살아남지만, 다리뼈가 부러지는 등 크게 상처를 입어요.

당시 전두환 대통령은 영빈관으로 향하던 외무장관의 승용차가 고장나고, 본인 스스로 영접하러 나온 사람들과 일일이 악수하다가 예정되었던 시각보다 4분 늦게 출발했어요. 덕분에 전두환 대통령은 사고를 피할 수 있었어요. 테러에 놀란 전두환 대통령은 이후 일정을 모두 취소하고 특별기편을 통해 귀국해요. 그리고 현장에서 희생된 서석준 부총리 등 17명을 합동 국민장으로 애도해요. 국내에서 대북 보복론까지 거론되는 상황에서 전두환 대통령은 특별담화를 통해 북한에 경고하면서도 국내 기관과 언론을 통해 자제할 것을 주문했어요.

미얀마 정부는 폭탄 스위치를 눌렀던 신기철을 현장에서 사살하고, 특별조사위원회를 만들어 나머지 테러범을 찾기 위한 수사를 펼쳤어요. 그리고 10월 12일 북한에서 온 강민철과 김진수 2명을 체포해요. 미얀마 정부는 체포된 두 명에게 사형선고를 내렸고, 1985년 4월 김진수의 사형이 집행돼요. 강민철은 수사에 협조했다는 이유로 무기징역으로 감형해요. 하지만 그도 2008년 중증 간질환으로 사망합니다.

미얀마 정부는 대한민국에 외무장관을 파견하여 아웅산 테러가 북한의 특수공작원이 저지른 일이라고 공식 발표합니다. 또한 자국의 독립영웅인 아웅산 묘소에서 폭탄 테러를 일으킨 북한에 공식 항의하며, 11월 4일 북한과의 외교단절 및 정권 승인 취소 조치를 취해요. 이에 따라 미얀마 주재 북한공관원들은 이틀 뒤 미얀마에서 강제 출국당합니다.

이후 국제사회도 아웅산 테러를 비판하는 가운데 11월 7일 일본 정부가 북한에 제재를 가해요. 이후 미국 등 여러 나라도 대북 제재에 동참합니다. 물론 북한은 테러와 아무 관련이 없다고 주장하지만, 여러 증거와 정황은 명백히 북한 소행임을 보여주고 있었어요.

12 — 북한도 예상하지 못한 수해지원

남북한은 분단 이후 서로의 체제가 더 우수하다는 것을 보여주기 위해 모든 분야에서 경쟁했어요. 특히 경제와 군사 방면에서 치열한 경쟁을 벌였습니다. 남북은 서로의 체제가 우월하다는 것을 보여주기 위해 상대국에 자연재해가 일어나면 도와주겠다는 제의를 했어요. 이것은 상대방에 대한 과시인 동시에 자국민에 대한 선전효과를 가져왔기 때문이에요. 1980년대까지 우리는 도움을 주겠다는 제의를 하기보다는 북한의 도움을 받겠냐는 제의를 더 많이 받았어요. 왜냐하면 이때까지만 해도 우리가 북한보다 경제적으로 발달하지 못했거든요.

1956년 7월 14일부터 24일까지 내린 폭우로 68명의 사상자가 발생하고, 건물 1만 9백여 동이 파손돼요. 이때 피해액만 43억 7천 7백 만 환으로 국가 경제에 큰 부담이 되었어요. 북한조선적십자는 27일 대한적십자 앞으로 홍수이재민에 대한 원조로 미곡 50톤, 모포 9만 6천 마, 의류 2만 점, 신발 5천 켤레를 제공하겠다고 제의해 왔어요. 하지만 이승만 정부는 북한의 도움을 거절합니다.

1957년 8월에도 홍수로 큰 피해를 입자, 북한조선적십자사는 북한 돈으로 2천 만 원 상당의 구호물자를 제공하겠다고 해요. 이때도 이승만 정부는 거절합니다. 1959년 9월 16일에는 대한민국 역사상 최악의 자연재해로 기록되는 태풍 사라호가 상륙해요. 무려 8백여 명이 사망하고, 1만 2천 3백여 동의 주택이 파손되며 662억 원의 재산피해가 납니다. 그동안의 자연재해하고는 비교도 할 수 없을 정도의 큰 피해였어요.

북한은 이때도 쌀 3만석, 직물 1백만 마, 신발 10만 켤레, 시멘트 10만 포대, 목재 150만 재를 지원하겠다고 했지만, 이번에도 역시 거절합니다. 박정희 정부도 북한의 수해지원을 거부하기는 마찬가지였어요. 1963년 6월 20일 태풍 셜리로 50여 명이 사망하고, 건물 6천여 동이 파괴되자, 북한은 쌀 10만 석을 무상 제공하겠다고 밝혀요. 하지만 박정희 정부도 북한의 제의를 거절합니다. 대한민국은 북한이 우리보다 경제적으로 우리보다 못 산다고 선전해왔기에 북한의 제의를 받을 수가 없었어요.

그런데 전두환 정부는 달랐습니다. 1984년 8월 31일부터 나흘 동안 서울·경기·충청 지역에 집중 호우가 내려요. 초중고에 이어 대학교까지도 휴교령이 내려질 정도로 엄청난 폭우였어요. 전국적으로 189명이 사망·실종되고, 35만 1천여 명이 이재민이 발생했어요. 재산피해액만 1천 333억 원이 넘을 정도였어요.

9월 8일 북한은 방송을 통해 대한민국에 수해지원을 제의했어요. 쌀 5천 석, 옷감 50만 미터, 시멘트 10만 톤, 기타 의약품을 보내겠다고 말이에요. 사실 이때의 북한은 대한민국을 도와줄 형편이 아니었어요. 1980년대 이후 북한의 경제는 계속 어려워져서, 대한민국에 뒤처진 지 오래였어요. 그런데도 구호물자를 제공하겠다고 말한 것은 대한민국의 이전 정부처럼 당연히 거절할 것이라 생각했기 때문이에요. 또한 얼마 전 아웅산 테러 이후 국제사회에서 비난받는 것에서 벗어나기 위한 목적도 있었어요.

북한의 수해 지원물자를 실은 트럭

전두환 정부는 북한의 예상과 달리 북한의 제의를 받아요. 전두
환 정부는 1986년 서울아시안게임과 1988년 서울올림픽을 앞두
고, 한반도의 평화 분위기 조성이 꼭 필요했거든요. 아웅산테러를
당했지만, 북한의 구호물자를 받음으로써 전쟁의 위험성이 없다는
사실을 세계에 보여줄 필요가 있었던 겁니다.

9월 14일부터 29일까지 남북적십자사 사이에 논의가 이루어졌
고, 10월 4일까지 판문점과 인천항을 통해 북한의 구호물자가 대
한민국에 들어왔어요. 이 당시 북한은 구호물자를 급하게 마련하
기 위해 전쟁물자와 함께 중국으로부터 원조받아 마련했다고 전해
져요. 그 결과 수해 지역주민들은 33~66kg의 북한 쌀을 받았어요.
그리고 이 사건을 계기로 남북경제회담과 남북이산가족 상봉이 이
루어지게 됩니다.

13 — 광주민주화운동 진상조사를 위한 국정조사 결의안 제출

1985년 5월 30일 야당인 신민당 소속 103명의 국회의원은 '광주사태 진상조사를 위한 국정조사 결의안'을 제출해요. 이에 국방부 장관은 광주에서 191명이 사망하고, 122명의 중상자와 730명의 경상자가 발생했다고 밝혀요. 추가로 피해액이 총 260억 원이라고 밝힙니다. 하지만 이때 정부가 광주에 계엄군을 내려보내 시민을 학살한 전두환 정부였기에 더는 진상조사에 진전이 이루어지지 못해요.

6월 민주항쟁으로 들어선 노태우 정부는 대통령 자문기구로 '민주화합추진위원회'를 설치하고 진상 파악 및 치유 방안을 모색하도록 했어요. 이때 '광주의거부상자회'와 '광주의거유족회'는 사망자가 2천 명을 넘으며, 5·18 광주민주항쟁의 시작은 계엄군의 발포로 시작되었다고 주장해요. 더불어 이를 해결하기 위한 철저한 진상 규명과 책임자의 처벌과 광주시민의 명예 회복과 피해자에 대한 정신적·물질적 피해 보상을 요구합니다.

1988년 '광주민주화운동조사특별위원회'는 5·18 광주민주항쟁이 벌어질 당시 주한국 미국대사였던 글라이스틴과 주한 미군

5.18 진상규명과 책임자 처벌을 요구하는 민변 변호사들

사령관 위컴에게 증언을 요청하는 서한을 보냈어요. 하지만 미국
정부는 한국군 특전사가 광주로 파견되었던 사실을 미국이 사전에
알지 못했으며, 특전사가 광주에서 벌인 일에 대해 미국은 아무런
책임이 없다는 답변을 보내왔어요.

그해 11월 진상 규명을 위해 국회가 국정조사권을 발동했어요.
5공화국 비리와 언론 문제 등과 함께 5·18 광주민주항쟁에 대한
국회 청문회가 언론 방송상 최초로 생중계되었어요. 당시 전두환
이 증인으로 출석했으나 어떠한 질의와 답변도 하지 않고 발표문
만 읽었어요. 야당 의원들이 항의하는 가운데, 노무현 의원은 "그
럼 국민의 비난은 누가 책임질 겁니까! 본 의원은 풀리지 않은 의
혹이 엄청나게 남아있습니다."라며 명패를 집어던지기도 했어요.
그러나 전두환은 여전히 구차한 변명만 늘어놓으면서, 결국 광주
시민에게 최초 발포 명령자가 누구인지조차도 제대로 밝혀지지 않
게 돼요.

그러나 5·18 광주민주화운동의 책임자를 처벌하고자 하는 노
력은 멈추지 않았어요. 1994년 정동년 외 321명이 5·18 광주민주

화운동 당시 시민을 학살한 주범을 처벌해달라고 고소해요.

'5·16 군사 쿠데타에 이은 군의 정치개입이 빚어낸 가장 큰 민족사적 비극은 1980년 5월의 광주 시민학살이었습니다. 중략 지난 14년 동안 광주민중항쟁의 진실은 불순분자와 폭도들의 국가 전복 음모로 날조 왜곡되어 왔습니다. 중략 광주민중항쟁에 관하여 은폐, 조작된 진실을 규명하여 민족정기를 바로 잡고 나아가 지난 14년간 오해와 편견으로 인한 고통에 짓눌려온 광주를 해방시킴으로써 뒤에 올 역사에 산 교훈이 될 수 있도록 하고자 합니다.'

1996년 김영삼 정부는 5공화국 비리 등의 책임을 물어 전두환과 노태우 두 전직 대통령을 구속해요. 이 과정에서 5·18 광주민주항쟁의 진실이 일부 새롭게 밝혀져요. 1997년에는 5월 18일을 광주민주화운동 기념일로 제정해요. 폭도에 의한 내란이라 정의하던 대한민국 정부가 입장이 180도 바뀌어 민주화운동으로 인정하는 역사적인 날이었어요.

5·18 광주민주화운동 피해자에 대한 보상은 이보다 먼저인 1990년 7월 추진되었어요. 광주민주화운동 보상법에 따라 1990년, 1993년, 1998년, 2000년 4차례에 걸쳐 7,189명이 신청하여 5천여 명이 피해자로 인정받고 보상받아요. 또한 5·18 광주민주화운동 기록물이 2011년 유네스코 세계기록유산으로 등재돼요. 이때 등재 기록물은 국가기관이 생산한 자료와 김대중 내란음모 사건 기록, 국회 청문회 회의록, 피해자 보상자료, 미국 비밀 해제문서 등 4,271권의 문서철과 2,017개의 필름으로 엄청난 분량이에요. 하지만 아직도 일부 사람들은 5·18 광주민주화운동이 북한의 지령을 받아 대한민국을 전복하려던 사건이라고 억지 주장을 펼치고 있어요.

14 ── 최초의 남북이산가족 고향 방문

북한은 대한민국으로 내려간 가족이 있는 사람들에게 차별대우를 해왔어요. 취업이나 주거를 제한하거나 산간 지역에 이주시키는 방법으로 말이에요. 그렇다 보니 남북한에 떨어져 사는 이산가족의 만남에 관심이 없었어요. 1971년 8월 적십자회담 개최 제의를 수용하면서도 이산가족 상봉에 대해서는 미온적인 태도를 보였어요.

1973년 7월 평양에서 열린 제7차 본회담에서 박정희 정부는 이산가족 성묘방문단 교류를 제의했어요. 대한적십자는 본회담이 중단된 이후에도 1974년 7월부터 1977년 12월까지 판문점에서 진행된 실무회의에서 노부모와 그 가족들의 상봉을 제의했지만, 북한에 의해 실현되지 못해요. 그러던 중 1985년 5월 28일 서울에서 개최된 제8차 본회담을 계기로 남북이산가족 만남이 실현됩니다.

전두환 정부는 광복 40주년을 맞이하여 이산가족 고향방문단을 상호교환하자고 북한 측에 제의했어요. 북한은 기존과 마찬가지로 이산가족 고향 방문단 교류에 부정적인 반응을 보였어요. 아무래도 북한이 이산가족을 차별대우한 사실이 밝혀지기 싫었으니까요. 대신 적십자회원으로 구성된 100명 정도의 예술단을 구성하여 서울과 평양을 서로 방문하여 축하공연을 갖자고 제의합니다. 대한적십자는 남북관계의 진전을 위해 북한 측의 요구를 받아들였어요. 동시에 이산가족 고향 방문단 교류도 함께하자고 다시 제의해요. 또한 쌍방 기자들이 동행하여 인도적인 측면에서 보도하자고도 말했어요. 이에 북한은 자신들의 사회체제를 남측에 홍보할 수 있는 좋은 기회라 생각하고 우리의 요구를 받아들입니다.

남북적십자는 남북이산가족 상봉과 예술단 교류를 위한 구체적인 절차를 논의하기 위해 실무자들이 7월 15일부터 판문점에서 만났어요. 그리고 8월 22일 제3차 실무 대표접촉에서 '남북이산가족 고향 방문 및 예술공연단 고향 방문에 관한 합의서'를 작성하고, 제9차 본회담에서 확정, 채택하기로 합의합니다. 구체적으로 단장 1명을 포함한 총 151명이 서울과 평양을 방문하기로 결정해요. 방문단의 구성을 살펴보면 예술공연단 50명, 취재기자 30명, 이를 지원하는 인원 20명 외에 고향 방문하는 이산가족 50명이에요. 고향 방문단의 경우 헤어질 당시의 가족과 그 이후 출생한 가족도 포함했어요. 단, 친척의 경우 방계는 8촌, 처가와 외가는 4촌으로 제한했어요. 그러나 본인의 희망에 따라 생사와 소재가 확인된 친척도 포함하기로 합니다.

9월 20일 오전 9시 30분 남북한이산가족 고향 방문 및 예술공연단은 판문점을 통과하여 서울과 평양을 방문하고 3박 4일 동안의 일정을 보냈어요. 이때 대한민국 35가구가 평양 고려호텔에서 이산가족 45명과 만나고, 북한의 이산가족 30가구는 서울 쉐라톤 워커힐호텔에서 이산가족 51명과 상봉해요. 비록 상봉한 이산가족의 숫자는 적지만, 남과 북이 합의를 이루어 이산가족을 만나게 했다는 점에서 큰 의미가 있었어요. 또한 예술공연단도 9월 21일과 22일 정치성을 배제한 전통적인 민속 가무 공연을 각각 2회 가

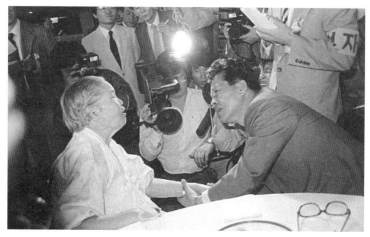
남북이산가족 고향 방문단 교환행사에서 극적으로 상봉한 어머니와 아들 ©국가기록원

져요.

남북이산가족 상봉과 예술단 공연은 분단 40년만에 이루어진 기쁜 소식이었고, 통일에 대한 희망을 심어주는 일이었어요. 또한 종교계에서도 이 순간을 특별한 의미를 부여해요. 평양에 방문한 고향 방문단과 예술공연단 단원 가운데 개신교 및 천주교 신자 50여 명이 숙소 고려호텔에서 개신교 예배와 가톨릭 미사를 올리며 평화통일을 기원했거든요.

대한적십자사는 여기서 한 단계 더 나가기 위해 제2차 이산가족 고향 방문단 교환을 더 하자고 제의했어요. 북한도 체제 효과에 도움이 되었는지 긍정적인 신호를 보내와요. 그래서 1차 때보다 늘어난 571명 규모의 고향 방문단과 예술공연단의 서울·평양 교류를 합의합니다. 하지만 안타깝게도 시행되지는 못해요.

15 ── 86 서울아시안게임
개최

1948년 런던 올림픽을 계기로 아시아 국가만 참여하는 종합 스포츠 대회를 만들어야 한다는 의견이 나와요. 이에 대한민국을 비롯하여 인도, 미얀마, 중화민국, 필리핀, 스리랑카 6개 국가가 대회 창설에 합의해요. 1951년 인도 뉴델리에서 제1회 아시안게임이 개최돼요. 하지만 안타깝게도 아시안게임 창설에 처음부터 함께했던 대한민국은 6·25 전쟁으로 참가하지 못해요. 이후 아시안게임은 많은 국가가 참여하면서 아시아 최대의 종합 스포츠 행사로 발전해요.

대한민국은 1970년 서울아시안게임을 유치했지만, 운영 예산을 확보하지 못한 데다가 북한의 위협으로 포기해야 했어요. 1979년 다시 유치에 나서지만, 박정희 대통령이 죽으면서 주춤하게 돼요. 그러나 전두환 정부의 많은 지원을 받아 1981년 아시아경기연맹 총회에서 서울이 1986년 아시안게임 개최지에 선정돼요. 이것은 1988년 올림픽을 성공시키기 위한 준비과정으로 여겨지기도 했어요.

86 서울아시안게임에는 33개의 경기장과 54개의 연습장이 사

86 서울아시안게임 개막식 장면

용되었어요. 이를 위해 올림픽주경기장과 수원실내체육관을 완성
해요. 또한 서울종합운동장 건너편에는 5천여 명을 수용할 수 있는
18개 동의 아파트로 구성된 선수촌이 만들어져요. 또한 국제센터,
행정센터, 병원, 본부건물 등이 세워지고, 대회 운영을 지원할 각
분야 요원 1만 9천여 명과 자원봉사자 5만 4천여 명이 활동하게 됩
니다.

1986년 9월 20일부터 10월 5일까지 아시안게임이 서울에서 열
려요. 이때 북한을 비롯한 몇몇 공산국가들이 대회에 불참하면서
27개국이 참가했지만, 오히려 참가 선수는 증가하는 모습을 보여
요. 대한민국은 김집 단장 아래 임원 106명과 선수 495명이 참가하
여 최선을 다하는 경기를 펼쳐요.

그 결과 다양한 종목에서 이변을 만들어지고, 여러 스포츠 스타
가 탄생하게 돼요. 그중 한 명이 육상의 임춘애 선수였어요. 육상에
서 좋은 성적을 거두어본 적이 없는 대한민국에서 임춘애는 800m
에서 인도 선수가 실격하는 바람에 금메달을 받게 돼요. 그 이후 임
춘애는 1,500m에서 1위를 하고, 3,000m에서는 9분 11초 92로 아

시안게임 신기록을 세웁니다. 이 외에도 남자 200m 장재근, 800m 김복주, 5,000m에서 김종윤이 메달을 획득해요. 체조도 이변을 일으켜요. 그전까지 2개의 금메달만 획득했던 대한민국 체조선수단은 남자 평행봉 권순성, 여자 평균대 서선앵, 이단평행봉 서연희가 금메달을 획득하고, 남녀 단체전에서는 2위를 차지해요. 수영에서도 1982년 인도 뉴델리 대회 3관왕이던 최윤희가 여자 배영 100m에서 1분 4초 90, 200m에서 2분 18초 33으로 아시아 신기록을 세웁니다.

그리고 전 체급에서 메달을 획득한 종목이 복싱, 유도, 레슬링, 태권도 네 개나 되었어요. 복싱은 플라이급 김광선, 밴텀급 문성길, 라이트 김기택 등 12개 전 체급에서 금메달을 획득해요. 유도에서도 전 체급에서 메달을 획득하며 종주국인 일본을 제치고 유도 강국의 모습을 보여줘요. 레슬링에서도 그레코로만형 5개, 자유형 4개로 총 9개의 금메달을 획득해요. 특히 이 대회에서 처음으로 정식 종목으로 채택된 태권도에서도 밴텀급을 제외한 7개 체급에서 금메달을 목에 겁니다.

폐막일까지 대한민국은 중국과 금메달 92개로 공동 1위를 달렸어요. 이날 축구가 사우디아라비아를 2대 0으로 이기며 아시안게임 역사상 전체 1위를 기대하게 돼요. 하지만 안타깝게도 중국이 남녀 400m 계주에서 금메달 2개를 추가하면서, 금메달 1개 차이로 준우승하게 됩니다. 그렇지만 역대 최고의 성적과 성공적인 아시안게임 운영으로 대한민국은 대외적으로 국가 위상이 높아지고, 한국인들은 스포츠 강국이라는 자부심을 갖게 돼요.

16 ── 정치논리로 건설된 평화의 댐

1986년 대통령 직선제 개헌을 요구하는 소리에 국민들의 관심이 쏠렸어요. 전두환 정부는 개헌에 국민이 관심 두지 않고, 현 정부를 지지하도록 하기 위한 색다른 방법이 필요했어요. 고심 끝에 내놓은 방안이 평화의 댐 건설이었어요. 전두환 정부는 모든 정규방송을 멈추고 뉴스 속보를 내보냈어요. 북한이 휴전선 근처에 남한을 공격하기 위한 임남댐 금강산 댐 을 만들고 있다고요. 임남댐에 모여진 물이 한 번에 방류되면 서울의 국회의사당과 63빌딩마저 잠긴다며 국민에게 겁을 주었어요.

이후 뉴스에서 임남댐이 완공되었을 경우 우리가 어떤 피해를 보게 되는지 연일 보도했어요. 서울대 토목공학과 교수를 비롯한 여러 교수가 임남댐이 방류하면 12~16시간 안에 서울이 물바다로 변하고, 여의도 63빌딩의 1/3이 잠긴다며 각종 그래프를 활용하여 설명했어요. 더욱 시민에게 겁을 주기 위해 서울 시내가 물에 잠기는 모형을 만들어 방송에 내보냈어요. 그로 인해 많은 사람이 두려움에 떨어야 했어요.

얼마 뒤인 1986년 11월 전두환 정부는 임남의 수공을 막기 위한 댐을 건설한다고 발표해요. 일명 한반도의 평화를 지킨다는 뜻으로 평화의 댐이라 불렀어요. 이 댐은 홍수조절 전용 댐으로 발전과 수문 기능이 없었어요. 1987년 2월 28일 화천댐 상류의 24km 지점에서 기공식을 열자, 북한 수공을 막기 위해 많은 사람이 성금을 내놓았어요. 각 학교에서도 임남댐의 방류로 인한 피해를 매 수업 시간마다 보여주며 성금을 거두었어요. 이뿐만이 아니었어요. 교도소에 갇힌 죄수와 재외 교포에까지 성금을 걷었어요.

그렇게 모금된 돈이 639억 원이었어요. 총 건설비용 1,506억의 절반에 가까운 돈을 걷었으니, 얼마나 많은 사람이 임남댐 방류를 믿었는지를 잘 보여줍니다. 여기에는 김일성이 "남조선에서 올림픽이 개최되는 것을 절대 수수방관하지 않겠다."라고 말한 것도 한몫했어요. 무엇보다 평화의 댐 건설은 직선제 개헌을 요구하는 야당과 민주화를 외치는 대학생 시위가 크게 위축되는 결과를 가져와요.

1988년 5월 27일 강원도 화천군 화천읍 동촌리에서 양구군 방산면 천미리를 연결하는 길이 414m, 높이 80m의 평화의 댐이 완성돼요. 최대 저수량 5억 9천만㎥ 평화의 댐은 완공 이후 비판에 휩싸였어요. 전기를 생산할 발전 시설과 수문도 없이 그저 물만 가두어놓는 댐을 만드는 데 막대한 예산만 들어갔다고요. 이후 1993년 김영삼 정부는 북한의 임남댐의 수공 위협과 그로 인한 피해 예측이 크게 부풀려졌다고 발표해요. 다시 말해 대국민 사기극이었을 정부가 인정한 것이었죠. 하지만 이를 두고 사법처리를 받은 사람은 한 명도 없었어요. 당연히 사과하는 사람도 없었고요.

그래도 평화의 댐이 아무 역할을 하지 않은 것은 아니었어요. 1995년과 1996년 집중호우가 발생했을 때 홍수조절 기능을 해요. 2002년에는 임남댐에 균열이 발견되어 붕괴 위험이 있다는 문제가 제기되면서 평화의 댐은 2단계 공사에 들어가요. 2006년 완

1987년 2월 28일에 열린 평화의 댐 건설 기공식 ©한국일보

공된 평화의 댐은 높이 45m, 길이 187m가 증축되어 최대 저수량이 26억 3천m^3로 많이 늘어나요. 이로써 29억 m^3의 소양강댐과 27억 5천만m^3의 충주댐에 이어 대한민국에서 세 번째로 저수량이 많은 댐이 돼요. 그리고 대한민국에서 가장 높은 댐으로 기록을 세웁니다. 2012년에는 기후변화에 따른 홍수를 대비하기 위해 댐 정상부와 하류 사면을 1.5m 두께의 콘크리트로 덮는 공사가 이뤄져요.

현재는 평화의 댐 주변으로 비목공원, 물문화관 등이 관광지가 발달해 있어요. 특히 2009년에 개장한 세계 평화의 종 공원에는 60여 개국의 분쟁 지역에서 가져온 탄피 37.5톤을 녹여 만든 높이 5m의 세계 평화의 종 등 통일과 안보 교육의 장소로 활용되고 있어요. 그러나 평화의 댐이 정치적인 목적이 아닌 경제와 환경의 관점에서 건설되었다면 어땠을까 하는 아쉬움이 남아요.

17 — 6월 민주항쟁의 시작이 된 박종철 고문치사 사건

1986년 신한민주당을 중심으로 직선제 개헌 요구가 시작되었어요. 이 소식에 학생과 노동자 등 시민들이 적극적으로 지지하며 직선제 요구와 함께 반외세와 반독재를 외치며 시위를 벌였어요. 전두환 정부는 경찰 등 공권력을 동원하여 민주화를 외치는 시위대를 강경 진압했어요. 그런 가운데 서울대학교 언어학과 3학년 박종철이 경찰 조사를 받던 도중 사망하는 사건이 발생해요.

박종철은 1986년 4월 1일 청계피복노조 합법화를 요구하는 시위를 벌이다 구속되어 징역 10개월에 집행유예 2년을 선고받은 학생이었어요. 출소한 후에도 학생운동을 멈추지 않고 활동하던 박종철은 1987년 1월 13일 하숙집에서 치안본부 대공분실 수사관 6명에게 연행돼요. 체포 이유는 대학문화연구회 선배이자 민주화추진위원회 지도위원으로 수배받고 있던 박종운의 행방을 묻는다는 것이었어요.

대공수사단 남영동 분실 509호 조사실에서 박종철은 물고문과 전기고문을 받다가 14일 숨을 거둬요. 우연한 기회로 이 사실을 알게 된 《중앙일보》 신성호 기자가 박종철 사망 관련 사실을 짧지만,

1987년 6월 박종철 고문치사 은폐조작사건 규탄 범국민대회 ©명동성당

신문 기사로 내보내요. 이것은 훗날 큰 폭풍을 몰고 오게 됩니다.

신문에서 박종철 사망 소식을 다루자 강민창 치안 본부장은 어쩔 수 없이 다음날인 15일 "책상을 탁하고 치니 억하고 죽었다."라며 사망 원인을 단순 쇼크사라고 발표해요. 그러나 16일 박종철 죽음을 목격한 중앙대병원 전문의 오연상이 고문에 의해 사망했을 가능성이 있다고 반대되는 의견을 제시해요. 그로 인해 국립과학수사연구소에서 박종철의 시신을 부검했고, 황적준 박사는 물고문과 전기고문 흔적이 있다는 결과를 발표해요.

계속되는 진실 공개에 전두환 정부는 결국 박종철이 고문으로 죽은 지 5일 후인 1월 19일 경찰이 물고문했다는 사실을 인정해요. 그리고 이에 대한 책임으로 수사경관 조한경과 강진규를 특정범죄가중처벌법 위반 혐의로 구속합니다. 신민당은 박종철의 죽음을 가지고 정부 여당인 민주정의당에 대한 대대적인 공세를 개시했어요. 재야단체들도 규탄 성명과 함께 진상 규명을 요구하는 농성에 들어가요.

그런 가운데 김대중·김영삼은 1월 26일 김대중 자택에서 박종철 고문치사사건 대책 등을 논의했고, 2월 7일 신민당과 재야가 합동으로 박종철 추모대회를 개최키로 합의해요. 2월 19일에는 민주화실천가족운동협의회 주최로 기독교회관에서 고문 사례 보고대회가 열려요. 이처럼 국민의 반발이 점점 커지자, 전두환 정부는 내무부장관 김종호와 치안 본부장 강민창을 해임하고 고문 근절대책을 수립하겠다며 수습에 나섰어요.

하지만 한번 불붙은 민주화를 향한 국민의 요구는 쉽게 꺼지지 않았어요. 5월 18일 천주교정의구현전국사제단의 김승훈 신부가 미사에서 치안감 박처원과 경정 유정방·박원택 등 대공간부 3명이 사건을 축소·조작했고, 고문 가담 경관이 2명이 아니라 5명이었다는 사실을 발표해요. 박종철 고문치사사건의 진상이 조작되었다는 소식에 서울지검은 6명을 추가 구속하고, 전두환 정부는 국무총리·안기부장·내무부 장관·치안감 등 주요 인사에 대한 문책 인사를 통해 사태를 수습하려 했어요. 하지만 아무 효과도 없었어요.

재야 진영은 '박종철군국민추도준비위원회'를 '박종철군고문살인은폐조작규탄 범국민대회준비위원회'로 확대 개편하고 6월 10일에 규탄대회를 열기로 해요. 이후 야당과 재야 세력 그리고 종교단체 등을 대표하는 15명이 '민주헌법쟁취 국민운동본부'를 5월 20일 결성하기로 결의해요. 그리고 5월 27일 오전 서울의 향린교회에서 군사독재 정권을 반드시 몰아내자는 목표 아래 '민주헌법쟁취 국민운동본부' 발기인 대회를 열어요. 그러나 전두환 정부는 전국 경찰에 비상령을 내리고, 재야인사들을 감금해요. 그리고는 4·13 호헌조치를 고수하면서 민정당 대통령 후보 지명 대회를 준비해요.

18 _국민의 힘으로 독재를 끝낸 6월 민주항쟁

1986년 2월 12일 제1야당인 신한민주당은 총선 1주년을 맞아 천만 명 개헌 서명운동을 전개해요. 5천여 명의 대통령선거인단이 투표로 선출하는 간선제가 아닌 국민이 직접 대통령을 선출하는 직선제로 바꾸자고 말이에요. 야당의 주장에 전두환 대통령은 여야가 개헌에 합의하여 건의하면 수용할 의사가 있다고 답변해요. 하지만 이것은 절대 합의가 이루어질 수 없다는 것을 알고 말한 것이었어요. 그러면서도 민주화의 바람을 꺼뜨리기 위해 개헌과 민주화 운동을 펼치는 재야 세력과 학생에 대한 탄압을 계속 이어갔어요. 그 과정에서 발생한 사건이 박종철 고문 사망사건이에요.

박종철 고문 사망사건은 독재를 막고 민주주의를 실현하려는 시민들의 움직임으로 이어져요. 박종철의 49재가 열리는 1987년 3월 3일 전두환 정부는 전국에 많은 경찰을 배치하고, 도심의 5층 이상 건물의 옥상은 모두 봉쇄해요. 대규모 집회로 발전하는 것을 막기 위해서 말이에요. 그런 가운데 김대중과 김영삼은 직선제 개헌을 반드시 이루어내자며 4월 13일 통일민주당 발기인 대회를 개최해요. 이날 전두환 대통령도 본인의 임기 중 개헌이 불가능하다고 판단한다며, 현행 헌법에 따라 내년 2월 25일 후임자에게 정부를 이양하겠다는 특별담화를 발표해요. 전두환 대통령이 4월 13일 헌법을 수호하고 지키겠다고 발표했다고 하여 4·13 호헌조치라 불러요.

직선제로 헌법을 바꿀 의향이 대통령에게 없다는 사실을 알게 된 많은 국민은 크게 분노했어요. 여기에 천주교정의구현전국사제단 김승훈 신부가 박종철을 고문하여 죽인 경찰이 아직 현직에 있으며, 강민창 전 치안 본부장이 사건을 은폐하고 축소했다는 말에 반정부 투쟁이 한층 거세져요. 그리고 5월 27일 열린 민주헌법쟁취국민운동본부 발기인 대회에서 각종 악법의 민주적 개정과 무효화를 위한 범국민적 운동을 벌일 것을 결의해요.

민주헌법쟁취국민운동본부는 6월 10일 오전 10시 고문살인 조작 규탄과 호헌철폐 국민대회를 개최하고, 오후 6시 성공회대성당에서 국민대회를 열겠다고 발표해요. 이에 전두환 정부는 6월 8일 민주헌법쟁취국민운동본부의 국민대회는 불법이므로 원천 봉쇄하겠다고 담화를 발표하고, 경찰을 투입해 대회개최를 열지 못하도록 여러 방해를 해요. 이 과정에서 6월 9일 연세대학교에서 '구출학우 환영 및 6·10 대회 출정을 위한 연세인 총궐기대회'가 끝나고 교문 밖으로 나가려는 학생을 강경진압하는 과정에서 사고가 발생해요.

오후 5시 경찰에 쫓겨 학교로 다시 돌아오는 과정에서 경영학과 2학년 이한열이 경찰이 쏜 최루탄에 뒤통수를 가격당하면서 그자리에서 쓰러져요. 머리에 피를 흘리며 쓰러지는 이한열을 학생들이 부축하는 모습이 외신 기자의 카메라에 찍혀 세계에 전송돼요. 한 달 뒤인 7월 5일 이한열은 사망하지만, 국내외에 대한민국이 얼마나 민주주의를 이루기 위해 노력하는지를 여실히 보여줘요. 더불어 전두환 정부의 비민주적인 행위도 알려지게 됩니다.

6월 민주항쟁에서 웃통을 벗고 경찰 쪽으로 달려가는 시민 ©한국방송출판

　6월 10일 오후 1시부터 서울 시내 곳곳에서 거리 시위가 벌어졌어요. 6시 성공회대성당의 종소리에 맞추어 도로 위 차량은 경적을 울리며 민주화 요구에 동참한다는 의사를 보여요. 서울 외에도 전국 514곳에서 민주화 시위가 이어지면서 그 규모가 사상 최대를 기록하게 돼요. 18일에는 최루탄 추방대회가 전국 16개 도시, 247개소에서 열리고, 26일에는 민주헌법쟁취를 위한 국민평화대행진이 경찰 추산 100만 명 이상이 전국에서 참여한 것으로 밝혀져요.
　이처럼 28일까지 매일 전국에서 열린 시위에 연인원 400~500만 명이 동참합니다. 결국 호헌철폐와 독재타도 그리고 직선제 쟁취를 외치는 시위가 멈추지 않자, 전두환 정부도 항복해요. 6월 29일 노태우는 소위 6·29 선언으로 알려진 특별 선언을 발표해요. 대통령 직선제 개헌과 새 헌법에 따른 대통령 선거를 통해 평화적 정부 이양을 실현한다고요.

헌법 개정과 사회민주화운동

6월 민주항쟁 이후 제9차 헌법개정이 이루어져요. 여야를 대표하는 8명이 모여서 좋게 말하면 신속하게, 나쁘게 말하면 졸속으로 헌법을 개정했어요. 여당을 대표하는 민정당의 윤길중·이한동·권익현·최영철과 민주당 김영삼계의 박용만·김동영, 그리고 김대중계의 이중재·이용희가 한 달 보름만에 헌법개정에 합의해요. 그 과정 중 하나를 살펴보면 민정당은 대통령 임기를 기존보다 1년 줄인 6년 단임제를 제시했고, 민주당은 부통령제 도입과 1차례 중임이 가능한 임기 4년을 주장해요.

여당인 민정당은 김대중과 김영삼이 정·부통령 후보로 나서면 정권을 빼앗길 것을 우려했어요. 반면 김영삼과 김대중 계는 자신들의 집권에 유리한지에 초점이 맞추어져 있었어요. 그래서 노태우, 김영삼, 김대중은 자신들의 집권 가능성을 보장해줄 수 있는 5년 단임제로 합의를 보게 돼요. 그래도 제9차 헌법 개정은 독재정권이 나올 수 없게 만들었다는 점에서 큰 의미를 가져와요.

여야 합의로 국회에서 의결된 헌법 개정안은 1987년 10월 27일 국민투표를 거쳐 확정돼요. 그리고 1988년 2월 25일부터 시행됩

1987년 민주화 운동에 나선 김대중과 김영삼

니다. 전문과 10장 30조로 된 헌법은 대통령 직선제와 5년 단임제
가 포함되어 있어, 그동안 국민이 끊임없이 요구했던 내용이 반영
되어 있어요. 또한 대한민국의 정통성을 확립하기 위해 전문에 대
한민국임시정부의 법통과 4·19 민주 이념의 계승을 명시해요.

  그럼 개정된 헌법의 내용을 간단하게 살펴볼까요. 정치적인 부
분에서 대통령 직선제를 채택하면서도 대통령의 임기를 5년 단임
으로 제한해요. 또한 대통령 비상조치권과 국회해산권의 폐지, 국
회에 의한 국정조사권과 국정감사권의 부활 등 대통령의 막강했던
권한을 축소해요. 대신 국무총리를 선임할 때 의회의 동의를 받게
하는 내각제 요소 도입 등으로 국회가 행정부를 견제할 힘을 줘요.
사법부의 권한과 자율성도 강화하기 위해 헌법재판소를 신설합
니다. 사회경제적인 부분에서는 국민의 행복추구권과 경제 민주화
를 명시해요. 예를 들면 제126조를 통해 민간 기업을 국유 또는 공
유로 이전하거나 그 경영을 통제 또는 관리할 수 없다고 명시하여
국가가 더는 민간 경제에 관여하지 못하도록 막아요.

  하지만 소수의 정치인이 모여 빠르게 합의한 만큼 문제점도 있

어요. 대통령 직선제 등 정치적인 문제에 초점이 맞혀지면서 국민의 사회·경제적 권리와 민주화 열의가 제대로 반영되지 못해요. 예를 들어 5·18 광주민주화운동의 성격 규정과 노동자의 경영 참가 및 이익 균점권 그리고 군의 정치적 중립 등이 명확하게 정리되지 못하거나 의제에서 제외됐어요. 그리고 민주헌법쟁취국민운동본부 등 사회운동단체와 전문가들이 제안한 내용들이 8명의 정치인이 협의하는 과정에 전달되지 못하면서 절차적 정당성에 한계점을 보이기도 합니다. 결국 제9차 헌법 개정은 다양한 계층의 요구가 반영되지 못해요.

그렇기에 헌법 개정 이후에도 사회 민주화를 위한 활동이 계속 진행돼요. 1987년에만 노조가 2,675개에서 4,103개로 늘어나며 노동자의 권리를 되찾고자 노력해요. 교육계에서도 정권의 의도에 따라 교육 체제와 교육 정책이 바뀌는 것을 막고, 개인과 사회에 보탬이 되는 참된 교육을 실현하고자 해요. 그런 노력의 결과 1989년 전국 17개 시도에서 전국교직원노동조합 발기인 대회 및 준비위원회 결성돼요. 이 과정에서 1,500여 명의 교사들이 해직당하며 압력을 받지만, 결국에는 다시 교육 현장으로 되돌아와서 교육계의 변화를 이끌어냅니다.

1988년 5월부터는 5·16 쿠테타로 중단되었던 지방자치제가 다시 실시돼요. 그로 인해 각 지방의 실정에 맞는 정책이 수립되고 실행되면서, 지역의 역사와 문화에 관한 관심이 높아지게 됩니다. 이처럼 제9차 헌법 개정은 완벽하지는 않지만, 그동안 사회 전반적으로 그동안 억눌려 있던 많은 분야에서 긍정적인 변화를 끌어냅니다.

정치적으로 활용된 KAL기 폭파 사건

1987년 11월 29일 14시 1분 미얀마 안다만해역 상공에 있던 대한항공 858기로부터 랑군 관제소에 '정시 방콕 도착 시간과 위치 정상'이란 교신이 와요. 그리고 14시 5분경 대한항공 858기는 공중폭파되어 승객 95명과 승무원 20명, 총탑승자 115명이 전원 사망해요. 원래대로라면 대한항공 858기는 이라크의 바그다드에서 출발해 방콕에서 중간 급유를 한 뒤, 저녁 8시 40분에 김포공항에 도착해야 했어요. 하지만 비행기 실종 소식에 김포공항에서 기다리던 가족들은 망연 실색해야만 했어요. 유가족만이 아니라 대한민국 국민도 갑작스러운 소식에 안타까움을 금치 못했고요.

실종 15일 뒤인 12월 13일 앙곤 동남쪽 해상에서 공기주입 펌프 등이 파손된 대한항공기용 구명보트 등 부유물 7정이 발견돼요. 전두환 정부는 급히 수사를 지시했으나, 아무런 단서도 포착하지 못하면서 수사는 난항에 빠져요. 그러던 중 대한항공 858기에 한국 입국이 금지된 일본인 2명이 탑승했었다는 동아일보의 특종 보도로 수사가 급속도로 빠르게 이뤄져요.

국제 공조로 조사하던 현지 조사단은 급히 일본인 이름 하치야

신이치와 하치야 마유미로 위장한 북한 대남공작원을 바레인 공항에서 체포합니다. 이들은 70세의 김승일과 25세의 김현희로 서로가 부녀관계가 주장하며 유럽 여행 도중 날씨가 추워 따뜻한 중동으로 왔다고 말해요. 둘의 진술이 어딘가 수상함을 느낀 조사단은 외무부를 통해 급히 일본에 두 사람의 신원을 확인해달라고 요청했고, 얼마 뒤 두 사람의 여권이 위조 여권이라는 것을 밝혀집니다.

두 사람은 위조 여권 소지로 출국이 제지당하자 극단적인 선택을 시도해요. 김승일은 현장에서 독약을 삼켜 죽고, 혼수상태에 빠졌다 깨어난 김현희는 압송돼요. 전두환 정부는 대한항공 858기의 잔해는 찾지 못한 채 12월 7일 바레인에서의 수사를 종결하고 철수해요. 김현희는 제13대 대통령 선거 전날인 1987년 12월 15일 서울에 입국하면서 선거에 크게 영향을 미치게 돼요. 미국은 김현희의 발표 이후 즉각 북한을 테러 국가로 규정하고 미국 비자 발급 규제를 강화하고, 북한 외교관 접촉을 허용했던 지침도 철회하는 등 각종 제재를 가해요. 일본도 북한 공무원의 입국을 금지하고요.

이듬해인 1988년 1월 15일 김현희는 본인의 이름으로 기자회견을 열어요. 북한 김정일의 지시로 88 서울올림픽을 방해하고, 대통령 선거에 혼란을 일으키며, 남한 내 계급투쟁을 촉진하기 위해 대한항공 858기를 폭파했다고 진술해요. 폭파하는 과정도 파나소닉 라디오로 위장한 시한폭탄과 술병으로 위장한 액체 폭발물을 쇼핑백에 넣은 뒤, 좌석번호 7B와 7C 선반 위에 두고 내렸다고 구체적으로 이야기해요.

김현희의 진술 이후 1988년 2월 10일 국제연합안전보장이사회는 긴급회의를 소집하여 북한의 테러 행위를 규탄해요. 그리고 김현희는 1990년 살인죄, 항공기 폭파치사죄, 국가보안법 위반 등으로 사형 선고를 받아요. 하지만 죄를 뉘우친 점이 참작되어 1990년 4월 특별사면됩니다.

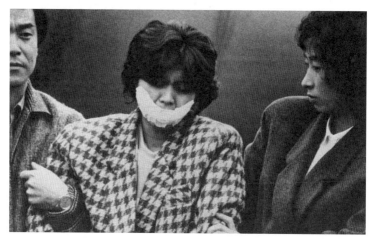
KAL기 폭파범 김현희

　유가족들은 "전두환이 우리에게 소복을 입혀 반공궐기대회에 이용했다." 등 대한항공 폭파를 제13대 대통령 선거에 이용했다며 의혹을 제기했어요. 그로부터 한참 시간이 흐른 2006년 국가정보원과 민간이 합동으로 꾸린 국가정보원 과거사건진실규명을통한 발전위원회가 사건을 재조사해요. 그리고 2007년에 KAL기 폭파사건이 안기부의 자작극이 아니며, 폭파 계획을 알고도 방조했다는 여러 의혹은 사실무근이라고 발표해요.

　하지만 당시 전두환 정부가 노태우 후보가 당선되는 데 활용하여 국가로서의 책무를 저버렸다고 발표합니다. 이에 대한 증거로 전두환 정부가 대한항공기 폭파사건 북괴 음모 폭로 공작 즉, 무지개 공작이라는 계획문건을 만들어 전국적으로 집회를 개최하고, 매스컴을 총동원하여 선거에 이용하는 등 정치적으로 활용했다고 발표합니다.

21 국가보안법의 역사

국가보안법의 모체는 1948년 9월 20일 내란행위특별조치법안이에요. 여순사건 이후 12월 1일 내란행위특별조치법안이 내란죄와 중복된다는 이유로 이름을 국가보안법이라는 명칭으로 바꾸어 공포·시행돼요. 이것은 아직 국가 조직이나 운영의 기본법조차도 제대로 갖추어지지 않은 시점에서 시행되었다는 점에서 국가보안법이 권력자의 지위를 지켜주는 수단으로 만들어졌음을 보여줍니다.

국가보안법은 시간이 흐르면서 여러 차례 개정이 이루어져요. 1949년 제1차 개정안은 종래의 최고 법정형 무기징역을 사형으로 높이고, 국가보안법 위반사건의 심판을 단심제로 해요. 1950년 제2차 개정은 사형을 선고받은 사람에게만 단심제를 적용하지 않고 상고의 기회를 주는 것으로 변경돼요. 1958년 제3차 개정은 국가기밀의 개념을 정치·군사적인 것을 넘어 경제·사회·문화까지 영역을 확대해요. 또한 국가기밀을 정보 수집하는 것만으로도 처벌받을 정도로 내용이 강화됩니다.

1960년 제4차 개정에서는 정보수집죄와 인심혹란죄 등 독소조항이 많이 제거돼요. 그러나 여전히 반통일·반공·반민중적 성격

1987년 국가보안법 위반 공소장

은 계속 유지됐어요. 5·16 쿠데타 이후인 1961년에는 국가보안법
보다 처벌 범위나 대상 그리고 형량이 강화된 반공법이 제정되면
서 다시 한 번 개정이 이루어져요. 이 과정에서 반공법에 중복되는
내용이 삭제되지만, 반국가적 범죄로 유죄 판결을 받은 자가 5년
이내에 다시 국가보안법을 위반하면 사형을 구형할 수 있는 조항
이 새로 만들어집니다.

국가보안법이 가장 강력해지는 개정은 1980년 전두환과 신군
부가 쿠데타를 일으킨 이후에 이루어져요. 1980년 12월 30일 국가
보위입법회의는 5분도 안 되는 짧은 시간에 국가보안법 개정법률
안을 상정하고 가결해요. 이때의 국가보안법은 반공법의 내용을
모두 흡수하는 것에 그치지 않고, 종래보다 형량과 처벌 범위를 더
욱 확대돼요. 이것이 가능했던 것은 국가보안법 개정이 의회가 아
닌 국가보위입법회의에서 제대로 된 토의와 합의도 없이 이루어졌
기 때문이에요.

1991년에는 반국가단체의 범위를 지휘통솔체계를 갖춘 단체로
축소하는 등 위헌적 요소로 지적된 조항의 개정이 이루어져요. 하
지만 여전히 국가보안법은 인권을 침해하는 등 여러 문제가 있어

폐지하자는 주장이 계속 제기되고 있어요. 국회에서 국가보안법 폐지 논의가 이루어지기도 하지만 합의가 되지 않아, 지금까지 존속되고 있습니다.

국가보안법이 문제가 되는 가장 큰 부분은 국민의 인권을 탄압하고, 정권을 유지하는 수단으로 활용되었다는 데 있어요. 그런데 이 외에도 통일을 가로막는 법률이라는 점도 있어요. 국가보안법은 대한민국이 한반도의 유일한 합법정부라는 전제에서 만들어졌어요. 제2조에서 반국가단체를 정부라고 칭하거나 국가를 변란을 일으킬 것을 목적으로 하는 국내외의 결사 또는 집단으로서 지휘통솔 체제를 갖춘 단체라고 정의하고 있어요. 그렇기에 국가보안법에 따르면 북한은 정부가 아닌 반국가단체가 돼요.

그러나 북한은 대한민국과 같이 유엔에 동시 가입하면서 국제사회에서 국가로 인정받고 있어요. 대한민국도 현실적으로 북한을 정부로서 인정하고 있고요. 그런데 통일을 위해 북한과 협상하거나 대화하면 국가보안법 제3조 협의, 선동 또는 선전에 해당하여 처벌받게 돼요. 또한 제7조에 의하면 북한의 주장과 일치하는 부분이 있으면 이적표현물이고, 그러한 주장을 한 단체는 이적단체가 돼요. 이것은 통일하는데 엄청난 걸림돌이 되며, 정부의 해석에 따라 반대 세력을 제거하는 데 활용될 수 있는 여지가 있어요. 과거 조봉암이 평화통일을 주장했다가 사형 선고를 받았던 것처럼 말입니다.

이제는 대한민국 국민은 시민의식이 성숙해 있고, 북한보다 경제·군사적으로 우위에 있습니다. 국가보안법이 아니더라도 북한 체제에 동조하는 세력이 힘을 얻기 힘든 시기입니다. 이제는 통일 또는 평화를 지키기 위해서라도 북한을 적으로 규정하는 국가보안법 폐지가 필요합니다.

5장

88 서울올림픽(1988)~
다문화가족지원법(2022)

1 — 88 서울올림픽 개최

박정희 대통령의 죽음과 12·12 쿠데타로 정권이 바뀌는 과정에서도 올림픽을 유치하려는 노력이 계속 추진돼요. 서울특별시가 1980년 국제올림픽위원회에 유치 희망서를 제출하자, 개발도상국 대한민국의 도전이 무모하다는 평가가 대부분이었어요. 하지만 모두가 발 벗고 유치하려는 적극적인 모습에 국가올림픽위원회·국제올림픽위원회·국제스포츠연맹 조사단이 방한하여 서울이 올림픽을 개최할 여건이 되는지 확인해요.

전두환 정부도 인도와 노르웨이 등 국제올림픽위원회 위원을 초청하여 협조를 부탁하고요. 또한 정주영을 위원장으로 하는 대한민국 대표 추진위원회를 독일 바덴바덴에 파견하여 올림픽 유치에 힘을 보태게 했어요. 이런 노력에 힘입어 일본 나고야를 52 대 27로 이기며 서울이 제24회 올림픽 개최지로 선정됩니다.

올림픽 유치에 성공하자, 정부는 7년 동안 2조 3,826억 원에 이르는 비용을 투입하여 경기장 건설, 한강 종합개발, 김포공항 확충 등 여러 공사를 펼쳐요. 그로 인해 화장실 증축과 가로수 정비 등 서울에 많은 변화가 일어납니다. 비단 시설에만 투자한 것이 아니

88 서울올림픽 개막식 장면

었어요. 분단국가라는 한계점과 북한의 위협에서 안전하게 올림픽
이 운영될 수 있도록 군경 11만 2,000여 명이 경기장과 선수촌 등
300여 개의 관련 시설을 보호하도록 했어요. 더불어 600여 개의 국
제 테러 조직과 국제 테러 분자 6,000명의 정보를 확보하는 등 안
전에 만전을 기했어요. 이외에도 자원봉사자 지망자 11만 6,000명
을 언어·지식·품행 3가지 기준으로 선발한 3만 명을 1년 동안 교
육한 뒤 투입하여 원활한 경기 운영을 이끌었어요.

1988년 9월 16일 여의도 한강공원에서 〈손에 손잡고〉 노래가
울려 퍼지는 전야제가 열리는 동안 그리스 헤라 신전에서 출발한
성화가 22일 동안 61개 시를 거쳐 서울시청 광장에 도착해요. 다음
날 10시에는 올림픽 참가국수를 나타내는 160개의 윈드서핑과 24
회를 상징하는 24척의 선도 선단이 이끄는 458척의 배가 한강을
내달렸어요. 그리고 마침내 12시 노태우 대통령이 올림픽 개회를
알렸고, 잠실 올림픽주경기장 남문으로 들어오는 손기정에게 성화
를 건네받은 임춘애가 성화대에 불을 붙이며 16일의 대장정이 시
작됩니다.

23개 정식 종목 외 3개 시범 종목과 2개 전시 종목이 펼쳐졌는데, 이때 태권도가 시범 종목으로 채택되면서 세계의 주목을 받아요. 올림픽 정식 종목에서 1위를 차지한 나라는 55개의 금메달을 획득한 소련이었어요. 뒤로 동독이 37개, 미국이 36개를 획득하며 2위와 3위를 차지합니다. 그리고 대한민국이 금메달 11개, 은메달 10개, 동메달 11개를 획득하여 올림픽 역사상 처음으로 종합 4위라는 성적을 거둬요.

이때 레슬링, 유도, 양궁, 탁구, 복싱, 핸드볼에서 금메달을 획득했는데, 그중에서 양궁의 김수녕은 개인전과 단체전 우승으로 올림픽 참가 역사상 최초의 2관왕이 됩니다. 서울올림픽은 세계 기록도 많이 나온 대회였어요. 33개의 세계신기록과 5개의 세계 타이기록, 227개의 올림픽 신기록과 42개의 올림픽 타이기록이 나왔어요. 직전 대회인 84년 로스앤젤레스올림픽에서 12개의 세계신기록과 81개의 올림픽 신기록이 나왔던 것과 달리 많은 기록이 쏟아진 것은 참가국이 늘어난 데 있었어요.

서울올림픽은 이념을 뛰어넘은 160개국이 참가하며 냉전의 종식을 알리는 평화의 올림픽으로도 기억돼요. 무엇보다 성공적인 올림픽 운영으로 대한민국의 이름을 세계에 각인시키고 가난한 국가라는 인식을 벗게 해줘요. 또한 헝가리·동독 등 사회주의 국가들과도 교역이 이루어지고 수교를 맺으며 대한민국의 위상이 높아지는 결과를 가져와요. 이처럼 대한민국 역사에 큰 획을 긋는 서울올림픽은 10월 2일 〈아리랑〉과 〈강강술래〉의 음악 아래 모두가 춤을 추면서 다음 올림픽 장소인 바르셀로나의 성공을 기원하는 폐회식으로 마무리됩니다.

2 ── 해외여행 자유화의 시작

제1차 세계대전 이후 국제사회에 여권제도가 확립돼요. 우리도 광복 이후 1946년에 해외 출국할 때 반드시 여행증명서를 발급받도록 법령으로 규정해요. 1949년에는 외무부령으로 해외 여권규칙이 제정되어 여권이 발급돼요. 이를 위해 국내에서는 거주지 관할 지방청을 거쳐 외무부로, 국외에서는 재외공관에서 여권을 발급받을 수 있게 했어요. 그러나 해외로 나가는 것은 매우 제한적이었어요. 왜냐하면 한반도 주변의 중국과 소련은 사회주의 국가였고, 일본과는 국교가 단절된 상황이었거든요. 무엇보다 경제적으로 해외로 나갈 형편이 되지 못했어요.

박정희 정부는 경제개발을 위해 해외에 노동자를 파견하고, 해외 이민을 추진하면서 1961년 여권법을 제정해요. 이듬해인 1962년에는 해외이주법, 1963년은 출입국관리법 등을 만들어요. 하지만 여권을 발급받기 위해서는 호적등본, 건강진단서, 여행 목적과 비용을 확인 및 보증하는 서류, 국방부 장관의 해외여행 허가서 등 각종 서류가 필요했어요. 이것은 해외로 나가기 위해서는 반드시 정부의 허가를 받아야만 가능하다는 것을 의미해요.

다시 말하면 정부의 판단과 의지에 따라 해외 출국이 금지될 수도 있다는 것을 이야기해요. 예를 들어 출국목적이 대한민국의 이익이나 공공의 안전에 도움이 되지 않는다고 판단되면 여권 발급이 거부된다는 조항도 있었어요. 이 외에도 외화절약이나 국가안전보장을 이유로 해외여행에 제한을 두었고, 출국 전에는 반드시 안보와 소양 교육을 받아야만 했어요. 다시 말해 1970년대까지 해외여행은 국민 누구나 갈 수 있는 것이 아니라 일부에게만 허용된 하나의 특권이었습니다.

전두환 정부가 정치적 관심을 다른 곳에 돌리기 위해 3S 정책 등을 펼쳤다고 말한 거 기억하시나요. 그중 하나가 해외여행 자유화 조치였어요. 1980년 하반기부터 대학생 해외연수 규제를 해제하는 등 신원조회 간소화, 일시 귀국에 대한 완화 조치 등이 추진돼요. 관광 목적의 해외여행도 50세 이상이라는 나이 제한이 있기는 했지만, 1983년부터 관광 여권을 발급해요. 그러자 여성들이 소비성 여행과 해외물건을 많이 사 오는 보따리 쇼핑으로 외화가 유출된다는 비판이 제기되기도 했어요. 정부는 이를 해결한다며 반입 물품에 대한 규제를 강화하고, 선물 안 사 오기와 국산품 애용 운동을 벌였어요.

해외여행 자유화가 외화 유출이라는 비판을 받으며 잠시 주춤하기는 했지만, 1987년부터 관광수지가 흑자와 88 서울올림픽에 대한 기대감으로 다시 추진력을 얻게 돼요. 또한 미국이 1986년 한국의 대미무역흑자가 크게 증가한 것을 문제 삼으며 불공정 무역국가라며 압력을 행사한 것도 해외여행 자유화에 영향을 줘요. 국제수지를 줄이기 위한 방법의 하나로 해외여행 자유화 조치를 취하거든요.

1987년 개정을 통해 관광 여권 발급 대상을 50세에서 40세로 낮추고, 예치금 제도와 귀국 서약서 제도를 폐지해요. 귀국 후 1년

세계 여행 자유화 기사 ©경향신문

이 경과돼야 관광 여권을 다시 발급하는 제도도 6개월로 줄이며 관광여행 횟수에 대한 제한도 완화해요. 방문 여행의 경우는 여행 횟수 제한을 아예 폐지해버려요. 1988년에는 상용 및 문화 목적의 부부 동시 여행과 관광 여행에 대한 여행 횟수 제한이 완전히 사라져요. 청소년에게도 어학연수와 해외 견학 등을 허용하고, 관광 여권에 대한 나이 제한도 35세 이상으로 낮춰요.

1989년이 되면 완전 자유화를 맞이하게 돼요. 관광 여행의 연령이 폐지되고, 일반 여권의 구분 발급이 사라지며, 여권 발급신청 서류와 여권 발급심사 과정이 간소화돼요. 해외로 나가기 전 이루어지던 소양 교육은 1989년 주관이 반공연맹과 예지원에서 한국관광공사로 변경되어 진행되다가 1992년 폐지돼요. 신원조회는 1993년 신원조회 전산화가 완성되면서 서류 제출 없이 컴퓨터로 곧바로 신원이 확인하는 것으로 대체됩니다.

3 ── 냉전 종결이 가져온 남북기본합의서

1989년 헝가리, 폴란드, 동독 등 동유럽 공산국가에서 사회주의를 포기하고, 소련의 고르바초프가 페레스트로이카개혁 와 글라스노스트개방 을 표방하면서 냉전체제가 끝이 나요. 이런 변화는 대한민국에 큰 영향을 미쳤어요. 이념 갈등이 세계적으로 사라져가는 상황에서 남북한만 서로를 적대하며 갈등하는 모습에 우려를 표하는 국제사회가 부담스러워졌거든요. 결국 이런 상황은 노태우 정부의 통일정책에 영향을 미치게 됩니다.

노태우 정부는 1988년 7·7 선언을 발표해요. 정확하게는 '민족 자존과 통일 번영을 위한 대통령 특별선언'으로 남북관계 개선을 위해 남북 동포의 상호교류 및 왕래를 위한 문호 개방과 이산가족 문제의 적극적인 해결 그리고 교역 개방 등을 제시해요. 이것은 북한을 적대와 경쟁의 대상이 아닌 민족의 일부로 인식하여, 상호 신뢰를 바탕으로 공동 번영을 추구하겠다는 의지의 표출이었어요.

1989년 9월에는 '한민족공동체 통일방안'으로 남과 북이 지금 당장 하나의 국가로 통일하는 것보다는 과도기적 단계로서 남북 연합을 구성하자고 제안해요. 이를 실천하는 방법으로 1990년 남

남북기본합의서에 서명하는 노태우 대통령 ⓒ중앙일보

북교류협력에 관한 법률과 남북협력기금법이 시행돼요. 또한 통일
을 위한 정부의 확고한 의지를 보여주기 위해 통일원 장관을 부총
리급으로 승격시켜요.

북한도 예외는 아니었어요. 날이 갈수록 경제적으로 어려워지
는 상황에서 하루라도 빨리 국제사회에서의 고립을 벗어나야 했거
든요. 1980년 말 북한은 기존의 연방제 통일방안을 고수하면서도
두 개의 조선을 반대하며 통일을 지향하는 포괄적 평화 방안을 발
표해요. 1990년 5월에는 김일성이 남북 자유 왕래와 전면 개방 그
리고 평화통일을 위한 남북대화의 발전을 골자로 하는 조국 통일 5
대 과제를 시정연설로 밝혀요.

이처럼 1980년대 말이 되면 남북한 모두 대결을 지양하고 상호
체제를 인정하며 통일을 위해 노력하자는 공감대가 형성돼요. 그
결과 1990년 남북한 관계자들은 서울과 평양을 오가며 고위급 회
담을 진행해요. 하지만 1991년 걸프전쟁과 팀스피릿 훈련으로 1년
가까이 회담이 중단돼요. 그렇지만 소련과 중국이 북한에 대한민
국과의 관계 개선을 요구하는 가운데 1991년 9월 남북한이 유엔에

동시 가입하면서 대화가 다시 열려요. 이 과정에서 노태우 정부는 북한과의 관계 회복을 위해 핵 포기정책을 선언하고 남한에 배치된 미군 전술 핵무기 철수를 선언하기도 해요.

이런 노력의 결과 남북합의서가 체결돼요. 남북합의서는 크게 세 가지의 내용을 담고 있어요.

첫 번째로 상대방의 체제를 인정하고 존중하며, 상대방의 내부 문제에 간섭하지 않기로 해요. 이를 위해 비방과 파괴·전복하는 행위를 금지하기로 해요. 구체적으로는 군사 정전협정을 준수하며, 3개월 내 판문점에 남북연락사무소를 설치 운영하기로 합의합니다.

두 번째로 남북불가침으로 상대방에 대해 무력을 사용하거나 침략하지 않기로 해요. 상호불가침의 이행과 보장을 위해 남북군사공동위원회를 구성하고, 우발적인 무력 충돌과 확대를 방지하기 위해 직통전화를 설치하기로 합니다.

세 번째로는 남북 교류와 협력이 있어요. 자원 공동개발과 물자 교류 그리고 합작 투자 등 경제교류 및 협력을 약속해요. 또한 이산가족이 자유롭게 서신을 주고받으며 만날 수 있도록 규정하고, 끊어진 철도와 도로를 연결하는 등의 실천 방안이 담겨 있어요.

남북기본합의서는 남북 화해와 협력을 약속하는 동시에 한반도의 문제를 남북이 주도적으로 해결하겠다는 의지가 담겨 있어요. 그렇지만 남북기본합의서 내용이 바로 실천으로 옮겨지지는 못해요. 1992년부터 국제원자력기구IAEA가 북한의 핵개발 의혹을 제기하고, 이에 반발한 북한이 핵확산금지조약NPT을 탈퇴하면서 남북한 관계가 다시 악화하거든요.

4 —— 지하경제를 위축시킨 금융실명제

금융기관에 예금하거나 주식 거래 등을 할 때 개인은 주민등록번호와 실명으로, 기업은 사업자등록번호와 상호로 신분을 확인받아요. 거래자 본인의 이름으로 금융거래하도록 규정하는 제도를 금융실명제라고 합니다. 지금은 너무도 당연해 보이는 제도지만, 금융실명제가 정착되기까지 많은 시간이 필요했어요.

5·16 쿠데타로 집권한 박정희와 군사정부는 1961년 '예금·적금 등의 비밀보장에 관한 법률'을 제정해요. 이를 통해 개인과 기업은 예금과 적금은 물론 주식이나 채권 등 모든 금융자산을 가명 또는 무기명 거래를 할 수 있게 됩니다. 이때부터 불법이나 부정하게 모인 돈이 합법적으로 금융기관을 통해 돈세탁이 이뤄지게 돼요. 실체가 없는 사람의 이름으로 금융기관과 몇 번 거래하면 부정부패나 탈법이 어렵지 않게 이루어질 수 있었거든요. 이후 모든 정부는 금융사고와 사기 사건이 일어날 때마다 금융실명제를 실시하겠다고 말했지만, 약속을 지키는 정부는 없었어요. 왜냐하면 불법으로 정치자금을 마련하기 가장 쉬운 방법이었으니까요.

전두환 정부 때인 1982년 중앙정보부 차장을 지낸 이철희와 전두환 처삼촌 이규광의 처제인 장영자가 7,111억에 달하는 어음 사기 행각을 벌여요. 많은 국민은 이를 두고 신군부의 정치자금을 조달하기 위해 벌인 사건이라고 생각했어요. 이에 전두환 정부는 사채 양성화와 관련한 실명거래제 실시와 종합소득세제 개편방안을 발표하며 금융실명제를 실시하겠다고 밝혀요.

하지만 전두환 정부는 임기 말년까지 실시하지 않아요. 노태우 정부도 금융실명제를 선거 공약으로 내세워 집권하면서 1989년 금융실명거래 실시준비단을 발족시켜요. 하지만 경제가 어려운 상황에서 금융실명제를 실시하면 심각한 부작용이 올 수 있다는 이유로 1990년 유보시킵니다.

김영삼 정부는 금융실명제에 대한 확고한 의지가 있었어요. 금융실명제를 실시하기에 앞서 명분을 쌓기 위해 공직자 재산공개를 먼저 하도록 했어요. 그 결과 많은 정치인이 재산신고액에 비해 예금액이 턱없이 적은 것으로 나타났어요. 이것은 돈의 사용 내역을 감추기 위해 차명계좌를 사용해왔음을 보여주는 것이었어요. 경제정의실천시민연합 같은 시민단체들은 이를 바탕으로 적극적으로 금융실명제 실시를 지지하게 돼요. 그러나 반대하는 세력도 만만치 않았어요.

1992년 경기침체와 경상수지가 적자를 보이자, 금융기관 단체장들은 경제 활성화가 먼저라면서 금융실명제의 단계적으로 실시하자고 주장해요. 여당인 민자당에서도 금융실명제를 찬성하지 않는 정치인이 나오고요. 김영삼 대통령은 금융실명제에 대한 반대를 무력화하는 방안으로 이경식 부총리 겸 경제기획원 장관에게 비밀리에 금융실명제 실시 방안을 세우도록 지시해요. 이때 금융실명제를 반대하는 국무총리와 경제수석을 배제할 정도로 은밀하게 준비가 이루어져요. 그리고 1993년 8월 12일 대통령의 긴급명령으로 금융실명제를 시행해요. 이것은 경제수석과 여야당의 정치

금융실명제 전격 실시

김대통령 긴급영령 **"오늘부터 모든거래 실명으로"**

기존 비실명 2개월안 실명으로 전환해야
주식양도차익 재임기간중에 과세 않기로

금융실명제를 알리는 기사

인도 배제할 정도로 대통령의 강한 의지가 반영된 것이었어요.

김영삼 정부는 금융실명제로 인한 사회적 혼란을 막는 동시에 참여를 유도하기 위해 과거의 잘못을 처벌하지 않겠다고 약속해요. 2개월 동안 실명 전환 의무기간을 설정하고, 30세 이상의 예금 주는 최대 5천만 원까지 자금출처 조사를 면제해줍니다. 1년 안에 잘못을 바로잡으면 처벌도 면제해주고요. 금융실명제 실시로 개인은 실명 확인할 수 있는 신분증, 법인이나 기업은 사업자등록번호 등을 은행에 가져가야 했어요.

또한 금융기관은 금융거래의 내용에 대한 정보 또는 자료를 타인에게 제공하거나 누설할 수 없도록 합니다. 그 결과 3년 후인 1996년 12월 실명 예금의 실명 확인율이 98.3%이고, 비실명예금의 실명 전환율이 98.8%가 됩니다. 1997년 외환위기로 폐지하자는 주장이 나오기도 했지만, 국제통화기금의 지지로 금융실명제는 계속 유지되게 됩니다.

5 ——— 부정비리가 야기한 성수대교 붕괴

1994년 10월 21일 오전 6시 무렵 성수대교를 통과하던 차량 운전자가 이음새를 지날 때 충격이 너무 크게 온다는 신고를 해요. 그리고 얼마 뒤 112와 119로 성수대교가 무너졌다는 신고가 들어와요. 경찰과 소방 당국은 성수대교가 무너졌다는 신고를 장난으로 여겼어요. 일반적인 상식으로 대교가 무너진다는 것을 상상할 수 없었기 때문이었죠. 그런데 신고가 연이어 들어오자, 더는 장난 전화로 여기지 않고 급히 현장에 헬기를 띄우며 출동하게 됩니다. 하지만 이때는 성수대교가 무너진 지 40여 분이 지난 뒤였어요.

성수대교 붕괴는 7시 38분쯤 성수대교 중앙인 10번과 11번 교각 사이 상부 트러스 48m가 밑으로 무너진 사건이에요. 다리에 있던 시내버스를 포함해 차량 6대가 추락하면서 남성 19명, 여성 13명 총 32명이 숨지고 17명이 크게 다치는 대형참사였습니다. 특히 32명 중 29명의 사상자는 다리에서 떨어지면서 거꾸로 뒤집힌 16번 시내버스에서 발생했어요. 버스 기사가 다리의 붕괴지점을 발견하고 급히 브레이크를 밟았지만, 추락을 막을 수는 없었어요.

버스가 뒤집히면서 추락하는 가운데 많은 승객이 버스 천장에

무너진 성수대교 ⓒ서울특별시 소방재난본부

머리 등을 크게 부딪쳐요. 결국 큰 충격을 받은 많은 사람이 사망하
고, 일부는 신체가 훼손되는 등 현장은 참혹했어요. 이 과정에서 의
경들은 사고로 추락했음에도 인명 구조에 나서는 멋진 모습을 보
이기도 해요. 하지만 의경들은 국가에서 어떠한 피해 보상도 받지
못합니다.

　사고 발생 이후 검찰은 시공사 동아건설이 1977년 4월 착공하
여 1979년 성수대교를 준공하는 과정에서 부실 공사와 부실 감리
가 있었다고 밝혀요. 자세하게 살펴보면 성수대교를 건설하면서
적용한 게르버 트러스 공법은 철골의 이음새가 딱 맞지 않으면 붕
괴의 위험이 있어요. 그런데 빠른 시간에 완공하기 위해 무리하게
작업한 결과 이음새 용접이 엉망이었어요. 무엇보다 동아건설은
성수대교 완공 이후 단 한 번도 정밀안전진단을 실시하지 않았어
요. 그 결과 트러스의 볼트를 손으로 뺄 수 있을 만큼 허술했어요.

　특히 사고 두 달 전에 다리 균열이 있다는 것을 알고서도 동아
건설은 보수공사를 하지 않았어요. 이것은 건설사만의 문제가 아
니었어요. 서울시도 성수대교 점검에 소홀했어요. 20년 이상 된 교

량만 정밀검사 한다는 규정에 따라 15년 된 성수대교는 두 달 전 육안으로만 검사했어요. 허술한 검사만으로도 다리에 균열이 발견돼요. 그러나 서울시가 대처한 방법은 1.3×2m의 크기의 철판을 덧대는 임시 조치뿐이었어요. 또한 늦게 출동하여 골든 타임을 놓친 경찰과 소방 당국에도 비난이 쏟아졌고요.

당시 이원종 서울시장이 책임을 지겠다며 사임해요. 하지만 실질적인 책임이 있는 동아건설과 서울시 관련자 17명은 1심에서 무죄와 집행유예가 선고돼요. 업무상 과실치사죄로 기소되었지만, 설계·시공사에 책임을 묻는 법규가 없다는 것이 이유였어요. 대법원은 1997년 11월 '업무상과실치사 등 형법 제30조 소정의 공동정범의 관계가 성립된다고 봐야 한다.'라며 처벌해요. 하지만 동아건설 현장소장, 서울시 동부건설 사업소장에 각 금고 2년, 금고 1년 6월형이 선고되는 데 그쳐요. 서울시 공사감독관 등 나머지 피고인에게는 금고 1~3년 형 또는 징역 10개월~1년 5개월에 집행유예 1~5년형이 내려지는 등 처벌 수위가 낮았어요.

이후 성수대교 복구를 두고 보수하자는 의견과 다시 건설하자는 주장이 나와요. 이때 최병렬 서울시장은 남은 다리를 모두 철거하고 다시 건설하기로 해요. 그리고 3년만인 1997년 7월 새로운 성수대교가 완공됩니다. 이 과정에서 서울시는 다른 한강철교에도 안전점검을 실시한 결과, 당산철교에도 심각한 문제가 발견되어 전면 철거 후 재시공이 들어가요. 그러나 성수대교 붕괴는 그동안 정재계 사이의 부정부패의 심각성을 폭로하는 동시에 중동 등 세계 여러 나라에서 건설로 쌓아 올린 대한민국의 신용도를 떨어뜨리는 후폭풍을 가져오게 됩니다.

6 ── 대학수학능력시험 실시

일제는 한국인에 고등교육을 실시하지 않는 우민화와 실업 교육에만 치중하는 정책을 폈어요. 그 결과 고등교육을 받은 한국인이 매우 드물어서, 일본인들의 무시와 하대를 받아야 했어요. 또한 취업률이 낮아지면서 한국인들은 공부에 대한 목마름이 더욱 커져만 갔어요. 광복 이후에는 높아진 실업률로 어려워진 삶을 극복하는 방안으로 교육열이 더욱 높아졌어요. 그로 인해 대학 진학이 취업과 성공이라는 공식을 만들어냈고, 대학에 진학하는 입시가 국가의 중요한 문제로 대두하게 돼요.

정부가 문교부를 통해 대학입학에 직접 관여한 것은 박정희 정부였어요. 1963년 대학입학자격고사에 합격해야만 4년제 주간 대학에 지원할 수 있게 했어요. 하지만 교육의 기회균등에 위배된다는 비판에 1964년부터 국가고시를 폐지하고 대학별로 자체 선발고시로 변경해요.

이 과정에서 대학교는 재정확보를 위해 필요보다 더 많은 학생을 선발하면서, 학원재벌이나 학원기업이라는 소리를 들을 정도로 권위가 떨어져요. 또한 교육의 질이 떨어지면서 대학생의 자질도 떨어지는 문제를 가져오게 돼요. 결국 교육망국론이라는 소리가 나오자 1968년 대통령령으로 대학입학 예비고사령을 공포해요. 이후 조금씩의 변경이 있기는 했지만, 예비고사를 통과하고 본고사를 치러 대학에 입학하는 방식이 1980년까지 이어지게 됩니다.

1980년이 되면 7·30 교육개혁으로 대학입시 제도가 크게 변경돼요. 대학입시 선발을 예비고사와 고교 내신성적에 의하여 실시하고, 대학별 본고사를 폐지해요. 이것은 고액 과외를 받는 문제를 해소하는 동시에 교육 정상화를 위한 조치였어요. 1982년에는 대학입학 예비고사를 대학입학 학력고사로 명칭을 바꾸고는 고교내신성적을 30% 이상, 대학입학 학력고사를 50% 이상 반영하게 했어요.

하지만 대학별 본고사가 사라지면서 대학의 자율권과 고유 특성을 무시한다는 비판이 나와요. 내신성적 반영에 있어서도 지역, 학교 계열, 주야간, 남녀 사이의 차이가 무시되면서 공정성에 대한 문제도 제기돼요. 또한 학력고사가 객관식이어서 학생의 종합적인 사고능력을 제대로 평가하지 못한다는 문제점도 제기됩니다.

이런 문제점을 해결하는 방법으로 1986년과 1987년 대학별로 논술고사가 추가돼요. 논술고사는 입시 총점의 10% 이내에서 실시하되 교과 내용 외에서 출제하도록 했어요. 그러나 논술고사가 학생에게 부담을 준다는 이유로 1988년 폐지됩니다. 대신 대학입학 학력고사에 주관식 문제를 출제하고, 대학이 과목별 가중치를 결정하게 하는 등 자율권을 부여해요.

학력고사 성적과 고등학교 3년의 내신성적으로 입학생을 선발하는 큰 틀이 대학의 자율성과 독자성을 배제하고, 대학입시 학력고사 출제 내용과 형식이 수험생에게 큰 부담을 준다며 1991년 4월 2일 1994년부터 적용할 새 입시제도를 발표해요. 대학교는 입학생을 선발하는 방법이 고등학교 내신성적, 고등학교 내신성적+대학수학능력시험, 내신성적+대학별 필답고사, 내신성적+대학수

첫대학
수학능력시험을
다룬 기사
©동아일보

학능력성적+대학별필답고사성적 4가지 전형 중 하나를 선택할 수 있게 돼요.

대학수학능력시험은 단순히 지적 능력을 측정하는 학력고사와는 달리 학생의 사고력 등 다양한 능력을 측정할 수 있는 통합 교과적 문제로 구성되었어요. 또한 문항의 형태도 5지 선다형 객관식으로 바뀌고, 정답이 2개 이상인 문항도 출제돼요. 1993년 7년 동안의 연구와 3년의 준비기간 끝에 8월 20일과 11월 16일 두 번 치루는 첫 수학능력시험이 실시돼요.

그리고 고득점자가 일정 범위 내에서 특별전형으로 선발되는 특차 모집과 복수 지원제라는 새로운 대학입시제도가 시행돼요. 이제 수험생은 여러 개의 대학에 합격할 경우 희망하는 대학을 선택할 기회가 주어지게 돼요. 이후 대학입시제도는 조금씩 계속 바뀌고 있지만, 원칙적으로 대학수학능력시험을 토대로 대학에 복수 지원하는 틀이 계속 유지되고 있어요.

7 지방자치제와 국민투표

지방자치란 정치적으로 지방주민이 중앙정부에 의존하지 않고 스스로 일을 결정하고 처리하는 것을 말해요. 법률적으로는 중앙정부에서 일정한 권한을 부여받아 자주적으로 일을 처리하는 제도를 말합니다. 우리도 1948년 제정한 헌법에 지방자치제에 관한 규정이 들어가 있었어요. 그에 따라 1949년 지방자치법이 공포돼요. 하지만 이 당시 지방자치법은 지방자치단체의 규모와 특성이 반영되지 않았어요. 서울특별시와 농어촌의 읍면이 같은 기준으로 규정되었고, 군수와 구청장 등 책임자는 국가공무원이 담당하도록 했어요.

다시 말해 지방자치단체와 중앙정부와의 업무와 권한이 정확하게 나누어지지 않았어요. 무엇보다 중앙정부가 자치단체의 업무를 승인 또는 취소를 할 수 있게 하면서, 엄밀히 말하면 완전한 지방자치는 아니었어요. 그마저도 6·25 전쟁으로 인해 지방의원 선거가 1952년 처음으로 실시돼요. 아직 전쟁 중이던 만큼 수복되지 않거나 빨치산의 활동으로 선거가 어려운 지역은 연기돼요. 그래도 시읍면의회의원 선거와 도의회의원 선거가 열리며 대한민국 최초

지방자치 선거를 알리는 포스터 ⓒ한국학중앙연구원

로 지방자치제가 시행되었다는 데 의미가 있어요. 이후 시·읍·면
장의 직선제를 임명제로 바꾸는 등 지방자치법은 몇 차례 개정됩
니다.

4·19 혁명 이후인 1960년 12월 29일에 실시된 지방의회 선거에
서는 최초로 서울특별시장과 도지사를 지역주민이 뽑아요. 하지만,
투표율이 38.8%로 저조했어요. 이유는 12월에만 지방의원과 자치
단체장 선거가 네 번이나 실시되었고, 특히 선거 날 기온이 영하 13
도까지 떨어지면서 사람들이 집 밖으로 나오지 않은 데 있어요.

투표율이 저조한 것보다 더 아쉬운 것은 5·16 쿠데타로 지방자
치제가 한동안 사라진 데 있어요. 군사혁명위원회는 전국의 지방
의회를 해산하고, 군수·도지사·내무부 장관의 승인을 얻어 지역
관련 일을 집행하도록 했어요. 또한 도지사와 시장 등을 내각이 임
명하고, 기타 자치단체장은 도지사가 임명하도록 하는 등 지역주
민의 의사가 반영되지 못하게 막았어요.

이처럼 지방행정에 주민이 참여하지 못하는 지방자치제는 전두
환 정부까지 이어집니다. 이후 30년 가까이 실시되지 못한 지방자

치제가 다시 시작된 것은 1991년이에요. 제9차 개정지방자치법과 지방의회의원선거법에 따라 1991년 3월 26일 시·군·자치구의회 의원선거가 실시돼요. 그리고 1995년 6월 27일에는 35년만에 광역 및 기초단체장을 뽑는 선거가 실시됩니다. 이후 지방자치제는 자리를 잡게 돼요.

법률의 존폐 여부, 헌법의 제정과 개정, 의회 해산 등 국가의 중대한 사항을 국민의 의사를 물어 결정하는 국민투표도 역대 정부의 정권 획득이나 유지를 위한 용도로 이용당했어요. 1954년 제2차 헌법개정에서 국민투표 제도가 도입되었으나, 1960년 제3차 헌법개정에서 삭제돼요. 1962년 제5차 헌법개정에서 국민투표제가 다시 채택돼요. 그러나 유신헌법은 국민투표는 대통령이 필요하다고 인정할 때 국가 중요 정책을 국민투표에 부칠 수 있게 했어요. 이것은 국민투표가 독재자나 국가권력을 견제하는 기능을 상실하게 되었음을 의미해요.

전두환 정부도 유신헌법처럼 1980년 제8차 헌법개정에서 대통령이 필요하다고 인정할 때 외교, 국방, 통일 등 국가의 중요 정책을 국민투표에 부칠 수 있게 해요. 하지만 6월 민주항쟁이 성공한 이후인 1989년부터 국민투표에 관한 사무를 중앙선거관리위원회가 관리하도록 하여 정부가 예전처럼 권력을 유지하기 위한 도구로 사용되지 못하도록 막고 있어요.

대한민국 이후 실시된 국민투표는 1961년 5·16 쿠데타로 집권한 국가재권최고회의가 제안한 헌법 개정안 통과, 1969년 박정희 정부에 대한 신임을 묻는 국민투표, 1972년 유신헌법을 묻는 국민투표, 1975년 유신헌법 존속을 묻는 국민투표, 1980년 12·12 쿠데타를 일으킨 전두환과 신군부가 간접선거를 내용으로 하는 헌법 개정안을 묻는 국민투표, 1987년 6월 민주항쟁 이후 대통령 직선제 등을 담은 헌법 개정안을 묻는 국민투표가 있었어요.

8 ───── 욕심이 낳은
삼풍백화점 붕괴

1995년 6월 29일 오후 5시 52분경 서울의 삼풍백화점이 붕괴해요. 재산피해액 2,700억 원에 사망자 502명, 부상자 937명, 실종자 6명이 발생한 초대형 참사였어요. 당시 삼풍백화점 붕괴로 인한 인명 피해는 6·25 전쟁 이후 가장 큰 피해이기도 했어요. 무엇보다 8개월 전 성수대교가 붕괴한 직후여서 국민들은 아연실색하고 말아요. 특히 삼풍백화점 붕괴도 인재로 인한 사고였다는 사실이 알려지면서 크게 분노합니다.

삼풍백화점은 처음에는 인근 삼풍아파트 주민을 위한 종합상가로 설계되었어요. 우성건설이 시공을 맡아 공사가 진행했고, 완공이 얼마 남지 않은 시점에서 건축주 이준이 건물 용도를 백화점으로 변경해요. 그리고는 우성건설에 지상 4층 건물을 5층으로 지어달라고 요구합니다. 우성건설이 건물 증축은 붕괴의 위험성이 있다며 반대하자, 이준은 본인이 운영하는 삼풍건설로 시공사를 바꿔버려요. 이 과정에서 건물의 안정성은 검토되지도 않은 채 독단적으로 구조 설계를 변경해요. 또한 건설에 들어가는 비용을 아끼기 위해 설계도와 다르게 시공해요. 예를 들어 32인치 기둥을 23

인치로 시공하는 방식으로요.

삼풍백화점은 공사가 끝나기도 전에 백화점을 개점한 뒤, 9개월 뒤인 1990년 8월 준공 승인받아요. 이후에도 삼풍백화점은 불법 증축된 5층에 롤러장을 설치하려던 것을 백화점의 이미지에 맞지 않는다며 건물에 부담을 주는 무거운 기자재가 가득한 식당가로 용도 변경해요. 그중에서도 붕괴에 영향을 크게 미친 것은 옥상에 설치한 3개의 에어컨 냉각탑이었어요. 옥상이 견딜 수 있는 하중의 4배가 넘는 87톤의 냉각탑으로 인해 삼풍백화점은 물이 새는 현상이 벌어져요.

그런 가운데 삼풍아파트 주민들이 냉각탑의 소음으로 인한 피해를 호소하자, 냉각탑 위치를 옮겨요. 문제는 크레인을 사용하여 건물에 부담을 주지 않아야 하는데, 비용 절감을 이유로 냉각탑 아래에 롤러를 장착한 뒤 이동시켜요. 그로 인해 삼풍백화점의 기둥과 바닥에 갈라짐이 생겨요. 결국 1994년 11월 서초구청에서 위반 건축물로 판정받아요. 하지만 삼풍백화점은 붕괴 전까지도 지하 주차장을 확장하는 공사를 하는 등 잘못을 바로잡으려는 노력을 보이지 않아요.

사고 당일 오전 9시 30분 식당 바닥이 갈라지고, 천정에서 물이 새는 등 사고 조짐이 나타나요. 점포종업원들은 삼풍백화점 측에 이 사실을 알렸지만, 백화점 간부들은 붕괴 조짐이 나타난 식당만 영업을 금지하는 등 크게 신경 쓰지 않아요. 결국 얼마 뒤 삼풍백화점 A동이 20여 초 만에 붕괴하면서 많은 인명피해가 발생해요.

이 과정에서 일부 몰지각한 사람들이 붕괴하지 않은 B동에 들어가 계산대의 돈을 훔치거나, 붕괴한 A동에서 물건을 훔쳐 가는 행동으로 국민의 분노를 일으켜요. 또한 구조작업이 원활하게 이루어지지도 못했어요. 경찰·소방·서울시·중앙재해대책본부 등이 서로 관할권을 주장하는 통에 체계적인 구조작업이 이루어지지

무너진 삼풍백화점 ⓒ한국학중앙연구원

않았어요. 그러나 곧 구조작업은 정상화되었고, 붕괴 이후 11일에 최명석, 13일 유지환, 17일 박승현이 구조되는 기적을 낳아요.

삼풍백화점 이준 회장과 아들 이한상 사장은 전 재산을 추징금과 손해배상금으로 서울시청에 헌납하고 손해배상처리를 맡겨요. 그러나 이들 재산으로는 배상금을 채우기 부족해서 서울시가 부족분을 보태 사망자 1인당 3억 8천만 원 총 3,317억 원의 배상금을 지급해요.

또한 삼풍백화점 관계자와 뇌물을 받은 서초구청장 등 25명에게 유죄가 선고돼요. 이 사건을 계기로 건물안전평가가 실시돼요. 긴급구조구난 체계의 문제점도 해결하기 위해 서울·부산·광주에 119 중앙구조대를 설치하고, '재난안전법'을 제정해요. 1998년에는 서울 양재동 시민의숲에 참사 위령탑이 세워지고, 삼풍백화점 터에는 2004년 주상복합 아파트가 들어서요.

9 — 일제의 잔재 조선총독부 건물 철거

제1대 조선 총독으로 임명된 데라우치는 한반도를 통치하는 데 필요한 직원과 관청이 늘어나면서 새로운 청사를 건립하기로 해요. 여러 후보 지역 중 한국의 자존감을 무너뜨리기 위한 최적의 장소로 경복궁터를 선정해요. 그리고는 인도를 지배하는 영국의 총독부 건물을 모델로 삼아 1916년 공사를 시작해요. 원래 계획보다 두 배 이상의 비용이 들어가자, 경복궁 전각 6,806칸 중 4천여 칸을 경매로 매각해 총독부 건물의 건축비로 충당합니다.

그 결과 200만 명 이상을 동원하며 10년 후인 1926년 일제는 동양 최대의 근대식 건축물로 자랑한 조선총독부 청사를 완공해요. 그러나 화려한 건물과는 다르게 조선총독부 건물에서는 한국의 독립을 막고, 한반도를 수탈하는 일들이 매일 이루어져요. 조선총독부 건물 지하실 두께 15cm의 철문과 방음시설이 갖춰진 고문실에서는 연일 독립운동가를 고문했고요.

광복 후 조선총독부 건물은 철거되지 못해요. 철거에 드는 막대한 비용이 없다는 것도 문제였지만, 대체할 만한 건물이 없다는 것도 하나의 이유였어요. 미군정은 조선총독부 건물을 캐피탈 홀

철거되는 조선총독부 건물

Capital Hall 이라 부르며 미군정청 청사로 사용했고, 이곳에서 조선
총독 아베에게 항복문서 서명을 받아요. 훗날 캐피탈 홀을 직역하
여 중앙청이라 부르며, 이곳에서 제헌국회를 열고, 헌법공포식을
갖습니다. 1945년 8월 15일에는 대한민국 정부수립 선포식도 이곳
에서 열렸고, 1982년까지 정부청사로 활용해요. 그리고 정부청사
를 옮긴 1986년부터는 국립중앙박물관으로 사용됩니다.

국립중앙박물관으로 활용하자, 과거의 영광을 느끼려는 일본인
들의 방문이 늘어나요. 심지어 일본의 한 방송사는 옛 조선총독부
건물 앞에서 과거를 회상하며 그리워하는 인터뷰를 내보내기도 했
어요. 이에 노태우 대통령은 옛 조선총독부 건물 철거를 지시해요.

그러자 일본 '메이지건축연구회'는 국립중앙박물관은 조선총
독부 건물로서 두 나라 사이의 불행한 역사를 안고 있지만, 아시아
의 근대건축사상 매우 가치가 높다라며 재검토를 요구해요. 꼭 그
래서는 아니지만, 철거는 김영삼 정부로 넘어가게 됩니다. 김영삼
정부는 일본에 충성을 다하는 인물을 육성한다는 뜻의 국민학교
를 초등학교로 명칭을 바꾸는 등 과거사 청산과 함께 역사 바로 세

우기 작업에 매진했어요. 그중 하나로 옛 조선총독부 건물을 해체해요.

1995년 3월 1일 광화문에서 정양모 국립중앙박물관장이 "오늘 삼일절을 조선총독부 건물 철거의 시발점으로 삼는다."라고 외쳐요. 그러자 일본 정부는 옛 조선총독부 건물을 통째로 매입하겠다고 제안해와요. 이전 비용도 모두 부담한다고 말이에요. 당연히 김영삼 정부는 확고하게 거부 의사를 전달해요. 그러자 많은 일본인이 옛 조선총독부 건물을 보려고 한국을 방문하여 기념사진을 촬영합니다.

8월 15일 주돈식 문화체육부 장관이 옛 조선총독부 건물 중앙돔 첨탑 분리에 앞서, 호국 영령에게 고하는 고유문告由文을 낭독해요.

"우리 민족의 언어와 역사를 말살하고 겨레의 생존까지 박탈했던 식민정책의 본산 조선총독부 건물을 철거해 암울했던 과거를 청산하고 민족의 정기를 바로 세워 통일과 밝은 미래를 지향하는 정궁 복원작업과 새 문화거리 건설을 오늘부터 시작함을 엄숙히 고합니다."

이어 커다란 기중기가 조선총독부 건물 첨탑 윗부분을 들어 올리자, 수백 발의 폭죽이 하늘에서 터졌어요. 그 자리에 모인 5만여명의 시민들이 크게 환호하는 가운데 국립국악관현악단이 〈다시 찾은 빛〉을 연주해요. 이후 전체 건물을 폭파하는 공법으로 1996년 11월 완전히 철거됩니다. 철거된 첨탑과 일부 부재들은 충남 천안시 독립기념관 야외에 마련된 '조선총독부 철거 부재 전시공원'에 옮겨졌어요. 이곳 지하 5m에 첨탑을 매장하는 구조는 우리가 일제강점기를 극복했음을 보여주고 있습니다.

10 전두환·노태우 전 대통령 구속

1994년 정동년 광주민중항쟁 상임의장 등 322명이 전두환과 노태우 등 38명을 군사반란 혐의로 고소고발장을 접수해요. 그러나 검찰은 성공한 쿠데타는 처벌할 수 없다는 논리로 불기소처분을 내려요. 1995년 민주당 소속 박계동 국회의원이 국회에서 노태우가 재임 중 각계에서 받은 거액의 비자금을 은닉하고 있다고 폭로해요. 이에 검찰은 노태우를 소환하여 4,100억에 달하는 비자금을 조성한 사실을 밝혀내요. 이에 많은 국민이 전두환과 노태우가 12·12 쿠데타를 일으키고, 5·18 광주민주화운동을 강경 탄압한 사실에 대한 진상 규명을 요구하게 돼요. 국민의 의중을 알아챈 김영삼 대통령은 5·18 특별법 제정을 지시해요.

전두환은 이양우 변호사를 통한 논평에서 정부와 국회가 5.18 광주민주화운동 등에 관한 특별법을 제정하면 소급입법에 의한 정치 보복의 악순환이 되풀이되는 헌정사의 씻을 수 없는 오점을 남길 것이라고 위협해요. 더불어 이런 행동을 국민이 절대 용납하지 않을 것이라며 강하게 반발합니다. 또한 13대 국회청문회에서 5·18 광주민주화운동의 진상이 규명되었고, 김영삼 대통령도 참여한 4당 영수들이 정치적 종결을 선언했다며 압박했어요. 하지만 국회는 헌정질서 파괴범죄의 공소시효 등에 관한 특례법을 제정하고, 검찰은 형법상 내란죄까지 수사를 확대해요.

노태우가 1995년 11월 16일 구속되자, 전두환은 12월 3일 연희동 골목에서 '대통령 김영삼의 문민정부는 5공과 6공에 대해서 과거사 청산이라는 근거도 없는 술책을 통해서 왜곡하려고 하였고, 나는 검찰소환에 절대 응하지 않을 것이다'라는 골목 성명을 발표해요. 그리고는 국립서울현충원을 들렀다가 고향 합천으로 내려가요. 하지만 체포를 피할 수는 없어서, 안양교도소에 수용돼요. 검찰은 1995년 12월 21일 두 전직 대통령을 군형법상 반란수괴 등 혐의로 기소하고, 1996년 1월 3일에는 5·18 내란 사건도 추가 기소하여 재판에 넘겨요.

전두환과 노태우는 서울중앙지법에 국회가 제정한 특별법에 대해 위헌심판제청을 청구해요. 헌법재판소는 이들의 제청을 기각하고, 1996년 2월 26일 서울중앙지법 형사 30부 심리로 417호 대법정에서 첫 재판이 열어요. 이후 총 40회 재판이 진행된 끝에 8월 26일 1심 재판부는 전두환에게 사형과 추징금 2,205억 원, 노태우에게는 징역 22년 6월과 추징금 2,628억 9,600만 원을 선고해요.

하지만 제15대 대통령 선거 직후인 1997년 12월 22일 김영삼 대통령은 국민대화합이라는 명분으로 전두환과 노태우를 특별사면하여 석방해요. 이 외에도 12·12 쿠데타와 5·18 무력진압 관련자인 황영시 전 감사원장, 장세동 전 안기부장 12명과 비자금 조성 등 부정 축재와 관련된 안현태 전 경호실장과 금진호 전 국회의원 9명 등도 사면해요. 이 과정에서 김대중 대통령 당선자도 화합을 위한 용서를 이야기하며 김영삼 대통령의 결정에 지지를 보내요.

전두환과 노태우는 구속 수감된 지 2년, 형이 확정된 지 8개월 만에 석방되는 동시에 특별 복권돼요. 또한 피선거권과 국민권이

全斗煥씨 사형 선고

12 12 5 18 비자금공판

盧泰愚씨 징역22년6월

내란·반란죄 적용… 朴俊炳씨 무죄

손잡은 「內亂」

전두환·노태우
전 대통령 구속
기사

회복되고 전과기록도 삭제돼요. 하지만 추징금 집행은 계속 진행
돼요. 특별사면 이후 전두환과 노태우의 행보는 상반되는 모습을
보여요. 노태우는 16년에 걸쳐 추징금을 모두 완납하고, 거동이 불
편해지자 자녀를 광주로 내려보내 사과하는 모습을 보여요.

　반면 전두환은 재산이 없다는 이유 등으로 추징금을 납부하지
않으려 노력해요. 그 결과 1,282억 2천 만 원만 환수하고 923억을
추징하지 못해요. 추징금이 선고된 1996년 이후의 물가상승과 추
징금을 환수하기 위해 들어간 비용을 제외하고도 말입니다. 2021
년 전두환이 죽으면서 추징금 환수는 더욱 어려워졌어요. 무엇
보다 끝까지 잘못을 인정하지 않는 모습은 국민대화합이라는 취지
로 특별사면한 결정을 무색하게 만듭니다. 또한 잘못을 바로잡지
못했다는 역사의 오점도 남깁니다.

11 신창원 탈옥 사건

1997년 1월 20일 새벽 3시 부산교도소에서 무기징역을 받은 신창원이 탈옥하는 사건이 일어납니다. 신창원은 노역작업 과정에서 실 톱날 하나를 몰래 빼돌린 뒤, 두 달 동안 매일 20분씩 화장실 쇠창살을 32×28cm의 크기로 잘랐어요. 쇠가 갈리는 소리를 감추기 위해 법무부 교정 본부의 라디오 교화 방송 송출 시간에 맞춰서요. 2개의 끊어버린 쇠창살 사이로 빠져나가기 위해 신창원은 변비에 걸렸다며 3개월 동안 식사량을 줄여 15kg을 감량해요.

그렇게 쇠창살 사이로 감방을 빠져나간 신창원은 외벽 환기통을 타고 1층으로 내려가요. 그리고는 교회 신축공사장 밑 얼어붙은 땅을 파서 공사 부지로 진입한 신창원은 공사장에서 주운 밧줄을 이용하여 외부로 통하는 공사장 벽을 넘어 탈옥합니다. 부산교도소를 탈출하는 데 걸린 시간은 1시간 30분밖에 되지 않았어요.

1967년 전북 김제에서 태어난 신창원은 초등학교 1학년 때 어머니가 죽은 이후 비행을 저질러요. 신창원은 자서전에서 초등학교 5학년 때 선생님이 "돈 안 가져왔는데 뭐 하러 학교 와. 빨리 꺼져."라는 말을 듣고 마음속에 악마가 생겨났다고 밝혀요. 14살이

희대의 탈옥수 신창원

되던 해에는 아버지가 가벼운 도둑질을 하다가 붙잡힌 신창원을 훈방 조치하려는 경찰에게 소년원에 보내라고 말해요.

부모에게 모두 버림을 받았다고 생각한 신창원은 소년원에서 여러 범죄를 배우게 됩니다. 소년원을 나온 신창원은 음식점 배달원을 하다가 1983년 절도죄로 징역 8개월에 집행유예 1년을 선고받아요. 이후에도 절도 혐의와 특정범죄가중처벌법 위반으로 김천교도소와 안양교도소를 전전해요. 그러다 결국 1989년 3월 서울 성북구 돈암동에서 동료 4명과 강도살인을 저지르고 무기형을 선고받아요. 그리고 대구, 전주, 대전, 청송 교도소를 옮겨 다니다 1997년 부산교도소에서 탈옥한 것이었어요.

탈옥한 신창원은 훔친 주민등록증으로 신분을 위장해 도망 다녔어요. 탈옥 이후 105회 달하는 절도로 5억 이상의 돈을 훔치고, 3회에 걸친 강도행각으로 3억 원에 달하는 돈을 빼앗아요. 또한 15명의 여인의 도움을 받으며 907일을 버텨요. 신창원은 여자와 동거하며 부부 행세하고, 외출 때에는 항상 검은 선글라스와 가발을 쓰고 나갔어요. 거주지도 늘 2층을 선택하고, 식당에서도 창가 자리에만 앉아 언제든지 도망갈 수 있는 퇴로를 확보했고요.

또한 경찰을 뿌리치고 도망치기 위해 운동하는 것도 잊지 않았어요. 하지만 동거한 여인들의 신고로 붙잡힐 위기도 여러 번 겪어요. 다방직원 권 모 씨는 신창원에게 자신 말고도 다른 여인이 있다는 사실에 화가 나서 2번이나 신고해요. 그런데 이때마다 신창원은 여러 명의 경찰과 격투를 벌여 도망쳤어요. 심지어 경찰의 총을 빼앗기도 하고, 빌라 5층에서 뛰어내려 도주하는 모습도 보여요.

신창원을 붙잡기 위해 연 97만 명의 경찰 인력이 동원되었고, 5천 만 원의 현상금이 걸려요. 또한 이 과정에서 부산교도소장과 보안과장만이 아니라 신창원 체포에 실패한 책임을 지고 여러 경찰서장이 직위 해제됩니다. 이 외에도 신창원 때문에 징계받은 경찰관만 수십 명이나 돼요. 그러나 도주의 끝은 있었어요.

1999년 7월 16일 전라남도 순천시에서 신창원이 은신하는 집의 가스레인지를 수리하러 간 김씨의 신고로 붙잡히게 돼요. 46명의 경찰이 출동하여 체포하는 과정에서 신창원이 입고 있던 티셔츠가 방송에 나오며 큰 인기를 끌기도 해요. 신고자였던 수리공은 경찰로 특채가 됩니다.

검거된 신창원은 징역 22년 6개월이 추가되어, 경북 북부교도소로 이감돼요. 이곳에서 신창원은 공부를 시작해 2004년 중졸과 고졸 검정고시에 합격해요. 그러나 감옥에서 두 차례 극단적 선택을 시도하는 모습도 보였어요. 현재는 재소자들의 심리상담과 소년범들을 재범을 막고 싶다며 심리학을 공부하고 있다고 합니다.

12 ⎯⎯⎯⎯⎯⎯ 한국의 세계문화유산 등재

유네스코는 1972년부터 세계 문화 및 자연 유산보호협약세계유산협약을 통해 보편적 가치가 있다고 생각하는 유산을 보호하기 위해 노력하고 있어요. 세계문화유산은 크게 역사적 가치를 지닌 문화유산, 지구의 역사를 보여

세계문화유산에 등재된 불국사의 석굴암

주는 자연유산, 이들의 성격이 합쳐진 복합유산으로 나누어져요. 대한민국의 경우 2021년 기준 세계유산 15개, 2022년 기준 무형문화유산 22개, 2023년 기준 세계기록유산 18개가 지정되어 있어요. 그중 세계유산 15개는 다음과 같아요.

석굴암과 불국사

석굴암과 불국사는 신라인들의 창조적인 예술 감각과 뛰어난 기술이 집약된 건축물로 인정받아 1995년 등재됩니다.

해인사장경판전

13세기에 제작된 팔만대장경 목판을 보관하기 지어진 세계 유일의 건축물인 장경판전이면서, 아름다운 건물입니다. 유네스코는 건축과 과학적 가치를 높게 평가하여 세계문화유산으로 1995년 등재합니다.

종묘

지붕의 길이가 100m가 넘어 동서양에서 유례를 찾아볼 수 없는 종묘는 한국인의 전통적인 가치관과 유교문화가 독특하게 결합된 건축물이자, 현재까지도 제례의 전통이 이어지고 있는 점을 인정받아 1995년 등재됩니다.

창덕궁

조선 태종 때 지은 궁궐로 풍수지리와 유교 그리고 자연지형을 존중한 조경 등의 가치를 인정받아 1997년 등재됩니다.

수원화성

중국·일본·유럽의 성곽을 국내 상황에 반영한 기존과 다른 새로운 양식의 성곽으로 18세기의 조선의 사회와 기술을 보여주는 역사적 가치를 인정받아 1997년 등재됩니다.

경주역사유적지구

경주는 천 년에 이르는 신라의 역사와 문화를 한눈에 파악할 수 있을 만큼 다양하고 뛰어난 유산이 많아요. 불교 유적 남산지구, 왕궁터 월성지구, 불교사찰 황룡사지구, 산성지구, 대릉원 고분 지구 5구역이 2000년에 등재됩니다.

고창·화순·강화의 고인돌 유적

고인돌 문화의 형성과정과 변천사를 살필 수 있으며, 한국의 청동기 시대의 사회구조 및 동북아시아 선사시대의 문화교류를 보여줍니다. 전 세계적으로 8만 기의 고인돌 중 5만 기가 한반도에 있어요. 그중에서도 고창·화순·강화 세 지역에 2만 4천 기 정도가 있어 2000년 등재됩니다.

제주 화산섬과 용암동굴

한라산 천연보호구역, 성산일출봉, 거문오름 용암동굴계 세 구역이 2007년 등재됩니다. 제주도는 세계유산이면서 유네스코 시계지질공원, 유네스코 생물권보전지역으로도 지정되어 있어요.

조선왕릉

조선왕릉 42기 중 북한에 있는 2기를 제외한 40기로 이루어져 있어요. 조선 왕릉은 부속건물이나 자연경관과 아름답게 조화를 이루고 있으며, 조선의 장례전통을 보여줘요. 또한 지금도 규범화된 제례의식의 전통이 이어지고 있는 모습에 2009년 등재됩니다.

한국의 역사 마을 하회와 양동

하회와 양동은 대표적인 씨족 마을의 사례로서 유교의 예법과 이상이 잘 드러나고, 조선왕조의 사회구조와 문화를 알 수 있다는 점을 인정받아 2010년 등재됩니다.

남한산성

남한산성이 17세기 동북아시아 지역에서 발달한 방어적 군사공학 기술이 집대성된 산성으로 한국의 산성 설계에 중요한 발자취를 남기고, 요새화된 도시를 보여주는 사례라는 점을 높게 사며 2014년 등재됩니다.

백제역사유적지구

475~660년 사이의 백제의 문화예술과 이웃 국가들과 나눈 교류의 역사가 보존되어 있습니다. 또한 중국의 건축 기술과 예술 그리고 종교 등을 수용하여 백제의 것으로 만든 뒤 일본 및 동아시아로 전파한 사실이 인정되어 2015년 등재됩니다.

산사

통도사, 봉정사, 법주사, 마곡사, 선암사, 대흥사, 부석사가 문화와 자연유산의 가치 모두를 인정받는 연속유산으로 각각 등재되지 않고 산사라는 하나의 이름으로 2018년 등재됩니다.

서원

16세기 중반부터 17세기 중반까지 성리학을 교육하기 위한 교육체계이자 건축물인 서원 9개가 주변 경관 및 지형의 훼손 없이 오랜 시간 유지되는 모습에 2019년 등재됩니다.

한국의 갯벌

2천여 종의 생물이 서식하는 생태계의 보고로서의 가치를 인정받아 2021년 등재됩니다.

출처 : 유네스코한국위원회

13 외환위기와 국제통화기금(IMF)

1980년대 경제성장률이 7.5%를 기록할 정도로 대한민국은 빠른 경제성장을 해요. 하지만 이면에는 저가 위주의 수출전략과 정치인과 기업가 사이의 비도덕적인 정경유착 등 많은 문제점이 있었어요. 그런 가운데 1990년대 개발도상국을 벗어날 것을 기대한 정부는 공개시장운영을 통화정책 수단으로 활용해요.

공개시장운영이란 중앙은행이 국채와 증권 거래를 통해 시장에 개입하는 것을 말해요. 이 과정에서 금융기관의 지급능력을 확보하기 위해 예금 일부를 중앙은행에 예치하는 지급준비제도의 역할이 축소돼요. 1996년에는 중앙은행인 한국은행의 지급준비금 비율이 1~5%까지 크게 낮아져요.

이런 가운데 태국·필리핀·인도네시아 등 동남아시아에서 외환위기가 터져요. 이들 국가에 투자한 우리 금융기관들이 자금을 회수하지 못하면서, 국가신용도가 낮아지고 원화가치가 떨어지게 돼요. 이 모습에 외국 투자자들이 대한민국도 외환위기가 올 수도 있다고 예상하며 투자금을 회수해요. 그러자 사업이 위축되면서 경영이 어려워진 기업들이 부도나기 시작해요. 이에 1997년 초 한

국금융연구원이 외환위기가 일어날 수 있다는 보고서를 발표해요. 그러자 경제부총리와 재정경제원은 국민을 불안하게 만든다며 반발합니다.

　은행과 종합금융회사가 외국 투자자에게 채무를 갚지 못하자, 한국은행은 금융시장의 안정을 위해 대신 먼저 갚았어요. 하지만 곧 한국은행도 갚아줄 달러가 없어지며 한계에 부딪혀요. 이런 상황은 당시 재계 순위 8위 기아와 14위 한보철강 등 대기업도 부도 나게 만들어요. 그리고 이들 기업에 돈을 빌려준 종합금융회사가 연쇄적으로 부도처리 돼요. 그 결과 30대 대기업 중 17개 곳이 부도나고, 127만 명의 실업자가 양산됩니다.

　김영삼 정부는 외환위기를 극복하기 위해 국제통화기금 IMF에 구제금융을 신청해요. 1997년 12월 3일 한국에 온 미셸 캉드쉬 IMF 총재는 정권이 바뀌어도 협상 결과를 받아들이겠다는 확답을 요구했어요. 이에 대통령 후보 모두가 IMF 협상 결과를 따르겠다는 각서를 제출해요. 그리고 이틀 뒤인 12월 5일 대한민국 정부는 IMF와 차관제공 합의 의향서를 체결합니다.

외환위기가 가져온 대한민국의 첫 번째 변화는 정권교체였어요. 대한민국 정부수립 이후 투표에 의해 최초로 여야 정권교체가 이루어집니다. 이것은 12월 3일을 국가부도의 날 또는 경제국치일이라 부르던 국민이 김영삼 정부에 크게 실망하고 심판한 결과이기도 해요. 김대중 정부는 취임 초기부터 경제회복을 최우선 과제로 삼아요. 이를 위해 그동안 당연하게 여겨지던 악습과 관행을 바꿔나갔어요.

또한 독점재벌의 해체, 공기업의 민영화, 부실기업정리, 노동자 정리해고의 간편화, 소비촉진 등 경제구조 개편에 힘을 기울여요. 여기에 대한민국을 다시 일으키겠다는 국민의 의지와 노력이 더해지면서 IMF 구제금융 신청 2년만에 실업률을 제외한 대부분 경제지표가 외환위기 이전 수준으로 회복돼요.

하지만 IMF 구제 금융으로 인한 부작용도 있었어요. IMF에 큰 영향력을 행사하는 미국에 의해 무역 관련 보조금 폐지, 수입 승인제 폐지, 수입 증명 절차 간소화 등 외국 자본이 한국에 쉽게 유입될 기반이 만들어져요. 또한 외국 금융기관이 부도 위기를 겪는 건실한 국내 기업을 인수해요. 그리고 대한교과서, 포항제철, 한국통신공사 등 9개 공기업이 민영기업으로 바뀌어요.

국민도 구조조정의 일환으로 강제 퇴직당해요. 평생직장과 호봉제라는 개념이 퇴색하고, 대신 평생직업과 연봉제라는 개념이 자리를 잡게 돼요. 무엇보다 비정규직 근로자가 증가하면서 고용시장이 불안해지고 노동자의 삶의 질이 떨어지는 등 여러 사회적 문제가 발생하게 됩니다. 그래도 IMF가 만들어진 이후 가장 짧은 기간인 2년만인 2001년 8월 23일 IMF 관리체제가 종료돼요.

14 ── 국가 정상이 평양을 방문한 6·15 남북공동선언

1990년 북한 김일성 주석은 신년사를 통해 남북최고위급회담을 제안해요. 대한민국 역시 김일성의 발표를 환영하며 조속한 시일 안에 개최하자고 응답합니다. 남북고위급회담이 서울과 평양을 오가며 8차에 걸쳐 진행되지만, 안타깝게도 남북정상회담으로 이어지지는 못해요.

북한의 핵무기 개발 의혹이 제기되면서, 미국과 IAEA는 특별사찰을 받으라고 압박을 주게 돼요. 이에 북한은 특별사찰을 거부하는 것을 넘어 1993년 핵확산 금지조약을 탈퇴합니다. 이때 지미 카터 전 미국 대통령이 문제를 해결하기 위해 북한을 방문해요. 이 과정에서 김일성에게 김영삼 대통령과의 정상회담을 제의해요. 대한민국 정부도 정상회담에 동의하며 구체적인 일정을 협의하는 도중 1994년 7월 김일성이 갑작스럽게 죽으면서 무산되고 말아요.

북한은 김정일이 새 지도자가 되고, 대한민국은 김대중이 대통령에 선출되면서 남북정상회담에 대한 논의가 다시 진행돼요. 그 결과 2000년 6월 13일부터 15일까지 김대중 대통령이 평양을 방문해요. 6·25 전쟁 이후 국가 지도자로서 평양을 방문한 것은 처음 있는 일이었어요. 김정일 국방위원장이 직접 평양 순안공항에서 김대중 대통령을 기다리다가 반갑게 맞이하는 모습은 한반도를 넘어 세계 곳곳에 비치게 돼요. 이후 두 정상은 서로의 이해를 증진하고 남북관계를 발전시켜 평화통일을 실현하자며 6·15 남북공동선언을 발표해요.

1. 남과 북은 나라의 통일 문제를 그 주인인 우리 민족끼리 서로 힘을 합쳐 자주적으로 해결해나가기로 하였다.

2. 남과 북은 나라의 통일을 위한 남측의 연합제 안과 북측의 낮은 단계의 연방제 안이 서로 공통성이 있다고 인정하고 앞으로 이 방향에서 통일을 지향시켜 나가기로 하였다.

3. 남과 북은 올해 8·15에 즈음하여 흩어진 가족, 친척 방문단을 교환하며, 비전향 장기수 문제를 해결하는 등 인도적 문제를 조속히 풀어나가기로 하였다.

4. 남과 북은 경제협력을 통하여 민족경제를 균형적으로 발전시키고, 사회, 문화, 체육, 보건, 환경 등 제반 분야의 협력과 교류를 활성화하여 서로의 신뢰를 다져 나가기로 하였다.

5. 남과 북은 이상과 같은 합의 사항을 조속히 실천에 옮기기 위하여 빠른 시일 안에 당국 사이의 대화를 개최하기로 하였다.

6·15 남북공동선언 이후 민간 차원에서 남북 교류가 많이 이루어져요. 금강산 관광사업으로 남한의 많은 사람이 금강산을 다녀왔으며, 꿈에도 다시 만날 줄 몰랐던 남북이산가족의 만남이 이루어지게 됩니다. 이 외에도 경의선 복구 사업과 개성공단 건설 등 경제·문화 교류가 활발하게 이루어지게 돼요. 당시 연합뉴스는 6·15 남북공동선언을 국내 10대 뉴스 중 하나로 선정했어요.

6·15남북공동선언으로 시작된 남북의 화해와 협력, 평화통일

6·15남북공동선언을 위해 평양에서 만난 남북 정상

을 향한 노력은 8월과 11월 두 차례의 이산가족 상봉으로 열매를
맺었어요. '남북이산가족 교환 방문'은 63명의 비전향 장기수 송환
9월 2일 과 9월과 11월 두 차례 '재일조선인총연합 총련 동포 고향 방
문'과 함께 체제와 이념을 뛰어넘는 혈육의 정을 확인했고 갈라진
한 민족의 재결합 의지를 대내외에 천명한 환희의 한마당이었어
요. 한편으론 남북정상회담을 위해 불법적으로 돈을 조성하여 북
한에 송금했다는 문제가 제기되면서 2003년 특검이 이루어지기도
해요.

15 ── 김대중 대통령의 노벨평화상 수상

다이너마이트를 발명한 알프레드 베르나르드 노벨1833~96 은 사망하기 1년 전에 재산 900만 불을 기금으로 내놓으며 인류에 가장 큰 공헌을 한 사람에게 매년 상을 수여하라는 유언장을 남겨요. 이를 바탕으로 만들어진 노벨 재단은 1901년부터 매년 문학, 화학, 물리학, 생리학 또는 의학, 평화 5개 분야에서 그해 가장 큰 공헌한 사람에게 노벨상을 수여하고 있어요. 1969부터 경제학상이 추가되고요. 그런데 스웨덴 3개 기관이 맡아 진행하는 다른 노벨상과 달리 평화상은 노르웨이 노벨위원회가 선정하고 노르웨이 오슬로에서 시상이 진행돼요.

제2차 세계대전을 끝낸 영국 처칠과 냉전을 종식한 미국 레이건 대통령도 받지 못한 노벨평화상을 2000년 김대중 대통령이 수상해요. 2000년은 노벨평화상이 제정된 지 100주년이 되는 해여서 그 어느 때보다도 경합이 매우 치열했어요. 35개 단체와 115명이 노벨평화상에 추천되었어요. 이들 후보 중에는 중동 평화협상에 적극적으로 나섰던 미국 빌 클린턴 미국 대통령도 있었어요. 그러나 최종 선택된 인물은 김대중 대통령이었어요.

노벨상을 받는 김대중 대통령 ⓒ김대중평화센터

노벨위원회가 김대중 대통령을 선정한 이유는 다음과 같아요.

'노르웨이 노벨위원회는 한국과 동아시아에서 민주주의와 인권을 위해, 그리고 특히 북한과의 평화와 화해를 위해 노력한 업적을 기려 2000년 노벨평화상을 김대중 대한민국 대통령에게 수여하기로 결정했다. 한국이 수십 년 동안 권위주의의 통치하에 있을 때, 여러 차례의 생명에 대한 위협과 장기간의 망명생활에도 불구하고 김대중 대통령은 점차적으로 한국 민주주의를 대표하는 인물로 부상했다. 1997년 그가 대통령에 당선됨으로써 한국은 세계 민주주의 국가 대열에 확고히 자리 잡았다. 대통령으로서 김대중 씨는 확고한 민주정부의 수립과 한국에서의 내부적 화합 증진을 추구해 왔다.

강력한 도덕적 힘을 바탕으로 김 대통령은 인권을 제한하려는 시도들에 맞서 동아시아 인권수호자의 역할을 수행해왔다. 미얀마의 민주주의를 지지하고, 동티모르의 인권탄압에 반대하는 그의 헌신적 노력 역시 괄목할 만한 것이었다. '햇볕정책'을 통해 김 대통령은 50년 이상 지속된 남북한 사이의 전쟁과 적대관계의 해소에 노력해왔다. 그의 북한 방문은 남북한 사이의 긴장을 완화하는 과정에 큰 동력이 되었다. 이제 한반도에 냉전이 종식되리라는 희망을 가질 수 있을 것이다. 김 대통령은 또한 인근 국가들, 특히 일본과의 화해를 위해 노력해왔다. 노벨위원회는 한반도의 화해 진전과 통일을 위한 북한 및 다른 국가 지도자들의 기여를 인정하고자 한다.'

오슬로, 2000년 10월 13일

김대중 대통령의 노벨평화상 수상을 두고 노르웨이 언론은 '과거에는 이런저런 자격 시비가 있었지만, 김대중 대통령은 단 한 건이 반대 의견도 없었다.'라며 아주 훌륭한 선택이라고 평가했어요. 하지만 대한민국은 그러지 못했어요. 야당과 보수 언론은 마지못해 수상을 축하했고, 김대중을 싫어하는 사람들은 없는 사실을 만들어내며 비난했어요. 심지어 김대중 대통령의 수상이 북한에 퍼주기 한 공로 또는 노벨상 위원회에 뇌물을 준 결과라고 말이에요.

이에 노벨위원회 베르게 위원장은 "노벨상은 로비가 불가능하고, 로비가 있다면 더 엄정하게 심사한다. 기이하게도 김대중에게는 노벨상을 주지 말라는 로비가 있었다. 김대중의 수상을 반대하는 수천 통의 편지가 한국에서 날아왔다. 그것이 모두 특정 지역에서 온 것이라는 사실을 알았을 때 경악하지 않을 수 없었다."라고 해명해요. 대한민국의 일부 세력이 노벨평화상 수상이라는 큰 업적을 스스로 부정하고 매도하는 부끄러운 일을 만들어버린 것이었죠.

16 2002년 한일 월드컵의 기억

20세기까지 월드컵은 유럽과 아메리카 대륙에서만 개최되면서, 21세기 다른 대륙에서도 열려야 한다는 의견이 대두되었어요. 그런 가운데 1989년 일본이 월드컵 개최를 유치하기 위해 월드컵 조직위를 결성하고, 1994년 대한민국도 월드컵 조직위를 만들어 개최지 선정에 도전해요.

이때 한국과 일본만 개최 제안서를 제출하면서 경쟁이 매우 치열해졌어요. 초기에는 일본의 우세가 점쳐졌으나, FIFA 내부의 알력 다툼과 한 번도 본선에 진출하지 못한 일본은 개최 자격이 없다는 한국의 주장에 힘입어 공동 개최하자는 주장이 나와요. 대한민국이 공동 개최에 동의하자, 일본도 어쩔 수 없이 단독 개최를 포기하게 됩니다.

월드컵 역사상 첫 아시아 개최이면서 공동개최인 한일 월드컵은 처음부터 많은 기록을 낳아요. 우선 대한민국과 일본 모두 단독 개최를 준비했던 만큼, 역대 월드컵 경기 중에서 가장 많은 20개 경기장이 활용돼요. 이 기록은 현재까지도 깨지지 않고 있습니다. 또한 기존과 다른 열정 Fever 과 신성 Nova 의 합성어인 피버노바라고 불리는 공인구가 사용돼요. 피버노바는 기존 공과 달리 가볍고 탄성이 좋았는데, 무엇보다 새로운 디자인으로 큰 이슈가 되었어요.

그중에서도 월드컵 공식 명칭을 두고 대한민국과 일본은 첨예하게 갈등했어요. 대회 공식 명칭으로 2002 FIFA World Cup Japan/Korea로 결정하려는 움직임에 대한민국이 반발해요. 그 결과 FIFA는 개막전은 한국에서, 결승전은 일본에서 펼치기 때문에 대회 명칭 또한 같은 순서로 해야 한다는 성명 발표를 하며 2002 FIFA World Cup Korea/Japan으로 확정 짓게 돼요.

2001년 부산에서 월드컵 조 추첨에서 대한민국은 D조, 일본은 H조에 속하게 돼요. 대한민국은 폴란드, 미국, 포르투갈과 경기 끝에 모두의 예상을 깨고 2승 1무로 조 1위로 16강에 진출해요. 대한민국은 16강에서 맞붙은 이탈리아와 연장까지 간 끝에 승리를 거둬요. 8강에서도 스페인과 승부차기까지 가는 접전을 벌이며 승리하며 4강에 오르게 됩니다. 그러나 4강전에서 독일에게 패배해요.

그리고 3·4위전에서 튀르키예에 패배하면서 한국 월드컵 역사를 넘어 아시아 국가로서는 처음으로 4위라는 쾌거를 이루게 돼요. 이 기록은 유럽과 아메리카 이외의 국가가 아직도 4강에 오르지 못하면서 기록이 깨지지 않고 있어요. 반면 일본도 사상 처음으로 16강에 진출하지만, 튀르키예에 패배해요. 그 결과 공동 개최국 대한민국과 비교당하면서 첫 16강 진출이 빛을 잃게 됩니다.

2002년 한일 월드컵의 최종 우승은 결승에서 독일을 2대 0으로 이긴 브라질이었어요. 이후 수상에서 골든볼 수상은 독일의 올리버 칸이 받아요. 실버볼은 브라질의 호나우두가 받고, 브론즈볼에 대한민국 역사상 최초로 홍명보 선수가 받게 돼요. 득점상에서는 호나우두가 8골로 골든슈를 받고, 브라질 히바우두, 독일 미로슬라프 클로제가 5골로 받습니다. 또한 골키퍼로는 최초로 독일의

한국팀을 응원하기 위해 모인 응원단들 ⓒ한국일보

올리버 칸이 월드컵 MVP에 선정돼요. 또한 2002년 한일 월드컵에서 최고 인기 팀으로 대한민국이 선정돼요. 이것은 대한민국 축구 대표단의 선전이 가장 큰 요인이겠지만, 붉은 악마라 불리는 응원단의 역할도 매우 컸어요.

매 경기 수많은 사람이 붉은 옷을 입고 길거리로 나와 대한민국을 연호하며 응원하는 모습은 세계인에 강한 인상을 남겼어요. 무엇보다 축구 경기 이후 행패를 부리는 사람이 한 명도 없었고, 시민 스스로 거리의 쓰레기를 치우는 등 수준 높은 행동은 대한민국의 품격을 높여주기에 충분했어요.

월드컵의 인기가 얼마나 대단했는지 교도소와 구치소에서도 대한민국 경기가 열리는 날은 밤늦게까지 텔레비전을 보며 응원할 수 있었어요. 성당과 사찰같이 정숙한 종교기관에서도 종교인과 신도가 함께 응원했고요. 또한 대한민국 축구대표단을 이끌었던 히딩크 감독은 16강 진출에 성공한 뒤 "나는 아직도 배가 고프다." 라는 유명한 말을 남기기도 해요.

17 ── 끔찍한 인재로 기록된 대구 지하철 참사

뇌졸중으로 몸이 불편하여 심한 우울증을 앓던 56세의 김대한은 자신의 신변을 비관하다가 되돌릴 수 없는 끔찍한 범죄를 저질러요. 2003년 2월 18일 휘발유 2리터 구입한 그는 대구 송현역에서 1079 열차에 올라타요. 열차가 중앙로역에 진입하는 9시 50분경 김대한은 가방에 든 휘발유에 불을 붙이려 시도해요. 이때 몇몇 승객이 제지하려고 했지만, 안타깝게도 휘발유 통에 불이 붙고 말아요. 불은 순식간에 열차 의자부터 바닥까지 옮겨 붙어요. 그때만 해도 열차 내부는 불에 타는 가연재 소재여서 쉽게 불이 번질 수 있었어요.

열차가 불타면서 나온 연기와 유독성 가스로 승객들은 계단으로 피신하려 했지만, 한 치 앞도 잘 보이지 않아서 지상 밖으로 나오는 일이 쉽지 않았어요. 1079 열차 기관사는 소화기로 불을 끄는데 실패하자, 종합사령실에 보고도 하지 않고 도망쳐버려요. 종합사령실에서도 화재 경보가 울렸지만, 오류라고 생각하며 즉각 대처하지 않아요. 그런 가운데 역 밖으로 탈출하는 데 성공한 시민들이 가족과 119에 신고하자, 그제야 위급함을 알게 된 소방본부 종

지하철 잔해를 정리하는 소방관들 ©영남일보

합상황실은 8개 소방대를 출동시켜요.

같은 시간 불에 타고 있는 중앙로역으로 1080 열차가 들어서고 있었어요. 위급사항 시 무정차 통과해야 했지만, 지하철 사령실의 오판으로 1079 열차 맞은편에 정차하게 돼요. 자동으로 1080 열차 문이 열리는 순간 검은 연기가 몰려 들어왔고, 이에 놀란 기관사는 즉시 출입문을 닫아요. 그 사이 중앙로역에 전기공급이 끊기면서 전동차의 전원이 끊어져 버려요. 1080 열차 기관사는 종합사령실에 대처방안을 문의했지만, 운행관제사는 단전되었으니 일단 방송부터 하라는 지시를 내려요. 이에 기관사는 잠시 후 출발할 것이니 기다려달라는 방송을 내보내고요.

하지만 불길은 이미 1080 열차에도 옮겨붙은 상황이었어요. 얼마 뒤 승객을 대피시키라는 지시가 1080 열차에 내려왔지만, 1~4호차 중 일부 객차 출입문이 열리지 않아요. 5, 6호차는 모든 문이 열리지 않고요. 1080 열차 기관사는 문이 완전히 개방되지 않았음에도 홀로 도망치면서 피해가 매우 커지게 돼요. 모든 문이 열리지 않은 5호차 55명, 6호차 63명 등 1080 열차에서만 142명이 숨을 거둬요. 13시 38분 화재가 완전히 진압된 이후 파악한 인명피해는 사망 192명에 부상 151명이었어요. 화재로 신체가 훼손되어 신원을 파악하지 못한 시신이 6구나 되었고요. 이에 대한 책임으로 방화범 김대한은 무기징역을 선고받고, 지하철 관련자 8명은 구속기소 됩니다.

사고 다음 날 정부는 대구를 특별재난지역으로 선포해요. 하지만, 대구광역시와 지하철 종사자들이 사고를 축소·은폐하고, 현장을 훼손하는 등 부실한 대응에 많은 비난이 쏟아졌어요. 그리고 사고의 원인을 분석하고, 대책을 마련하려는 노력이 이루어지게 돼요.

대구지하철 참사의 가장 큰 원인은 방화범 김대한이지만, 대구지하철의 종합사령실과 기관사의 업무과실도 컸어요. 제대로 상황을 판단하지 못하고, 승객을 끝까지 대피시키지 않고 먼저 도망치는 책임감 없는 행동이 사고를 더 키웠으니까요. 또한 불에 타지 않는 재질로 열차가 만들어져야 하는데 예산부족을 핑계로 부실한 재질로 열차를 제작한 것도 하나의 원인이 되었고요.

대구지하철 화재는 많은 부분을 변화시켰어요. 우선 대구만이 아니라 서울·인천·부산지하철 열차들의 가연재 시트를 전부 제거하고, 알루미늄 시트 등 불에 타지 않는 재질로 바꿔요. 사고 당시 비상문 개방을 알지 못해 참사가 커졌던 만큼, 비상시 문 개방 방법을 문이나 옆 좌석 위에 크게 붙여놓습니다.

또한 차량 안에 방독면과 산소통 그리고 손전등을 비치해놓고, 역사에도 화재 시 비상 탈출 경로 안내문을 부착해요. 대구지하철 노조도 시설 안전을 보장하기 위한 파업을 열었고, 그 결과 안전요원 확충, 전동차 내장재 교체 등을 이루어냅니다.

18 ─── 말 많았던 청계천 복원

서울 청계천 복원은 2000년 9월 1일 청계천 되살리기 심포지엄에서 처음 이야기가 나와요. 왜냐하면 1990년대 들어 청계천의 복개 구조물과 노후한 청계고가도로의 안전문제가 계속 제기되어 왔거든요. 2002년 이명박은 청계천 복원을 공약으로 내세우며 서울특별시장으로 당선돼요. 그리고 공약대로 2003년 7월 1일부터 2005년 9월 30일까지 청계고가도로를 없애고, 광화문 동아일보사 앞부터 성동구 신답철교까지 5.84km 구간을 3,867억을 들여 복원해요.

청계천 복원사업추진본부장은 사업의 목적과 주요 내용을 이렇게 발표해요.

"노후된 고가구조물의 철거를 통한 안전 문제의 근본적인 해소, 그리고 청계천 변 고가구조물과 주변 지역의 슬럼화로 인한 도시환경 악화 문제 해결과 하천 복원을 통한 인간 중심의 친환경적 도시공간을 조성하는 것이다. 이와 함께 복개로 인한 역사 및 문화유적의 멸실과 훼손을 막고, 600년 역사 도시로서 서울의 역사 유적의 원형을 회복하고, 경쟁력을 잃고 방치된 도심에 청계천의 복원이라는 충격을 통해 정체된 서울의 도심부에 개발의 역동성과 경쟁력을 부여 중략 국제적 중심도시로서 활력과 경쟁력이 있는 도심부로 조성하는 것을 목표로 삼았다."

청계천 복원과정이 순탄하게만 이루어지지는 않았어요. 문화재 복원의 경우 서울시가 청계천 문화재와 관련하여 자문위원회를 개최하여, 광교와 수표교의 원형을 기초로 한 복원계획을 내놓아요. 그러나 청계천복원시민위원회는 서울시의 복원계획이 엉터리라며 원형복원을 요구해요. 문화재청도 현장 조사를 통해 문화재 발굴구간에 대한 공사 중단을 요청합니다.

이에 서울시는 2004년 '전문가위'를 구성하고는 광교는 원형복원, 광통교는 이전복원, 오간수문은 장기 검토과제로 남겨놓는 방안을 제시해요. 시민사회단체가 이에 반발하며 문화재 전면 발굴조사 뒤에 복원계획을 세우자는 요구에 서울시는 '전문가위' 결정이라며 무시합니다.

청계천 상인과의 협상에서도 가든파이브라는 대규모 복합쇼핑센터로 이주 지원하겠다는 서울시는 밝혀요. 하지만 복원공사로 인한 영업손실 보상은 없었고, 이주 관련 협상과 계약과정을 문서가 아닌 구두로만 처리해요. 서울시가 노점상은 불법이라며 대화상대로 인정하지 않자, 2002년 60세 박 모씨가 이명박 시장에게 항의서한을 보내고는 서울 중구청장실 앞에서 분신자살해요. 이외에도 항의하는 자살이 연달아 발생하자, 서울시는 동대문운동장에 한시적으로 상설 벼룩시장을 제공해요. 그리고는 공무원, 경찰, 철거용역반을 동원하며 폭력적인 방식으로 노점상을 없애요.

청계천은 평상시 물이 흐르지 않는 하천이어서 잠실대교 부근의 자양취수장에서 취수한 한강 물과 도심의 지하철역 부근 지하수를 정수한 물을 끌어와야 했어요. 이를 위해 소요되는 전력 비용과 녹조 제거 등 관리비용으로 2007년에만 74억 원을 배정해요. 이

청계 고가 철거 공사 장면 ©인영건설

후 관리비용은 계속 증가해요. 또한 15분 동안 3mm의 비가 내리면 수문을 자동 개방하여 오염물질이 유입되는 구조로 청계천 어류가 집단 폐사하는 사고도 일어나고요.

그러나 청계천 복원에 대한 긍정적인 반응도 많아요. 2006년 서울의 랜드마크로 청계천이 4위에 오르고, 2015년 청계천 주변 지역 상인을 대상으로 한 설문조사에서 66.8%가 긍정적인 답변을 내놓아요. 2009년부터는 청계천 일대에서 서울빛초롱축제가 열리면서 많은 사람이 청계천을 찾는 관광명소가 됩니다.

환경적으로도 비가 많이 오면 침수되는 모습이 사라지면서 홍수 대비 효과를 보입니다. 이 외에도 대기질과 소음이 감소하고, 열섬현상이 약화하는 등 환경적으로 나아지는 모습을 가져옵니다. 생태학적으로도 2006년 160여 종의 식물이 2022년 492종으로 증가하고, 어류도 5과 20종에서 8과 27으로 증가합니다.

19 ── 뜻깊은 북관대첩비 반환

북관대첩비는 숙종 때인 1708년 임진왜란 때 의병을 일으킨 정문부가 함경도 길주 등지에서 가토 기요마사 군대를 격파한 것을 기념하기 위해 세운 기념비입니다. 러일전쟁 당시 함경북도에 진주해 있던 제2사단 제17여단장 이케다 마사스케 소장이 과거 임진왜란에서 일본이 조선에 패배한 사실을 감추기 위해 일본으로 가져가요. 1905년 일본에 도착한 북관대첩비는 일본 황실에서 보관하다 야스쿠니 신사 유치관으로 옮겨 보관하도록 합니다.

1909년 일본에 유학 갔던 조소앙은 야스쿠니 신사에서 북관대첩비를 발견하고 크게 분노해요.《대한흥학보》에 '누가 이 사실에 분개하지 않을 것이며 큰 죄를 면할 수 있겠는가'라며 북관대첩비를 강탈한 일본을 꾸짖는 글을 기고합니다. 하지만 일제의 식민지가 되기 바로 직전이었던 만큼 북관대첩비를 가져오려는 어떤 노력도 이루어지지 못해요. 그리고 일제강점기 내내 북관대첩비는 사람들의 기억에서 잊힙니다.

북관대첩비가 다시 알려진 것은 1978년이에요. 재일사학자 최서면은 동경한국문화 연구원에서 발간하는《한韓》의 기고문에서

북관대첩비

북관대첩비를 이야기해요. 이에 정문부 문중인 해주정씨가 한일친
선협회를 통해 야스쿠니 신사에 북관대첩비를 반환해달라는 요청
을 보내요. 이듬해인 1979년에는 박정희 정부가 직접 일본 정부에
반환을 요청합니다. 그러나 북한 지역에 있던 북관대첩비였던 만
큼 조총련이 대한민국으로의 반환에 강하게 반발해요. 북한도 북
관대첩비의 원소재지임을 강조하며 일본에 반환을 요구합니다. 일
본 정부는 이점을 이용하여 반환하지 않아요.

　1994년 김영삼 정부는 '역사바로세우기'의 일환으로 북관대첩
비 반환을 공식적으로 다시 요청해요. 이에 야스쿠니 신사는 북관
대첩비는 함경북도 길주군으로 반환하는 것이 옳다고 말해요. 그
러면서 한국과 북한이 의견을 조정하여 일본 정부에 의뢰하면 반
환할 수 있다는 의사를 밝혀요. 그러나 당시로서는 북한과 의견을
조율하기 힘든 시점이었어요. 1994년 김일성 사망으로 남북한 관

계가 경색되어 있었거든요.

그래도 1997년 한국과 일본에서 각각 한일문화재교류위원회가 발족하면서 반환에 대한 희망을 갖게 돼요. '북관대첩비 반환추진위원회'는 조선의 마지막 황세손 이구와 일본 왕의 만남을 성사시켜요. 이때 황세손 이구가 아키히토 일본 왕으로부터 북관대첩비 반환 동의를 얻어냅니다.

1999년에는 세계무역센터협회 가이 토졸리 총재가 한반도 평화를 위해 북관대첩비 반환을 추진해요. 그해 세계무역협회 총회에서 북관대첩비 반환 운동을 세계무역센터가 공식적으로 지원하기로 결정해요. 위원회는 북관대첩비를 부산을 통해 한반도에 반환한 뒤, 판문점을 통해 북한 측에 인도한다는 계획을 세우고 남북 정부에 논의하겠다고 발표해요.

이런 노력의 결과 북한 이형철 유엔 전권대사에게서 북한이 인수하겠다는 서한을 받아왔고, 코피 아난 유엔사무총장도 북관대첩비가 판문점을 통과할 때 평화유지군 병사가 호위하겠다고 약속해요. 남북한 정부 사이의 조율이 남았지만, 관계가 좋았던 만큼 순조롭게 진행되는 듯했어요. 그러나 1999년 6월 15일 연평해전이 벌어지면서 다시 반환이 중단됩니다.

2003년 한일불교복지협회가 북관대첩비 반환이 곧 성사될 것 같다며 문화재청과 외교부 등에 지원을 요청해요. 그런데 야스쿠니 신사가 한국 어떤 단체와도 반환을 약속하지 않았고, 남북이 통일된 후 정식 요청해야 가능하다는 의사를 밝혀요.

이에 한일 불교복지협의회가 2005년 3월 베이징에서 북한의 조선불교도연맹과 만나 북한 반환에 관한 합의문을 채택해요. 이를 계기로 6월 한일정상회담에서 노무현 대통령과 고이즈미 일본 총리가 반환에 합의하면서 100년만에 반환되게 됩니다. 그리고 현재 북관대첩비는 북한에서 인도하여 관리하고 있어요.

20 ─── 친일반민족행위
진상규명위원회 설치

이승만 정부의 방해로 반민족행위자의 처벌이 제대로 이루어지지 못했어요. 이들은 6·25전쟁과 냉전이라는 시대를 이용하여 자신들의 죄를 처단하려는 개인이나 단체를 공산주의로 몰아 제거했어요. 그리고는 자신들이 공산주의에서 나라를 구하고 경제를 발전시킨 주역이자 영웅이라며 치켜세웠어요. 반면 나라를 되찾고자 했던 독립운동가는 권력에서 배제되었고, 후손들은 제대로 된 교육을 받지 못해 어려운 삶을 살아갔어요. 이런 모습은 누가 봐도 크게 잘못되었음을 알 수 있었죠. 그래서 역사를 바로잡기 위한 노력이 2004년 시작됩니다.

2004년 3월 일제강점하 친일반민족행위 진상규명에 관한 특별법이 제정돼요. 국권침탈 전후부터 1945년 8월 14일까지 일제에 협력했던 친일반민족행위 진상을 조사하여 정부의 공인된 기록으로 남기기 위한 '친일반민족행위진상규명위원회'를 설치하는 것이 주 내용이었어요. 그러나 일부 국회의원들의 반발로 친일 범위가 대폭 축소되면서 많은 반민족행위자가 조사 대상에서 빠지게 돼요. 이에 2004년 5월 30일 임기가 시작된 17대 국회는 여당인 열린

우리당을 중심으로 친일반민족행위자 조사 대상을 확대하고, 조사 권한도 강화하는 친일진상규명법 개정이 추진돼요.

한나라당의 반대가 있었지만 2004년 12월 29일 개정안이 다행스럽게도 통과돼요. 이때 일본과의 외교적 마찰을 고려하여 법안 명칭에서 '친일'을 삭제해요. 특별법 개정안에 따라 조사 대상이 일제 군대의 소위 이상의 장교, 헌병과 경찰은 계급 구분 없이 전원, 동양척식회사 및 조선식산은행은 중앙과 지방 간부로 확대됩니다.

또한 조사 시기는 1904년 러일전쟁에서 1945년 광복까지로 하고 정해요. 무엇보다 과거 이승만 정부의 방해로 반민특위가 실패했던 경험이 있는 만큼, 진상규명위원회의 조사 권한을 강화해요. 조사대상자와 참고인에 대하여 동행명령을 내릴 수 있고, 이에 불응하면 1천만 원의 과태료를 부과할 수 있는 권한이 주어졌어요.

진상규명위원회는 11명으로 구성되었는데, 대통령 4명, 국회 4명, 대법원장이 3명을 추천토록 했어요. 이에 2005년 5월 31일 대통령 직속 기구인 친일반민족행위 진상규명위원회가 출범합니다. 활동 기간은 위원회 구성을 마친 날부터 5년으로 정해졌고, 주요 업무는 다음과 같아요. 친일반민족행위 조사대상자를 선정하고, 그들의 반민족행위를 조사하기 위해 국내외 자료의 자료를 수집 분석해요. 이를 토대로 위원회 활동에 관한 조사보고서 발간 및 친일반민족행위에 관한 사료를 편찬하도록 했어요.

위원회는 2009년 11월 30일 5년의 활동을 끝내요. 그리고 그동안 조사하고 밝힌 내용을 바탕으로 총 21,000여 분량의 4부 25권으로 구성된 보고서를 발간해요. 1부는 위원회 활동, 2부는 친일반민족행위 조사, 3부는 친일반민족행위 연구, 4부는 친일반민족행위 결정을 담고 있어요. 시기별로는 1904년 러일전쟁에서 1919년 3·1 운동까지 반민족행위자 106명, 3·1 운동 이후 1937년 중일전쟁까지 반민족행위자 195명, 중일전쟁부터 1945년 광복까지 705

명의 반민족행위자를 구분해놓았어요.

또한 정치, 통치기구, 경제·사회, 문화, 해외로 분야를 나누었어요. 정치는 귀족 분야 139명, 중추원 분야 244명, 통치기구는 관료·밀정 등 272명, 경제·사회 부문은 경제·언론·종교 등 186명, 정치사회단체는 일진회 등 51명, 문화 부문은 학술·연극·음악 등 84명, 해외 부문 81명으로 최종적으로 1,006명의 친일반민족행위 내용이 수록돼요.

하지만 논란도 있었어요. '한일합병의 공으로 작위를 받거나 이를 계승한 행위'를 친일반민족행위로 규정하는 과정에서 한일합병의 공의 개념이 추상적이고, 2010년 일제로부터 후작 작위를 받은 조선 왕족 이해승의 친일행위처분을 취소하는 일이 벌어져요. 또한 민간단체 민족문제연구소의 친일인명사전에 포함됐던 박정희 대통령과 황성신문 주필 장지연, 안익태 등이 빠지면서 논란이 제기됩니다.

21 노무현 대통령 탄핵소추

2002년 여당 새천년민주당은 제16대 대통령 선거를 앞두고, 깊은 고심에 빠져요. 지지도가 크게 떨어진 상황에서 야당인 한나라당 이회창 후보가 높은 인기를 누렸기 때문이에요. 위기를 극복하기 위해 새천년민주당은 완전국민경선제로 대선후보를 선출했는데, 이때 노무현 후보가 돌풍을 일으키며 대선후보가 돼요. 민주당의 주류 집단은 이 모습에 불만을 품고 적극적으로 협조하지 않았지만, 노무현은 국민의 적극적인 지지를 받으며 대통령에 당선이 됩니다.

노무현 대통령은 지역주의 청산과 정치 개혁을 주장하며 17대 총선 직전 민주당을 탈당해요. 그리고 신당인 열린우리당을 지지하는 발언을 하자, 새천년민주당 이하 민주당 은 탄핵소추를 제안해요. 이에 중앙선거관리위원회는 노무현 대통령의 발언 자체는 사전선거운동 금지 규정에 위반되지 않는다고 발표해요. 그럼에도 민주당은 노무현 대통령의 사과가 없다면 탄핵안을 제출하겠다고 위협해요. 노무현 대통령이 사과를 거부하자 야당이던 한나라당이 민주당에 동조합니다.

노무현 대통령
탄핵소추 기사
ⓒ세계일보

민주당과 한나라당이 탄핵소추안을 처리하려는 것을 열린우리당 소속 국회의원들이 사흘 넘게 국회를 불법 점거하며 저지하고자 했어요. 그러나 2004년 3월 12일 오전 11시 박관용 국회의장이 질서유지권을 발동했고, 야당 의원과 경호원들 그리고 국회 경위들에게 열린우리당 국회의원들은 강제로 끌려 나가요. 이후 탄핵소추안을 위한 무기명 비밀투표가 시작되었고, 참석한 195명의 의원 가운데 193명이 찬성하고 2명이 반대하면서 탄핵소추안이 가결돼요.

국회의 탄핵소추의결서가 청와대와 헌법재판소에 접수되면서 노무현 대통령의 권한이 정지돼요. 이에 따라 고건 국무총리가 대통령 권한대행을 맡아 국정을 이끌어가게 됩니다. 열린우리당은 탄핵소추안을 막지 못했다고 국민에게 사과하고, 한나라당과 민주당은 국민의 명령이라며 지지를 호소했어요. 국민은 노무현 대통령의 탄핵소추안 결의에 크게 분노했어요. 연합뉴스 여론조사 결과에 따르면 탄핵 반대 의견이 78.2%였고, 찬성은 21.5%였어요.

노무현 대통령의 지지도가 낮았던 영남지역에서도 탄핵을 반대하는 의견이 높게 나왔어요. 국민이 탄핵소추안을 용납하지 못한 것은 국민의 민심을 국회의원들이 따르지 않았으며, 국회의원들이 대통령을 탄핵할 만큼 옳은 행동을 해왔는가에 대한 반발이었어요. 국민의 분노는 결국 촛불집회로 이어졌고, 제17대 국회의원 선거에서 투표로 민심을 보여주게 돼요.

열린우리당이 많은 의석을 차지할 것이 예상되자, 한나라당은 여당 독주를 막아야 한다며 견제론을 내세웠어요. 하지만 투표 결과 열린우리당은 과반이 넘는 152석을 차지하고, 제1야당이던 한나라당은 121석밖에 얻지 못해요. 심지어 서울에서는 강남 3구에서만 간신히 승리할 뿐이었어요. 더 큰 타격을 받은 것은 새천년민주당과 자유민주연합이었어요. 새천년민주당은 9석, 자유민주연합은 4석을 얻는 데 그쳤거든요.

헌법재판소는 평균 주당 2회씩 7번의 공개 변론과 10회에 가까운 평의를 개최하며 탄핵소추안을 심리했어요. 그 결과 헌법재판소 재판관 9명 중 6명 이상의 찬성을 얻지 못하면서 2004년 5월 14일 탄핵심판청구가 기각되는 결정을 내립니다. 탄핵소추안 결의 이후 변명 없이 국민에게 사과하고 결과를 기다리던 노무현 대통령은 두 달만에 대통령으로 권한을 다시 부여받게 돼요. 그리고 남은 임기 최선을 다해 국정을 운영합니다.

2023년 여론조사 전문기관인 한국갤럽이 전국 만 18세 이상 1,009명에게 전직 대통령의 잘잘못을 묻는 설문조사를 해요. 그 결과 노무현 대통령은 대통령으로서 잘한 일이 많다는 응답을 70% 받으며 1위를 차지합니다. 부산·경남 지역 68%, 대구 경북지역 63%도 잘했다고 평가하는 등 전국적으로 높은 수치로요. 하지만 안타깝게도 노무현 대통령은 퇴임 후 2009년 5월 23일 김해 사저 뒷산에서 투신하여 서거합니다.

지금은 생소한 호주제 폐지

22

지금은 호주제 戶主制 라는 말이 생소하게 들리는 사람도 있겠지만, 폐지되는 2005년까지 한국 사회에 큰 영향을 미쳤던 제도에요. 호주라는 것은 조선시대가 아닌 일제강점기에 만들어진 개념으로 생각보다 역사가 짧아요. 조선시대에는 호주라는 말 대신 주호主戶, 호수戶首 등의 용어가 사용되었거든요. 조선은 호戶를 통해 조세와 역을 부과했고, 주호와 호수는 호를 대표하는 가장의 의미였어요. 그러던 것을 1909년 3월 일제 통감부가 호주와 그 가족으로 편제된 민적부를 작성되면서 호주제가 시작돼요.

호주제는 개개인의 출생, 혼인, 이혼, 사망 등 신분변동 사항을 호주와의 관계를 중심으로 기록해요. 이것의 가장 큰 특징이자 문제점은 여성을 가정에서 종속적인 지위로 만든다는 데 있어요. 쉽게 이야기하면 여성은 결혼 전에는 아버지 호적에, 결혼하면 남편 호적에, 남편이 사망하면 아들의 호적에 올랐어요.

다시 말해 남성만이 할아버지, 아버지, 아들, 손자 순서로 호주가 될 수 있었고, 여성은 집안에서 가장 나이가 많아도 호주가 될 수 없어요. 그 결과 어린 남성이 호주로서 교육, 혼인, 분가 등 다양한 권리를 행사해야 했고, 재산상속에 있어 특권을 가졌어요. 그로 인해 남아 선호사상과 장자 중심의 가족질서가 만들어지게 됩니다.

일본은 1947년 가족법을 개혁하면서 가족 범위를 부부와 그들의 미혼자녀로 축소하며 호주제를 폐지해요. 하지만 대한민국은 헌법에서 남녀평등을 명시하면서도 동성동본불혼제와 호주제를 채택합니다. 그로 인해 호주가 된 양자를 파양하지 못하고, 호주상속인은 재산상속에 있어 상속분의 50%를 더 받을 수 있는 등 여러 특권이 주어지게 돼요. 1957년 11월 헌법에 따라 호주제를 개정해야 한다는 주장이 대두되지만, 유림 등이 전통과 미풍양속을 내세워 반대하면서 개정되지 못해요.

1973년 61개 여성단체들은 '범여성 가족법 개정 촉진회'를 결성하여 호주제를 비롯한 잘못된 가족법 개정을 요구해요. 1975년에는 세계 여성의 해를 맞이하여 가족법 개정을 더욱 강하게 주장하지만, 이에 대한 반발도 그만큼 커지게 됩니다. 결국 1977년 국회는 호주제와 동성동본 혼인을 금지하는 조항을 개정하지 않고, 협의 이혼·성인 혼인 시 부모 동의 폐지·부모의 친권공동행사 등 몇 가지만 개정안만 통과시켜요.

1980년대에도 호주제 폐지 등 가족법 개정을 위한 노력이 계속돼요. 특히 1987년 6월 민주항쟁을 기점으로 한국여성단체연합이 결성되면서 많은 변화가 이루어져요. 1989년에는 한국여성단체연합의 개정안이 반영되면서 가족법의 개정이 이루어지는 성과를 내요. 하지만 이때도 호주제와 동성동본 결혼 금지는 여전히 개정되지 않아요.

1990년대가 되면 이혼과 재혼이 증가하고 국제결혼 등 기존과 다른 가족관계가 나타나요. 이런 현상들은 그동안 여성단체들이 주장해온 호주제 폐지에 힘을 실어주게 됩니다. 또한 1997년 여성

호주제 폐지 기사
©여성신문

단체들은 성비불균형이 남아선호사상에 따른 여아 선별 낙태를 비판하면서, 그 원인인 호주제를 폐지해야 한다고 주장했어요. 이런 노력은 2005년 결실을 맺어요. 그해 2월 3일 헌법재판소는 제10조 인간의 존엄과 자유, 제11조의 평등권, 제36조 1항에 근거하여 호주제에 대한 헌법 불합치 결정을 내려요.

호주제 폐지를 반대하는 측은 헌법 제9조 국가의 전통 계승 의무를 근거로 반대했지만, 3월 2일 국회 본회의에서 호주제 폐지안이 통과합니다. 민법에 남아 있던 호주제 관련 조항들이 삭제·개정되면서 부속법인 호적법도 폐지되고요. 대신 2007년 '가족관계 등록 등에 관한 법률'이 제정되어 호적 대신 가족관계증명서가 2008년부터 사용되게 돼요. 이것은 남성만 등록할 수 있던 호주 중심의 증명서가 아닌, 자신을 중심으로 만들어진 증명서에요.

23 ── 대통령 탄핵을 가져온 세월호 참사

2014년 4월 15일 승객 및 승무원 476명을 태운 세월호가 짙은 안개로 두 시간 지연된 상태에서 출항해요. 승객 중에는 제주도로 수학여행을 가는 안산 단원고 학생 325명과 교사 14명도 있었어요. 그런데 이들이 탄 세월호는 일본에서 18년 동안 사용하다가 2개월 전에 제주 노선에 취항한 노후 선박이었어요. 그럼에도 세월호는 158번의 출항 가운데 157차례나 과적 상태로 운행했고, 사고 당일에도 허용치인 1,077톤의 세 배인 3,608톤의 화물을 실었어요. 이 과정에서 배의 균형을 잡는 데 필요한 평형수를 필요량의 반도 채우지 않고 말이에요. 또한 출항 당시 악천후인데도 불구하고 무리하게 출항합니다.

세월호가 유속이 매우 빠른 진도군 병풍도 해역을 16일 아침에 들어섭니다. 그런데 갑자기 세월호가 좌현으로 기울더니 침몰하기 시작했어요. 오전 8시 54분경 단원고 학생 최덕하를 비롯한 많은 탑승객이 세월호가 침몰한다고 신고해요. 9시 30분경 목포해경 경비정이 사고 현장에 도착했지만, 선체에 진입하지 못하고 빠져나온 승객만 구조했어요. 11시경 경기교육청은 학생을 전원 구조

300여 명의 목숨을 앗아간 세월호 침몰

했다는 문자를 보냈고, KBS도 뉴스특보로 단원고 학생 전원 구조
됐다는 방송을 내보내요.

하지만 사건 현장은 목포해경구조대가 강한 조류로 선내 진입
조차 하지 못하고 있었습니다. 11시 30분에는 배의 앞부분 일부만
남기고 전복된 채 침몰해요. 그리고 4월 18에 오후 1시 30분에는
배의 앞부분마저 가라앉으며 완전히 침몰합니다. 그 결과 304명의
사망자와 미수습자가 발생하는 안타까운 일이 벌어지고 맙니다.

이 과정에서 박근혜 대통령과 중앙재난안전대책본부의 대처에
많은 문제가 있었어요. 4월 16일 9시 19분 김기춘 비서실장과 김장
수 국가안보실장은 텔레비전을 통해 사고를 인지해요. 10시경 김
장수 안보실장은 대통령에게 두 차례 전화했지만, 연결이 되지 않
습니다. 그리고 10시 22분이 되어서야 박근혜 대통령은 관저 침실
에서 단 한 명의 인명피해도 발생하지 않도록 철저히 수색하라는
최초의 지시를 내려요. 이후 오후 5시 15분이 되어서야 중앙재난
안전대책본부에 방문한 뒤 오후 6시 관저로 복귀합니다.

이후 대통령의 무책임한 행동과 정치·언론의 실종자에 대한 망

언 그리고 허위보도가 계속 이어져요. 박근혜 대통령은 "학생이 구명조끼를 다 입고 있었는데 왜 발견하기 어렵냐?"고 말했고, 한기호 새누리당 국회의원은 "북괴의 지령에 놀아나는 좌파 단체와 좌파 테러리스트들이 정부 전복 작전을 전개할 것이다."라며 국민을 위협하는 발언을 해요. 이 외에도 세월호로 가족을 잃은 유가족과 국민이 슬퍼하는 정서에 위배되는 말과 행동이 계속 터져 나왔어요. 그럼에도 2015년 박근혜 정부는 세월호 참사 구조 실패 책임을 물어 해경을 해체하고, 검찰은 참사 원인을 선원, 선사, 해경에게만 돌려버려요.

그해 세월호 특별법이 제정되어 특별조사위원회 1기가 출범하지만, 새누리당의 반대로 제대로 조사도 하지 못하고 2016년 9월 강제 종료됩니다. 세월호 인양도 2017년 4월이 되어서야 마무리돼요. 세월호 선체조사위원회와 특별조사위원회가 출범하여 세월호 참사를 조사한 결과 영상감시 장치인 DVR 수거 및 인계 과정, CCTV 데이터 조작 의혹을 제기해요. 2019년에는 검찰에서 세월호 참사 특별수사단이 만들어져 세월호 관련 CCTV 조작 의혹 등을 수사하지만, 공소 제기 없이 활동을 종료합니다.

이에 세월호 참사 유가족협의회는 진상 규명과 책임자 처벌, 안전사회 건설을 요구하는 대정부 투쟁을 벌여요. 600만 장이 넘는 서명을 받고, 왜곡된 언론 보도를 고발하며 세월호의 진실규명을 요구해요. 그리고 2020년《그날을 말하다》라는 총 100권의 기록집을 발간해요. 현재도 세월호 유가족들은 진실규명과 다시는 이런 참사가 나오지 않도록 바라는 안전대책을 요구하고 있어요.

24 —— 국민정서에 위배되는 일본군 위안부 합의

1937년 중국 난징을 점령한 일본군이 수많은 중국 여성을 강간하자 국제사회의 비난이 쏟아졌어요. 일본은 다시는 이런 일을 만들지 않을 대책이라며 1932년부터 운영해오던 위안소를 모든 전쟁터에 설치해요. 중국과 동남아시아에 설치된 위안소에서 한국인을 비롯한 여러 나라의 여성이 매일 집단 성폭행을 당해요. 이들을 일본군 위안부라고 부릅니다. 영어로는 Japanese Military Sexual Slavery 일본군 성노예 라고 하고요.

일본군 위안부 문제는 1980년대 말 세상에 알려졌어요. 일본은 여성을 강제 동원한 사실이 없고, 1965년 한일기본조약에 따라 보상할 의무가 없다고 주장해요. 이런 모습에 화가 난 김학순 할머니는 일본의 사과를 요구하며 1991년 자신이 일본군 위안부 여성임을 밝혀요. 이후 많은 일본군 위안부 여성이 동참하며 일본에 사죄와 배상을 요구합니다. 다행히 일본에도 양심 있는 사람이 있었어요. 요시미 요시아키 교수가 위안소 설치와 운영에 일본군이 관여했음을 보여주는 증거자료를 신문에 공개했어요.

이에 일본 고노 관방장관이 어쩔 수 없이 강제적이고 참혹한 역사적 사실임을 인정해요. 하지만 한일기본조약에 따라 법적 책임을 질 수 없다고 말합니다. 대신 도의적 책임을 지고 아시아평화 국민기금을 설치하여 피해자를 돕겠다고 말해요. 하지만 일본군 위안부 할머니들은 사죄와 용서가 먼저라며 받아들이지 않았어요.

2000년대 들어서면 유엔인권위원회 보고서, 국제노동기구 권고, 국제법률가협회 보고서 등을 통해 국제사회도 일본 정부에 조속한 문제 해결을 요구해요. 특히 2000년 도쿄에서 열린 일본군 성노예 전범 여성 국제법정에서 일본 정부에 유죄 판결을 내려요. 판결에 강제성은 없지만, 일본의 비윤리적인 행동이 세상에 알려진 것이죠.

이에 2005년 노무현 정부는 '청구권 협정은 일본의 식민지 배상을 청구하기 위한 것이 아닐 뿐 아니라 일본군 위안부처럼 일본 정부와 군 등 국가 권력이 관여한 반인도적 불법 행위는 청구권 협정으로 해결된 것으로 볼 수 없어 일본 정부의 법적 책임이 남아 있다.'라며 정부의 적극적인 노력을 약속해요. 이어 헌법재판소도 역대 정부가 위안부 문제를 해결하지 않은 것은 잘못이라는 판결을 내려요. 이를 계기로 박근혜 정부는 2015년 12월 28일 한일 일본군 위안부 합의를 발표합니다.

문제는 일본군 위안부 합의를 발표하는 과정에서 피해자인 할머니들의 의사가 하나도 반영되지 않았다는 데 있어요. 오히려 일본 주장을 그대로 따른 합의였어요. 우선 법적 책임이라는 용어가 하나도 사용되지 않아요. 일본이 상처를 치유하는 목적으로 준다는 10억 엔도 도의적 책임을 지겠다는 기존 입장이 반영된 것이었어요. 여기에다 기시다 후미오 일본 외상은 일본군 위안부 합의 직후 출연금은 배상이 아니라고 밝혀요.

배상이 비합법적으로 권리를 침해당한 사람에게나 단체에 손해를 갚아주는 것인 만큼, 이것은 일본이 잘못을 인정하지 않겠다는

일본과 한국의
위안부 합의 발표

말과 같은 것이에요. 마지막으로 합의문에서 '최종적 및 불가역적으로 해결'이라고 적은 것을 가지고 일본은 대한민국이 앞으로는 일본군 위안부를 가지고 어떠한 문제제기도 하지 않겠다는 것으로 받아들여요.

그러나 무엇보다 가장 큰 문제는 할머니들이 일본 정부에 요구한 범죄사실 인정, 진심 어린 사과, 재발 방지를 위한 교과서 서술이 하나도 반영되지 않은 것이죠. 오히려 박근혜 정부와 일본은 할머니들이 더 많은 돈을 받아 내기 위해 억지 주장을 벌이는 것으로 매도해버려요.

다행히 일본군 위안부 합의는 절차상 조약으로 인정할 수 없어요. 조약이 성사되려면 서면 형식으로 국가 사이에 체결되어야 하는데, 일본군 위안부 합의는 회담 결과를 기자회견 하는 것으로 마무리돼요. 또한 헌법에 따라 조약이 체결·공포되어야 하는데 이 또한 생략되었어요. 문재인 정부는 일본군 위안부 합의가 법적 구속력을 갖지 못한다며 2018년 11월 21일 여성가족부가 세운 화해·치유재단을 해산하겠다는 공식발표와 함께 위안부 합의가 무효임을 천명해요.

25 —— 국민의 힘으로 이룬 박근혜 대통령 탄핵

제18대 박근혜 대통령은 개인적으로 도움을 받았던 영세교 교주 최태민의 딸 최순실을 적법한 절차도 없이 국정운영과 인사문제에 개입시켜요. 최순실은 이를 바탕으로 사적 이익을 취해요. 이런 사실은 JTBC에서 최순실이 대통령 연설문을 사전에 받아 보았으며, 국방과 외교 사안을 불법으로 접근했다는 방송을 내보내면서 알려지게 돼요. 야당은 사실관계 진상규명과 함께 하야라는 책임 있는 행동을 보이라고 주장했어요. 더 나아가 여당인 새누리당과 함께 대통령 권한을 정지시킨 뒤 거국중립내각을 구성을 촉구해요.

박근혜 대통령은 하야는 절대로 있을 수 없다며, 차라리 탄핵하라는 입장을 내놓아요. 이런 태도에 시민들은 대한민국 역사상 최대 규모의 인원이 참여하는 집회를 열어요. 2016년 10월 29일부터 2017년 5월 24일까지 매주 토요일 23차 촛불집회를 열어 퇴진을 요구해요. 국민의 이런 모습에 정치인들도 움직이지 않을 수 없었어요. 11월 20일 야권 대선주자 6명과 정의당과 국민의당 대표 2명, 총 8명이 모여 "국민적 퇴진 운동과 병행해 탄핵 추진을 논의해줄 것을 국회와 야 3당에 요청하겠다."라며 대통령 탄핵을 추진

박근혜 대통령 탄핵안
가결 ©아시아경제

해요.

　야당인 더불어민주당, 국민의당, 정의당이 탄핵을 당론으로 채택하자, 여당인 새누리당에서도 박근혜 대통령을 지지하지 않는 비박계 의원들이 참여하겠다는 의사를 내보여요. 야당이 탄핵소추를 준비하자 박근혜 대통령은 제3차 대국민담화를 발표해요. 여야 정치권이 정권을 이양할 방안을 만들면, 그 일정과 법 절차에 따라 대통령직을 물러나겠다고 말이에요. 그러나 여전히 자신이 잘못을 인정하지 않는 모습을 보여요. 그러나 담화문 발표가 어느 정도의 효과는 있어서 새누리당이 탄핵 참여 입장을 철회하게 돼요. 또한 국민의당도 탄핵안 처리가 사실상 불가능하다고 결론을 내리고요. 하지만 나머지 야당은 탄핵안을 밀어붙였어요.

　12월 3일 국회의원 171명이 제안한 대통령 탄핵소추안이 발의되었고, 새누리당 최경환 의원을 뺀 나머지 299명의 국회의원이 참여해요. 그 결과 찬성 234표, 반대 56표, 기권 2표, 무효 7표로 가결돼요. 박근혜 대통령은 직무정지가 되고, 황교안 국무총리가 대통령 권한대행을 맡아요. 이제 남은 것은 헌법재판소가 180일 이내에 결과를 선고해야 하는 것이었어요.

2017년 3월 10일 11시 21일 이정미 헌법재판소장 권한대행은 "주문. 피청구인 대통령 박근혜를 파면한다."라고 발표해요. 헌법재판관 8명이 출석하여 8명이 파면에 동의한 것이죠. 판결문 중 한 부분을 소개하면 다음과 같아요.

'대통령의 권력을 남용하여 사기업들로 하여금 수백 억 원을 갹출하도록 하고 최○원 등에게 특혜를 주도록 강요하는 등 국가 권력을 사익 추구의 도구로 전락하게 하였다. 이는 국민주권주의 및 대의민주주의의 본질을 훼손하고, 국정을 비선 조직에 따른 인치주의로 운영하여 법치국가 원칙을 파괴한 것이며, 국무회의에 관한 헌법 규정을 위반하고 대통령의 헌법수호 및 헌법준수 의무를 위반한 것이다.'

헌법재판소의 파면결정에 박근혜는 대통령 자격을 잃게 돼요. 2일 뒤 청와대에서 퇴거하여 삼성동 자택으로 들어갑니다. 3월 21일에는 서울중앙지방검찰청 특별수사본부의 검찰 조사를 받게 돼요. 박근혜에게 적용된 죄는 직권남용·강요 등 18개 혐의, 국고 손실 등 2개 혐의, 공직선거법 위반 혐의였어요. 3월 31일에는 서울중앙지법 강부영 판사가 구속영장을 청구해야 한다는 검찰의 주장을 받아들이면서 박근혜는 서울구치소에 수감돼요.

박근혜는 징역 22년과 벌금 180억, 추징금 35억을 납부하라는 판결을 받게 됩니다. 또한 전직 대통령 예우에 관한 법률에 따라 필요한 기간의 경호나 경비를 제외한 모든 예우가 박탈당해요. 그러나 구속된 지 4년 8개월 뒤인 2021년 문재인 대통령은 국민통합과

겸허한 포용 그리고 박근혜의 건강을 이유로 특별사면합니다.

26 ─── 화성 연쇄살인 사건 범인 이춘재 체포

1986년 9월 19일 경기도 화성시 태안읍 안녕리에서 71세의 노인이 목이 졸려 숨진 채 발견돼요. 하의는 벗겨진 상태로요. 이후 1986년 2회, 1987년 3회, 1988년 2회, 1990년과 1991년 1회 총 10회 걸쳐 여성 10명이 강간 살해되는 끔찍한 일이 벌어집니다. 사건 피해자가 모두 여성이며 사건 현장과 피해자의 음부에서 정액, 머리카락, 담배꽁초 등이 발견돼요. 또한 피해자의 양말이나 스타킹을 이용해 목을 졸라 살해하는 등 살해 수법이 매우 잔인하다는 여러 공통점이 발견돼요. 그제야 경찰은 연쇄살인사건으로 파악하고 수사를 진행해요. 이것은 우리나라에서 처음 발생한 연쇄살인이었어요.

국민은 화성시 연쇄살인 사건에 큰 충격을 받고 두려움에 떨었어요. 서둘러 범인이 잡히기를 바랐지만, 결과는 그렇지 못했어요. 205만 명의 경찰이 동원하여 2만 1,280명을 수사 대상자로 삼고, 4만 116명의 지문을 대조했지만 어떤 단서도 찾지 못해요. 다만 성폭행 피해를 가까스로 피한 여성과 용의자를 태운 버스 운전자의 진술을 토대로 20대 중반에 165~170cm의 남성이라고 특정할 뿐

희대의 연쇄살인마
이춘재

이었어요.

　이 과정에서 경찰의 무리한 수사로 인한 피해자도 나왔어요. 7, 9, 10차 사건의 용의자로 지목되었던 3명이 스스로 목숨을 끊어요. 8차 사건에서는 현장에서 발견된 음모와 용의자 윤씨의 음모가 같다는 이유로 무기징역을 받고 20년을 복역하다가 2009년 가석방돼요. 윤씨는 재심을 청구하여 2020년 12월 7일 무죄를 선고받으며 32년만에 공식적으로 누명을 벗게 됩니다. 재판부는 판결에서 '과거 수사기관의 부실 행위로 잘못된 판결이 나왔다. 오랜 기간 옥고를 거치며 정신적·육체적으로 큰 고통을 받은 피고인에게 사법부 구성원 일원으로서 사과의 말씀을 드린다.'라고 밝혀요.

　경찰은 마지막 10차 사건의 15년 공소시효가 끝이 나는 2006년 이후에도 반드시 범인을 잡겠다는 의지를 다지고 수사를 이어가요. 그러던 중 피해자의 유류품에서 검출된 DNA 검사 결과 1995년 10월부터 24년째 부산교도소에서 복역 중인 이춘재와 일치한다는 사실을 발견하게 돼요. 당시 이춘재는 1994년 청주에서 처제를 성폭행하고 살인한 죄로 무기징역을 선고받고 복역 중이었어요. 그런데 이춘재는 DNA가 같다는 감식 결과를 읽고서도 형사에게 "고향이 화성이니 사건은 많이 들어봤지만, 나와는 상관없다."라며 범죄사실을 부인했어요.

프로파일러의 끈질긴 노력은 결국 이춘재가 범죄사실을 털어놓게 해요. 이춘재는 프로파일러와 대화를 나누며 가정사와 군 시절을 이야기했고, 나중에는 "내가 입을 열면 당신들 승진도 하고 그러나. 그럼 내가 이야기 좀 해줄까."라며 생색을 내기도 하고, "내가 모든 걸 말하면 다 놀랄 거다. 곤란해질 수도 있다."라며 범죄를 과시하기도 했어요. 그리고 마침내 자필로 살인 12+2, 강간 19, 미수 15라고 적어요. 이후 이춘재는 자신이 저지른 사건의 건수와 범행지역 그리고 사건 현장을 정확하게 털어놓아요. 이에 경찰은 2019년 12월 사건 명칭을 화성연쇄살인사건에서 이춘재 연쇄살인사건으로 변경해요.

2020년 7월 2일 경찰은 이춘재가 14건의 살인과 9건의 강간 사건을 저지른 것이 확인됐다고 밝혀요. 덧붙여 이춘재는 사이코패스 성향이 뚜렷하며 자신의 욕구 불만을 해소하기 위해 여성을 성적 도구화하여 범행을 저지른 것으로 판단한다고 발표해요. 이것은 이춘재가 첫 살인사건을 저지른 지 34년만의 일이었어요.

또한 그동안 밝혀지지 않았던 1987년 12월 수원 여고생 살인사건, 1989년 화성 초등학생 실종사건, 1991년 1월 청주 여고생 살인사건, 1991년 3월 청주 주부 살인사건 4건도 이춘재의 범행으로 밝혀지게 돼요. 하지만 안타깝게도 1991년 마지막 범행의 공소시효가 2006년 4월 2일 만료된 상태여서 처벌은 이루어지지 못한 채 수사가 마무리됩니다.

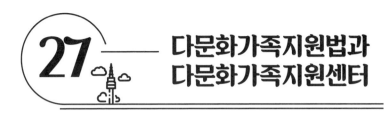

27 — 다문화가족지원법과 다문화가족지원센터

21세기 대한민국은 사람들의 활동 영역이 국제적으로 넓어지면서 다양한 민족과 인종을 만날 기회가 많아졌어요. 그만큼 국제결혼이 급격하게 증가하고 있어요. 이제는 결혼하는 열 쌍 중 한 쌍이 외국인과 결혼하고 있을 만큼 국제결혼은 보편화되고 있습니다. 그 결과 대한민국은 다문화사회가 되어 다문화가족을 어렵지 않게 만날 수 있어요.

다문화가족이란 다양한 문화를 가진 구성원이 함께하는 가족을 말해요. 언어, 문화, 인종 등 서로 다른 남녀가 결혼하여 이루어진 가족이지요. 다문화가족의 수는 해가 갈수록 증가하고 있어요. 그 배경에는 국제결혼에 대한 사회적 인식이 긍정적으로 바뀌고, 외국과의 경제교류가 활발해지면서 우리나라에 취업하는 외국인 근로자 증가가 있어요.

특히 우리나라는 대도시로 인구가 집중되면서 농어촌에 젊은 여성이 부족해요. 그래서 외국에서 신부를 데려오는 결혼 이민으로 다문화가족이 형성된 경우가 많아요. 다문화가정이 늘어나는 만큼 다문화가정 학생도 증가해요. 2022년 기준 국내 전체 학생의

3%, 약 16만 명의 다문화가정 학생이 존재합니다.

다문화가족은 분명 우리 사회에 다양한 문화를 전파하고, 새로운 문화를 만들어내는 긍정적인 역할을 수행해요. 또한 상대적으로 인건비가 저렴한 외국인 근로자는 인력이 부족한 농어촌 지역이나 기업에 없어서는 안 되는 인력이기도 합니다. 하지만 단일민족과 단일문화라는 생각이 오랫동안 지속돼 온 탓에 많은 사람이 다문화가정에 익숙하지 않아요. 또한 다문화가족은 서로 다른 언어로 인한 의사소통 문제와 문화적 차이로 한국 사회에 적응하는 데 어려움을 겪어요. 이뿐만 아니라 자녀교육, 가정폭력, 사회적 편견을 받습니다.

분명한 것은 다문화가족과 그들의 자녀는 대한민국 사회의 구성원으로 큰 비중을 차지할 것이라는 점이에요. 그래서 정부는 2008년 다문화가족지원법을 제정해요. 결혼 이민자와 이주 노동자가 안정적으로 대한민국에 정착하고, 그들과 그 자녀들이 우리 사회의 구성원으로서 통합될 수 있도록 말이에요. 그럼 다문화가족지원법을 살펴볼까요.

우선 다문화가족지원법 제2조에서 다문화가족을 결혼이민자와 대한민국 국민으로 이루어진 가족 또는 국적법에 따라 인지, 귀화로 대한민국 국적을 취득한 자와 대한민국 국민으로 이루어진 가족으로 정의해요.

제3조에서는 중앙행정기관의 장과 시·도지사가 전년도의 시행계획에 따른 추진실적과 다음 연도의 시행계획을 여성가족부 장관에게 제출하도록 규정하고 있어요. 이것은 다문화가족지원법이 문서에서 그치는 것이 아니라 실제로 시행되도록 만들기 위한 강력한 의지의 표출이기도 해요.

제4조에서는 다문화가족을 위해 여성가족부 장관이 5년마다 다문화가족 정책에 관한 기본 계획을 수립하도록 하고 있어요. 또

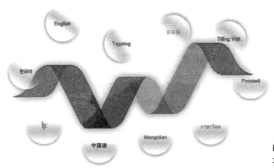

다문화가족지원센터
정보 포털 사이트

한 다문화가족의 현황 및 실태를 파악하여 3년마다 결과를 공표하여 다문화가족 지원을 위한 정책 수립에 활용토록 합니다. 제6조는 다문화가족에 생활정보 제공 및 교육 지원을 명시하여, 실질적인 도움을 줄 수 있도록 하고 있어요.

제8조는 가정폭력 피해자에 대한 보호 및 지원을, 제9조는 의료 및 건강관리를 위한 지원, 제10조는 아동과 청소년의 보육 및 교육, 제11조 다국어에 의한 서비스 제공, 제11, 12조 다문화가족 종합정보 전화 센터와 다문화가족지원센터의 설치와 운영을 명시하고 있어요.

특히 제11, 12조에 의해 2006년 설립한 결혼이민자가족지원센터를 다문화가족지원센터로 변경하여 운영하고 있어요. 전국 229개 지역에 센터를 설치 운영되고 있는데, 이 기관은 다문화가족 자녀 입학과 입시 정보를 제공하는 가족프로그램, 가족 내 성평등교육과 폭력 예방을 다루는 성평등·인권 프로그램, 결혼 이민자 직업교육을 담당하는 사회통합프로그램, 상담프로그램, 지역사회 홍보 및 자원 연계 프로그램 5가지를 중점사업으로 삼고 있어요.

한국 근현대사 연표

1890~1909년 : 대한제국

1897년 대한제국 선포/광무개혁
1898년 만민공동회 개최
1904년 러일전쟁/한일의정서
1905년 포츠머스 강화조약/을사늑약
1906년 통감부 설치
1907년 헤이그 특사 파견/국채보상운동
1908년 13도 창의군 서울진공작전/동양척식주식회사 설립
1909년 간도협약/안중근, 이토 히로부미 사살

● 1800년대   ● 1890~
                                1909년

1800년대 : 조선시대

1866년 병인양요/제너럴셔면호 사건
1871년 신미양요/척화비 건립
1876년 강화도조약
1881년 별기군 창설
1882년 임오군란/조미수호통상조약
1883년 박문국 설치/한성순보 발행
1884년 갑신정변/방곡령 실시
1885년 광혜원 설립
1894년 동학농민운동/청일전쟁/갑오개혁
1895년 청일 시모노세키 조약/을미사변/을미개혁
1896년 아관파천/《독립신문》 창간

1945~1959년 : 대한민국 제1~2 공화국

1946년 조선정판사 사건/미소공동위원회 개최
1948년 김구·김일성 남북 지도자 회의/제주도 4·3사건/5·10 총선거 실시/이승만, 초대 대통령 당선/대한민국 정부 수립/북한, 조선민주주의인민공화국 수립/반민족행위처벌법 제정/여수·순천 10·19 사건/국가보안법 제정
1949년 국회프락치 사건/6·6사건(경찰의 반민특위 습격)/농지개혁법 공포
1950년 한국전쟁 발발
1952년 1차 개헌/이승만, 제2대 대통령 당선
1953년 화폐 개혁 실시/휴전 협정 조인/한국·미국 상호 방위조약 체결
1954년 사사오입 개헌
1956년 이승만, 제3대 대통령 당선
1958년 진보당 사건/국가보안법 개정안 통과
1960년 3·15 부정선거/이승만, 제4대 대통령 당선/4·19 혁명/ 장면 내각 설립

1910~ 1945년

1945~ 1959년

1910~1945년 : 일제강점기

1910년 경술국치
1911년 신흥강습소 설립/회사령 실시
1912년 토지조사령 실시
1919년 고종 서거/2·8독립선언/3·1 운동/대한민국 임시정부 수립
1920년 봉오동 전투/청산리 대첩/간도 참변/조선총독부 설립/산미증식계획 수립
1921년 자유시 참변
1923년 관동대학살
1925년 치안유지법 공포
1926년 순종 서거/6·10만세 운동/김구, 임시정부 국무령 취임
1927년 신간회 창립
1929년 광주학생항일운동/조선혁명당 결성
1932년 김구, 한인애국단 결성/이봉창 의거/윤봉길 의거
1936년 손기정, 베를린 올림픽 마라톤 우승
1938년 조선총독부, 국가총동원령 발동
1939년 국민징용령 실시
1940년 일본식 이름 강요/한국 광복군 창설
1942년 조선어학회 사건
1944년 여자 정신대 근무령 공포
1945년 여운형, 조선건국준비위원회 결성/8·15 광복/조선인민공화국 선포/38도선 분할

1961~1980년 : 대한민국 제3~4공화국/헌정 중단

1961년 5·16 쿠데타
1962년 장준하, 막사이사이상 수상/제1차 경제개발 5개년 계획/제2차 화폐 개혁 실시/
대통령중심제 5차 개헌
1963년 박정희, 제5대 대통령 당선
1964년 6·3 한일회담 반대운동
1965년 한일협정 체결/베트남 파병
1967년 박정희, 제6대 대통령 당선/제2차 경제개발 5개년 계획
1968년 1·21 사태(김신조 사건)
1969년 3선 개헌 발표
1970년 새마을운동 실시/경부고속도로 개통/전태일 열사 분신
1971년 박정희, 제7대 대통령 당선/남북적십자회담 개최
1972년 제3차 경제개발 5개년 계획/7·4 남북공동성명 발표/유신헌법 발표
박정희, 제8대 대통령 당선
1973년 6·23 평화통일외교정책 선언
1974년 육영수 여사 사망/서울지하철 개통
1975년 장준하 사망/인혁당 사건/대통령긴급조치 9호 발표/현대자동차, 포니 생산
1976년 3·1 민주구국선언/판문점 도끼만행사건
1978년 박정희, 제9대 대통령 당선
1979년 YH무역 사건/부산·마산 민주항쟁/10·26 사태(박정희 암살)
최규하, 제10대 대통령 당선/12·12 쿠데타

1980~1987년 : 대한민국 제5공화국

1980년 전두환, 제11대 대통령 당선/8차 개헌(7년 단임제)/언론통폐합 발표
/삼청교육대 사건/5·18 광주민주화운동/김대중 내란음모 조작 사건
1981년 전두환, 제12대 대통령 당선
1982년 프로야구 개막/부산 미문화원 방화 사건
1983년 KAL기 피격/아웅산 테러 사건/교복 자율화 실시/KBS, 이산가족찾기 방송 진행
1984년 북한, 남한 수해 지원
1985년 남북이산가족 고향 방문
1986년 제10회 아시안게임 개최
1987년 평화의 댐 기공/박종철 고문사건/이한열 사망사건/6월 민주화 운동
6·29 선언(대통령직선제)/노태우, 제13대 대통령 당선

**1980~
1987년**

1988년~

1988년~ : 대한민국 민주선거 정부

1988년 제24회 서울올림픽 개최/7·7 선언(남북 문화교류)
1989년 해외여행 완전 자유화
1990년 소련 국교 수립/남북 고위급 회담 시작
1991년 남북 UN 동시 가입/남북기본합의서 채택
1992년 중국 국교 수립/한반도 비핵화 공동선언/김영삼, 제14대 대통령 당선
1993년 금융실명제 실시/첫 대학수학능력시험 실시
1994년 김일성 사망/성수대교 붕괴
1995년 지방자치제 실시/삼풍백화점 붕괴/조선총독부 건물 해체/전두환, 노태우
전 대통령 구속
1997년 IMF 구제금융 신청
1998년 김대중, 제15대 대통령 당선
1999년 탈옥수 신창원 체포
2000년 남북정상회담/6·15 남북공동선언/김대중 대통령, 노벨평화상 수상
2002년 노무현, 제16대 대통령 당선/한일 월드컵 개최
2003년 대구 지하철 참사/청계천 복원 공사 시작
2004년 노무현 대통령 탄핵 소추
2005년 북관대첩비 반환/친일반민족행위진상규명위원회 출범
2008년 호주제 폐지
2014년 세월호 참사
2015년 일본군 위안부 합의
2017년 박근혜 대통령 탄핵 결정